단속사회

단속사회

쉴 새 없이 접속하고 끊임없이 차단한다

엄기호 지음

창비

'편'을 강요하고 '곁'을 밀치는 사회

밀양에서 고압송전탑 설치문제로 싸움이 한창이던 때, 칼럼 두 편을 동료들과 읽어본 적이 있다. 하나는 밀양 현장에 계신 이계삼 선생님이 쓰신 글이고 다른 하나는 전문 칼럼니스트의 것이었다. 동료들은 칼럼니스트의 글이 더 논리적이고 깔끔하다고 평했다. 이계삼 선생님의 글은 다소 감정적이고 비약이 심하다는 평이었다. 그들에게 질문을 바꿔 이 두가지 글의 곁에는 누가 있는지를 물었다. 누구의 곁에서 글을 썼고 누구에게 그 글을 들려주고 있는지를 한번 생각해보자고 당부했다. 사람들은 당황해했다. 그동안 많은 글을 읽고 평해왔지만 정작 글쓴이가 누구의 곁에서 글을 쓰고 들려주는지를 생각해본 적은 거의 없다고 대답했다. 그러곤 다시 이계삼 선생님의 글에는 곁이 있지만 자신들이 잘 썼다고 한 그 칼럼니스트 곁에는 아무도 없는 것 아닐까 하며 새삼 놀라워했다.

'곁'이 있는 글. 내가 지금까지 글을 써오면서 가장 신경 써온 것이 바로 이 '곁'의 문제다. 사회학과를 나왔지만 세상이 그리 인과적으로 구성되어 있다고 믿지 않기에 소위 학문세계가 바라는 분석적·과학적 글쓰기는 잘하지 못한다. 그러한 자기완결적 글쓰기는 내 재주가 아니라고 여기며 일찌감치 포기했다. 그 대신 나는 삶이란 아이러니로 가득 찬 것이라고 생각한다. 인과관계보다는 예기치 못한 역설과 아이러니가 삶을 이루고 그 아이러니를 드러내는 것이 내가 할 수 있는 일이라고 생각해왔다. 내가 스스로를 치밀하고 논리적으로 하나하나 꼼꼼히 따지고 논쟁하는 저자가 아닌, 직관적인 글쟁이로 분류하는 이유가 여기에 있다.

그래서 내가 글과 말을 팔아먹고 살면서 중요하게 여기게 된 것은 '곁'과 '이야기'다. '곁'은 말하는 자리가 아니라 '듣는' 자리에 가깝다. 때로는 신나는 이야기를 듣기도 하지만, 곁에서 듣는 이야기는 고통 혹은 슬픔에 찬 이야기인 경우가 많다. 이 이야기들은 논리정연하기보다는 오히려 비명과 한숨, 절규와 한탄이 뒤죽박죽 섞인 이야기들이다. 마치 고장 난 시디플레이어처럼 같은 말이 반복되기도 한다. 곁에서 듣는 이는 '말'을 듣는 것이 아니라 아직 '말이 되지 못한 말'을 듣는다. 따라서 듣는 이는 말하는 이의 말이 말로 들릴 때까지 반복하여 곱씹고 끊임없이 물으며 들어야 한다.

누군가의 곁에서 이야기를 듣는 것이 쉽지 않은 이유가 아마 여기에 있을 것이다.

'곁'이 있는 글을 강조하며 곁에서 이야기를 듣다보니 역설적이게도 이 시대를 살아가는 사람들에게는 끔찍할 정도로 '곁'이 없거나 악몽이 되었다는 것을 알게 되었다. 지금 우리 곁에는 말을 듣는 사람은 점점 사라져가고 자기 말을 들어달라는 사람만 가득하다. 자기 말은 호소하고 싶은데 남의 말을 듣는 것은 힘들어지면서 사람들은 힐링이니 상담이니 하는 사적이고 상업적인 자리로 재빠르게 몰려갔다. 누군가 내 이야기를 들어주고 반응하며 구체적인 도움을 주는 곳이기 때문이다. 이 반응은 꼭 친절하지 않아도 좋다. 오히려 호통치고 야단칠수록 마치 그것이 애정의 표현이고 관심이며 깨달음을 주는 죽비소리인 듯 여겨진다. 말할 수 있는 곁이 사라지자 이처럼 돈 내고 야단맞으러 가는 세상이 되었다.

힐링과 상담이 아닌 일상생활의 공간에서 사람들은 곁이 사라진 자리를 편으로 메꾸며 악몽으로 만들어간다. 곁을 파괴하고 편을 강요하는 것, 이는 우리 사회 전체의 문제이기도 하다. 곁은 파괴되고 편으로 몰아가는 사회. 특히 2013년 초 박근혜정부가 들어선 뒤 정치인의 말에서부터 댓글에 이르기까지 심심찮게 눈에 띄었던 것은 '어느 나라 정치인(혹은 국민)이냐'는 물음이다. 조금이라도 자신과 다른 이야기, 반론을 펴면 이내 곧 누구 편이냐 되묻고 상대를 내친다. 이렇게 '편'을 강요하는 언어에는 반성이나 성찰이 들

어설 여지가 전혀 없다. 편으로 이루어진 세계는 '지지 혹은 적대'
의 세계이기 때문에 자기가 지지하는 쪽은 무조건 옳고 반대편은
무엇을 하더라도 틀리게 된다. 그래서 편의 언어는 단순하다. 편들
어야 하는 자는 일방적으로 말한다. 이때 듣는 자가 할 수 있는 말
은 '옳소'뿐이다. '아니요'라고 답하면 적으로 지목되어 내쳐진다.
'옳소' 이외의 다른 말은 침묵된다.

이 세계는 이처럼 일상에서 정치에 이르기까지 편을 강요하며
곁을 파괴해간다. '편'을 다소 단순화하여 사회과학 용어로 바꾼다
면 아마 '정치적인 것'에 가까울 것이다. 정치적인 것은 이편과 저
편을 나누는 적대에 기초한다. 이편이면서도 저편이기는 힘들다.
또한 편이 바라는 것은 '힘'이다. 내 편을 들어줄 것을 요구하는 것
은 숫자, 즉 세를 늘려 저편을 제압하겠다는 뜻을 품는다. 따라서
편의 언어는 공격적이고 맹목적인 경우가 많다. 편의 정치는 끊임
없이 적대를 창조하고 그 적대로 사람들을 몰아가며 너는 누구 편
이냐고 윽박지르며 '곁'을 파괴한다. 둥글게 모여 앉아 자신의 경
험을 다른 이에게 참조점(reference)이 될 수 있는 이야기로 바꾸고
남의 이야기를 또 그렇게 들으면서 성장하는 일은 좀처럼 일어나
지 않는다.

이 세계에서 책임을 공유하고 나눈다는 것은 기대할 수 없다. 학
교에서부터 회사, 그리고 국가에 이르기까지 문제가 벌어지면 아
무도 그 문제에 대해 책임(responsibility)을 공동으로 지려 하지 않

는다. 그 대신 누구에게 그 책무(accountability)가 있는지를 따져 묻는다. 이렇게 될수록 사람들은 문제가 벌어질 경우 '독박'을 쓰게 될 수도 있다는 것을 간파하게 된다. 따라서 책임을 공유하며 문제를 해결하려는 노력 대신 책임을 회피하고 남에게 미루는 기술만 늘어난다. 개인들이 사악해서 벌어지는 것이 아니라 책무를 중심에 두는 씨스템이 그렇게 만들어가는 것이다. 이런 씨스템 아래에서는 책임을 홀로 떠맡게 된 사람의 고통을 같이 나누지 않고 이를 외면해야만 자기가 살아갈 수 있다.

이제 사람들과의 유대와 교류는 같거나 비슷한 취향의 모임들에서만 활발할 뿐이다. 간혹 등장하는 다름과 차이에 대해서는 '그의 취향일 뿐'이라는 말로 무관심한 듯 존중하는 제스처로 해결한다. 이로써 자신의 고통에서 자신의 주변 혹은 사회의 모순이든 고통이든 무엇인가 '자기'를 넘어서는 것을 발견하는 일은 불가능해진다. 이야기를 나누며 '곁'을 만드는 일은 일어나지 않는다. 이처럼 서로 참조하며 배우는 '곁의 언어'가 사라질수록 자신의 개인적 경험을 공적인 이슈로 바꾸는 역량, 즉 시민의 정치적 역량 역시 쇠퇴한다. 또한 낯설고 다른 것과의 부딪침과 만남을 통해서 일어나는 사람의 성장 역시 불가능해지게 된다.

다름과 차이를 차단하게 되면서, 서로의 경험을 참조하며 나누는 배움과 성장은 불가능해진 '사회'. 곁을 만드는 언어는 소멸해버리고 편만 강요하는 '사회'. 책임은 오롯이 개인이 감당해야 하는 '사회'. 타인의 고통을 외면하는 '사회'. 이 세계를 과연 사회라고 부를 수 있을까? 사실 이 책이 던지고자 하는(답하고자 하는 것이 아니라) 질문은 이것이다. 편만 남고 곁이 파괴된 사회를 과연 사회라고 할 수 있는지 말이다. 지난 십여년간 이 문제를 들여다보며 나는 '단속(斷續)'이라는 말을 떠올렸다. 같고 비슷한 것에는 끊임없이 접속해 있다. 하지만 타인의 고통같이 조금이라도 나와 다른 것은 철저히 차단하고 외면하며 이에 개입하지 않으려 한다. 또한 자기를 '단속(團束)'하며 타자와의 관계는 차단하며 동일성에만 머무르며 자기 삶의 연속성조차 끊어져버린 상태, 이것을 나는 '단속'이라고 이름붙이고자 한다.

이 책의 제목을 '단속사회'라고 지은 것은 이와 같은 '사회의 역설 혹은 아이러니'를 드러내기 위함이다. 이 사회의 한가지 특성으로 '단속'을 이야기하는 것이 아니라 단속이라는 말로 한국사회가 '사회가 아닌 상태의 사회'라는 그 역설을 드러내려는 시도다. 이 사회는 이미 사회로서 가져야 하는 유대와 연대 혹은 상호참조의 체제를 파괴하여 누구도 다른 누군가를 참조하지 않는 상태가 되었다. 단속이 이처럼 '사회 아님'을 뜻한다면 그 뒤에 붙은 '사회'라는 말은 그럼에도 여전히 이 '사회'를 부를 다른 말은 없다는 것을 드러내기 위해 역설적으로 붙인 말이다. 이 책은 사회가 아닌 사회에서 살아가는 사람들의 삶의 모습, 그리고 그 이후를 넘기 위한 나의 출발점이다.

물론 모든 곁이 파괴된 것은 아니다. 국가는 악몽이 되고, 사회는 몽상이 되고, 개인은 착각이 되어버린 이 폐허에서 곁을 만들어가는 사람들이 있다. 이는 여전히 '사회 이후의 사회'가 있다는 것을 말해준다. 그 사회는 아주 다른 사회이겠지만 말이다. 이들은 이전의 사회운동에서 우리가 주로 목격해온 것처럼 우리의 위에서 편을 드는 말을 건네는 이들이 아니다. 곁에 서 있는 사람들이다. 이들은 곁에서 말을 걸고 상대방의 말을 들으며 곁을 만들어간다. 제주 강정이나 경남 밀양에서 활동하는 예술활동가들, 평화활동가들, 인권활동가들이 그들이다. 그들은 끊임없이 말을 걸고 듣고 그것으로 글을 쓴다. 그들에게 글은 곁을 만드는 도구다.

무수히 많은 그들 중에서 한분, 이계삼 선생님의 이름은 꼭 말해야겠다. 그의 글이야말로 온갖 편들기의 글쓰기를 부끄럽게 만드는 '곁에서 쓴 글'이며 '곁을 만드는 글'이다. 내가 쓰는 글도 이계삼 선생님의 그것처럼 '곁에서 쓴, 곁이 있는' 글이기를 바라지만 그의 글을 볼 때마다 한없이 부끄럽다. 창피해서 글을 그만 쓰고 싶다가도 내가 그들의 싸움에 보탤 수 있는 것이 글 아니면 뭐겠는가라는 격려 덕분에 부끄럽지만 이 책을 세상에 내보낸다.

이 책을 쓰는 동안 많은 이들이 내 곁에 있었다. 무엇보다 이 글은 내 박사논문의 이론적 논의를 한국사회로 확장한 결과다. 단속이라는 말에 대해 많은 가르침과 질타를 주신 조한혜정, 김현미, 나

임윤경, 정진웅, 정병호, 김영옥 선생님께 감사드린다. 책은 창비에서 내지만 신수진(따비) 등 다른 편집자 동료들이 읽고 검토하며 많은 도움을 줬다. 논문을 쓰고 책으로 바꾸는 동안 내내 같이 술을 마시고 아이디어를 보태준 인권연구소 창 식구들과 몽골초원으로 초대하여 영감을 받게 한 몽골팀의 진용주와 그 일당들에게도 감사한다. 엄살이 심한 나를 살살 달래가며 여기까지 오게 한 놀라운 '달래는 기술의 소유자' 엄홍경과 박준석에게 감사한다. 마지막으로 이 책을 만드느라 고생한 박대우와 김경은 등 창비 편집팀과 노동자들에게 감사한다. 그들의 노동에 기대고 그들은 나의 노동에 기대어 이 책이 나왔다. 책을 쓰는 것은 고독한 일이 아니라 공동의 세계를 만드는 과정임을 이 책을 쓰면서 다시 느꼈다. 이런 공동의 세계를 만들 힘이 아직 '우리'에게 있다.

2014년 2월

엄기호

1 악몽이 된 곁, 말 걸지 않는 사회

2 쓸모없어진 곁, 몽상이 된 사회

3 고통에 대면하기, 사회에 저항하기

누구의, 어떤 관계의 단절인가?

김정수 씨는 몇년 전 해직당했다. 그가 다니던 직장에서 정리해고가 단행된 것이다. 몇몇 직원들은 이에 저항했지만 정수 씨는 저항해봐도 별 소용없겠고 퇴직금이라도 미리 챙기는 게 낫겠다 싶어 순순히 회사에서 나왔다. 그 뒤 치킨집이며 몇몇 사업을 벌였지만 하는 족족 망했다. 결국 정수 씨의 50년 조금 못 미치는 인생에 남은 것은 빚밖에 없었다. 막판에는 막노동에까지 나섰지만 견디기 쉽지 않았다. 급기야 사고가 났고 다리 한쪽을 심하게 다쳤다. 집에 몸져 누워 있는 동안에 아내와의 갈등은 점점 더 심해졌다. 처음에 아내는 걱정하지 말라며 직접 나서 식당일부터 닥치는 대로 했지만 점점 삐딱해져만 가는 정수 씨를 견디지 못하고 결국 이혼을 요구했다. 정수 씨가 거부하자 아내는 집을 나갔다. 이제 남은 것은 두 아이였다.

다리가 채 낫기도 전에 그는 다시 닥치는 대로 알바를 했다. 정규직 직장을 구하기가 쉽지 않았기 때문이다. 편의점 계산원에서부터 여건이 허락되는 대부분의 시간을 알바로 채웠다. 익숙지 않은 모욕과 고생으로 낙심하는 일도 잦았지만 악착같이 돈을 모았다. 돈을 모아 그가 가장 먼저 한 일은 카메라를 다시 사는 거였다. 예전 직장에서 출사를 나가곤 할 정도였던 오래된 취미였다. 어찌 보면 사치라고도 할 수 있겠지만 그에게 카메라는 소중했다. 그거라도 들고 있어야 자신이 집으로부터 벗어날 수 있었기 때문이다.

카메라는 가슴이 답답할 때 밖으로 나가 혼자 다닐 수 있게끔 해주는 지팡이 같은 것이었다. 혼자 있을 수 있는 시간. 이것이 그에게는 무엇보다 소중했다. 집에 있다 보면 가끔 답답했다. 아이들을 사랑하지 않는 것은 아니다. 아이들 역시 여전히 그를 사랑한다. 고맙게도 말썽도 부리지 않는다. 하지만 가끔은 이 관계에 지쳐 화를 내게 된다. 그럴 때면 그는 잠시 집을 나와 카메라를 들고 여기저기 쏘다니거나 하룻밤 정도를 찜질방에서 자곤 했다. 찜질방은 사람들로 북적이긴 하지만 그곳에서 정수 씨는 혼자일 수 있었다. 쉴 수 있었다. 아무것도 하지 않고 멍하니 있거나 다른 사람들의 모습을 그저 바라보기만 해도 되는 유일한 곳이었다.

정수 씨는 관계에 지쳐 있었다. 그는 자신이 무기력과 소진 사이를 '미친년 널뛰듯이' 왕복하고 있다고 말했다. 죽어라 일하지만 미래는 보이지 않았다. 보이지도 않는 전망 때문에 늘 무기력했다. 그러나 그만둘 순 없었다. 그만두는 순간 자신만 무너지는 것이 아니라 아이들의 삶도 다 같이 붕괴하기 때문이다. 열심히 한다고 생기는 것은 없었지만 그렇게 하지 않는다면 그의 인생과 세계 전부가 무너져버릴 터였다. 그래서 과감하게 이 자리를 박차고 나갈 수도 없었다. 그는 가족이라는 관계에 질려 있었지만 그 관계로부터 오는 고통에서 물러날 시공간도 없고 그 고통을 나눌 다른 관계 또한 없었다. 그는 자신이 아마 이렇게 무기력하게 소진되다 사라질 것이라고 자조적으로 말했다.

정수 씨의 입에서 외롭다는 말이 나온 것도 이때였다. 그가 기댈 수 있는 참조그룹(reference group)은 전무했다. 친구들은 도움이 되지 않았다. 한때 그가 다른 길로 빠지지 않도록 도와주었던 교회도 이 점에서는 도움이 되지 못했다. 위로하고 격려해주는 이는 있었지만 '자신의 삶을 통해' 이야기를 들어주는 사람은 없었다. 정수 씨는 이런 점에서 외롭다고 말했다. 그러다 보니 친구나 교회를 찾아가 말을 털어놓으면 처음에는 좀 풀어지는 듯하다가도 어느샌가 말하는 것이 공허해지고 답답해진다고 했다. 말하는 것이 힘이 되는 것이 아니라 허망해진다는 것이다. 이럴 때 그는 자신이 어디에도 발을 딛지 못하고 무중력의 우주공간에 붕 떠 허우적거리는 느낌이었다. 아이들은 자기를 무한대로 흡수하는 블랙홀이었고 그 바깥은 무중력의 우주공간이었다.

땅에 발을 딛고 싶을 때 그는 성매매업소를 찾았다. 성욕이 끓어올라서가 아니었다. 외로워서 그랬다고 한다. 낯선 사람이지만 살을 부비고 있으면 무중력에서 허우적거리다 발 디딜 곳이 생기는 느낌이었다. 쉬는 느낌도 들었다. 그래서 그는 성매매업소를 찾을 때마다 상대에게 안아달라고 했다. 성행위할 때에도 꼭 끌어안고 일을 치렀다. 상대방은 답답하다고 질색했지만 그는 돈 주고 산 만큼 자기가 원하는 것을 얻어야 했고 그게 유일한 방법이었다.

*　　*　　*

나는 정수 씨의 이야기를 들으면서 인문·사회과학을 공부하는 사람으로서 학문이 하는 말 가운데 해명되어야 하는 것이 얼마나 많은지를 새삼스럽게 느꼈다. 첫번째는 학자들이 흔히 말하는 관계의 단절 혹은 파편화되고 개인화된 사회라는 말의 '한계'다. 무엇보다 정수 씨가 경험하고 있는 고통의 원인은 관계의 단절이 아닌 '관계가 짐'이라는 데서 기인한다. 정수 씨는 찜질방에 가거나 혹은 카메라를 들고 거리를 쏘다니는 때를 제외하고는 자신만의 세계에 침잠할 수 있는 시간과 공간을 가져본 적이 거의 없다. 어린 시절에도 집안일을 돕느라 마찬가지였다. 또한 가족을 위해 자신의 감정을 표현하는 것조차도 절제하면서 살아왔다. 그는 대중

속의 고독 때문에 고통스러운 것이 아니라 고독의 부재에서 고통받아왔다. 그에게 필요한 것은 무엇을 하는 것으로부터 물러나는 고독, 즉 '쉼'이다.

이 쉼의 시간은 무엇을 하기 위한 것이 아니다. 아무것도 하지 않을 수 있어야 한다. 이 시간은 생산적인 시간도, 소비적인 시간도 아닌 멍하게 있을 수 있는 시간이며 외부로부터 단절되고 숨어들어 가만히 있을 수 있는 시간이다. 고독을 통해 인간은 그 어느 누구로부터도 자유로울 수 있다. 이 책의 다른 부분에서도 말하겠지만 자유의 최고봉은 무엇을 할 자유가 아니라 '함'으로부터 물러설 수 있는 자유다. 이 쉼을 통해서만 인간은 자신의 내면을 만들 수 있다. 그래서 아무것도 하지 않을 자유는 귀족들만이 누릴 수 있는 특권이라고 하지 않던가? 정수 씨에게서 무엇보다 박탈된 것은 함으로부터 물러설 자유, 즉 쉼-고독의 시공간이다.

따라서 '관계의 단절'이니 '관계의 파편화'니 하는 말로 단절을 실존화하여 해석하는 경향에 대해 우리는 그것이 누구의 경험이며, 왜 그 경험이 마치 '현대인' 모두가 경험하고 있는 것처럼 주류화되었는지를 물어야 할 것이다. 우리 모두가 '개인화'되었다는 말은 그래서 한계가 많다. 정수 씨나 소년소녀 가장들, 그리고 가족을 위해 이주노동을 떠나는 사람들에게 근대는 아직 도래하지 않은 현실이다. 개인화라는 말은 '관계'를 달팽이처럼 지고 살아가는 이들의 삶과 경험을 배제하고 있다. 인문·사회과학이 밝혀야 하는 것은 바로 이 주류화·배제를 기반으로 작동하는 권력 아닐까. 즉, 정수 씨의 삶이 학문을 통해 해명되어야 하는 것이 아니라 정수 씨의 삶으로부터 학문이 해명되어야 한다. 우리의 담론은 과연 누구의 경험을 배제하고 있는가?

그렇기 때문에 두번째로 정수 씨의 이야기로부터 질문되어야 하는 것은 어떤 관계가 단절되었고 그 단절의 성격은 무엇인가에 관한 것이다. 관계에 짓눌려 있으면서도 정수 씨는 외롭다고 말했다. 가족 때문만이 아니다. 앞에서 이야기한 것처럼 답답할 때 가끔 친구들을 만나 술도 마시고 하소연도 하지만 말을 하면 할수록 허망하다고 느낀다. 친구들의 위로와 격려도 다 허망하다는 것이다. 교회에 나가 목사님 말씀을 듣고 '형제자매들'의 기도를 들어도 허망함은 가시지 않는다.

말은 언제 허망함을 딛고 힘을 갖는가? 삶에 실제적인 조언과 충고를 줄 때다. 이런 실제적인 조언과 충고를 주는 관계를 우정이라고 하고 그 관계의 망을 참조그룹이라고 할 수 있다. 참조그룹이 빌려주는 것은 정보가 아니라 경험으로부터 나오는 실제적 조언과 충고로 만들어진 이야기다. 이렇게 조언과 충고로 짜인 것을 발터 벤야민은 이야기라고 불렀다. 벤야민은 '정보'와 '이야기'를 철저히 구분한다. 그 차이에 대한 예를 들어보자. 얼마 전 한 친구가 예기치 않은 질병에 걸렸다. 그 병은 재발이 빈번한 난치성 병이었다. 인터넷을 뒤지면서 병의 원인과 치료에 대한 정보를 보면 볼수록 그는 멘붕(멘탈붕괴)에 빠졌다. 정확한 정보를 찾으면 자신이 무엇을 해야 하는지 알 수 있을 것이라 생각했지만 현실은 정반대였다. 외려 앞이 암담해졌다. 대신 그를 구원한 것은 자신도 그 병에 걸렸다 완치한 어떤 사람의 경험담이었다. 그는 도대체 왜 자신이 그 질병에 걸렸는지가 억울하고 고민되겠지만 어떻게 치료할 것인지에 초점을 맞추라고 일러줬다. 원인이나 치료에서 경우의 수를 따질수록 망상만 늘어난다며 자기도 얼마나 어리석게 행동했었는지를 들려줬다. 참조그룹의 조언과 충고란 이처럼 자신이 빠진 번민이 쓸데없고 어리석다는 걸 깨닫게끔 해주고 '현명함'으로 이끄는 이야기를 말한다. 정수 씨에게는 '거짓' 희망과 위로를 넘어 현명함으로 이끄는, 이와 같이 이야기를 듣고 나누는 관계가 결여되어 있다.

　삶의 실제적 경험으로부터 조언과 충고가 온다는 점에서 무엇보다 나와는 다른 경험이 많은 사람들과의 관계망이 필요하다. 우리보다 더 오래 살고 더 많은 것을 경험한 사람으로부터 배울 것이 하나도 없다면 그 사회는 망한 사회라고 봐도 무방하다. 한 사회가 '사회'일 수 있는 것은 연속성을 갖췄기 때문이다. 연속성을 지녔다는 것은 그 사회의 구성원들의 경험과 지혜가 끊임없이 갱신되면서 후대들에게 전승될 수 있음을 뜻한다. 끊임없이 바뀌는 환경에 적응하고 또 그 환경을 바꾸기 위해 사람은 한편으로는 선대의 경험과 지혜를 필요로 하고 다른 한편으로는 그것을 새롭게 바꾸어내야 한다. 옛것만을 고집하는 것도 어리석지만 선대로부터 아무런 지혜와 경험을 전승받지 못하거나 그렇게 하지 않으려 할 때 그 사회는 겉으로는 이어지는 것처럼 보여도 사실은 끊어져버린 것이고 이전과는 전혀 다른 사회일 뿐이다.

* * *

이런 점에서 사회가 유지된다는 것은 가까스로 이루어지는 기적 같은 일이다. 이 기적을 만들기 위해 사회는 도박을 벌이기도 한다. 이를 잘 보여주는 것이 일본의 이세신궁(伊勢神宮)이다. 일본 신도의 성지라 할 수 있는 이세신궁은 20년에 한번씩 완전히 새로 짓는다. 멀쩡한 건물을 부수고 아예 장소까지 옮겨 새로 짓는다고 한다. 왜 이렇게 부수고 짓는가에 대해 많은 이들이 다각도로 이야기해왔지만, 그중 나에게 가장 매혹적으로 다가온 설명은 『황천의 개』에 실려 있는 후지와라 신야(藤原新也)의 말이다. 그에 따르면 일본인들이 생각하기에 그들이 전승해야 하는 것은 건물 그 자체가 아니라 건물을 짓는 기술이다. 이세신궁을 짓는 데 참여한 목수는 혼신의 힘을 다해 가장 멋진 작품을 만들어야 하고 동시에 그 기술을 자신의 후학에게 전수해줘야 한다. 아무리 훌륭한 목수라 하더라도 자기 혼자만 그 기술을 간직하고 후학에게 물려주지 못하면 그 기술은 당대에 소멸하게 되고 마찬가지로 이세신궁 또한 당대로 끝나는 건물이 되고 만다. 한 사회와 개인의 명운을 건 이야기 중에 이보다 더 아름다운 이야기를 찾긴 어려울 것이다.

이런 점에서 본다면 정수 씨가 주변에서 참조할 만한 어른을 발견하지 못한 것은 정수 씨 개인의 불운이 아니라 한국사회 전체의 문제라 할 수 있다. 우리 사회에서 누가 자신의 경험을 후대에 전승하기 위해 고심하는가? 내가 알기론 극히 드물다. 얼마 전 참여한 한 강연회에서도 그랬다. 공교롭게도 그 자리에는 나이차가 20년은 되어 보이는 사람들이 한데 모여 있었다. 나이 든 어떤 분에게 자식들에게 돈과 아파트 말고 물려줄, 자신의 삶으로부터 길어 온 교훈이 있느냐고 물었다. 당황하는 기색이 역력했다. 한분이 용기있게 대답했다. "없습니다." 젊은 그룹에게 다시 물었다. 돈이나 빚 말고 부모나 주변 어른에게서 배운 교훈이 있느냐고 말이다. 한 청년이 일말의 주저함도 없이 대답했다. "없습니다." 이 장면은 한국이 왜 망한 사회인지를 절실히 느끼게 해준 사례였다.

참조그룹의 또다른 특징은 그것이 '같음/동일성'에 기초한 것이 아니라 '다름/타자성'에 기초한다는 점이다. 나와 다른 관점과 경험이 있기 때문에, 혹은 나보다 앞서 경험했기 때문에 그는 내가 이제까지 들어보지 못한 다른 조언과 충고를 해줄 수 있다. 나와 똑같다면 그로부터 들을 말은 하나도 없을 것이다. 동서고금을 막론하고 많은 현인들은 충고와 조언을 아끼지 않는 관계를 우정이라고 불렀다. 이런 우정은 '우리가 남이가!'라고 외치는 끈적끈

적한 동일시의 관계와는 다르다. 철학자 김영민은 이런 우정을 "서늘한 관계"라고 부른다. 그는 우정을 동무(同無), 즉 같은 것이 없는 관계라고 말한다.[1]

그런데 정작 우리의 현실에서는 자신과 아무리 친한 사람이라 하더라도 막상 인생의 중요한 결정을 내려야 하는 대목에서는 '네 자신의 결정을 존중한다'라는 말을 건네며 뒤로 물러서버리는 경험을 많이 하지 않았던가? 오지랖 넓게 아무 일에나 끼어드는 사람도 밉상이지만 친구의 고민 앞에서 자신이 책임질 수 없다는 이유로 뒤로 물러서는 것도 비겁해 보인다. 철학자 김영민의 이야기대로라면 이들은 친구가 아니다. 정수 씨가 느낀 외로움이란 바로 이런 친구의 부재, 우정이라는 관계의 부재에서 오는 것이다. 이런 점에서 볼 때 관계의 단절은 정수 씨의 경험을 배제하면서 추상적으로 '실존화'하여 이야기될 것이 아니라 정수 씨 같은 이들의 다양한 경험으로부터 도출될 때에만 비로소 구체적 보편성을 가질 수 있을 것이다.

마지막으로 정수 씨의 이야기에서 주목해야 하는 것은 이런 우정의 관계만이 줄 수 있는 실제적인 조언과 충고가 부재할 때 말은 공허해진다는 점이다. 정수 씨는 답답한 마음에 누구라도 붙들고 이야기를 나누고 싶어하지만 자신의 바람대로 누군가와 이야기하면 할수록 답답함만 더 늘어난다며 고통을 호소했다. 그런데 이게 어디 정수 씨뿐인가? 사실 우리는 유례없을 정도로 말이 공허해진

시대를 살아가고 있다. 이는 내가 대학에서 강의하면서 매번 실감하는 것이기도 하다.

역설적인 것은 이론을 소개하는 일방적인 강의가 아니라 학생들 간의 토론을 시도하는 수업일수록 이 양상이 더 심하다는 점이다. 정의롭지 못한 세계의 현실에 대해 이야기하면 학생들은 "우리도 이미 다 알고 있다"라고 말한다. 중요한 것은 인식이 아니라 해법 이라고 말한다. 그런데 해법을 제시한다고 해서 만족해하는 것도 아니다. 그 해법에 대해서도 다 알고 있다고 여긴다. 문제는 그 해법이 구체적이지 못하거나 혹은 해법을 실행할 힘이 없다고 생각 하기 때문에 나름의 해법을 제시하더라도 냉소하기는 마찬가지라 는 점이다. 토론을 하면 다른 학생들이 무슨 생각을 하고 어떤 경험을 하는지 알 수도 있겠지만 "그래서 어쩌란 말이냐"라는 거다. 말한다고 해서 바뀌는 것은 하나도 없는데 무슨 말을 해야 하는가 라는 반문이다.

이처럼 대학 강의실의 냉소에는 말에 대한 불신과 절망이 깊이 자리잡고 있다. 단적으로 말해 말은 힘을 잃어버렸다. 고전적으로 해석하면 말은 현실을 뚫는 힘이 있다. '현상'을 뚫고 그 뒤에 감춰 진 본질을 간파하는 힘 말이다. 말은 현실을 간파할 때 그 말을 하는 사람이나 듣는 이에게 막강한 힘을 발휘한다. 진실을 기만하는 것 아니냐며 통치자들에게 질문을 던질 수도 있고 그들의 말을 무력하게 만들 수도 있기 때문이다. 사람들이 지배자의 말을 듣지 않게 되면 통치는 더이상 작동할 수 없다. 그렇기에 토론과 비판을 통해 좀더 깊이 현실을 꿰뚫는 훈련이 인문·사회과학에서는 필수인데, 이런 말을 다루는 훈련에 대해 학생들이 냉소하는 것이다.

말이 힘을 잃었다는 것은 말이 현실을 꿰뚫는 힘을 놓쳐버렸기 때문이 아니다. 오히려 지금 강의실에서 느끼는 것은 말이 현실을 더 잘 꿰뚫으면 꿰뚫을수록 냉소와 절망이 더 깊어진다는 점이다. 이때의 절망은 말이 아무리 현실을 간파해내더라도 말이 말뿐이라는 것에서 온다. 말이 현실에 대해 갖고 있던, 권력을 행사하거나 통제하는 데서 갖고 있던 '마법적인 힘'을 잃어버렸기 때문이다. 말이 그저 말일 뿐이라는 게 간파된 것이다. 말은 그것이 이행되었을 때엔 점검이 뒤따라야 하고 혹은 이행되지 않았을 때엔 사과가 '이행'되어야 한다. 즉 약속이 지켜지건 아니건 말 뒤에 이행되는 것이 뒤따라야만 말이 힘을 발휘할 수 있다. 지금의 냉소와 절망은 아무것도 이행되지 않는 사회가 됨으로써 필연적으로 맞닥뜨리게 되는 결과일 수 있다.

*   *   *

말에 대해 냉소하고 말문을 닫아버릴수록 우리가 잃어버리는 능력이 있다. 자신의 사적인 경험을 공적인 이슈로 말할 수 있는 능력이다. 이 능력의 상실은 관계의 단절을 정치와 정치공동체의 위기로 이어지게 한다. 사회학자 지그문트 바우만은 공적 공간이란 "개인의 고민과 공공의 현안들에 대해 만나서 의논하는 장소"라고 말한다. 즉 개인적인 것과 사회적인 것이 분리되거나 개인적인 것이 곧 정치적인 것이 아니라 "사적인 문제들이 공적인 이슈들을 다루는 언어로 새롭게 해석되고 사적인 곤란들에 대하여 공공의 해결책이 모색되고 조정되며 합의"되는 공간이 바로 공적인 공간이라는 것이다.[2]

　문제는 이런 방식의 이야기에 대해 학생들이 대단히 냉소하고 있다는 사실이다. 간혹 토론이 잘 진행되어 서로의 생각과 경험이 제대로 공유되는 경우도 있지만 대부분 남 이야기 듣는 것을 지겨워한다. 대부분 하소연이기 때문이다. 사실 우리는 관계의 단절과 이야기할 공간의 부재를 말하지만 사실 우리가 다른 사람의 말을 듣는 것에 질려버린 큰 이유는 서로 징징거리는 소리만 하고 있기 때문이다. 자신의 사적인 경험을 자기만의 고통으로만 말할 줄 알지 남들도 들어줄 만한 '공적인 이슈들을 다루는 언어'로 전환해내진 못한다. 또한 이를 뒤집으면 우리는 남들의 이야기를 공적인 이야기로 들을 줄 모른다는 뜻도 된다. 말하는 입이나 듣는 귀나 모두 사적인 것을 공적인 것으로 번역해내는 능력이 없는 셈이다.

　바로 이것이 이 책에서 내가 주장하려는 '관계 단절'의 두번째 문제점이다. 우리에게 부재한 것은 실존적 관계의 단절이 아니라 사적인 경험을 공적인 언어로 전환하는 관계의 부재다. 이런 관계가 부재함으로써 자신의 경험을 남도 듣고 참조하면 좋을 이야기로 만드는 능력 또한 전승되지 않는다. 누군가의 참조점이 된다는 것은 우리의 경험이 사회적 가치가 있다는 것이고 그렇게 누군가의 참조점이 될 때 우리는 비로소 사회적 존재감을 획득하고 공적인 존재로 설 수 있다. 그런데 지금은 자신을 공적 존재로 만들어가는 능력이 만들어질 기회 자체가 사라졌다. 내가 참조할 그룹도 없지만 동시에 나 또한 누군가에게 참조점이 되어 조언을 줄 사람으로 여겨지지 않는다. 그 결과 남는 것은 앞서 말한 것처럼 지극히 사사로운 관계 혹은 동일한 관계다.

대신 그 자리는 힐링이니 상담이니 하는 말로 사적인 것을 더 사적인 것으로 취급하고 소비하는 그런 '시장'의 팽창이 대신한다. 돈 있는 사람들은 그런 상담을 화폐를 지불하여 구매하고 돈 없는 사람들은 공공기관이나 시민사회단체가 제공하는 대중강연을 찾는다. 정수 씨에게도 교회나 다른 기관이 제공하는 것은 '상담'이었다. 이런 상담은 정수 씨를 문제의 해결자가 아닌 문제의 근원으로 만들었다. 모든 것이 그의 의지가 약해서 벌어진 일이고, 그가 문제를 회피하기 때문에 벌어진 일로 둔갑시켰다. 처음에는 정수 씨도 이런 이야기들에 동기를 부여받았지만 점차 약발은 떨어졌고 그런 '조언과 충고'야말로 말에 대한 불신을 늘릴 뿐이었다.

또 하나 이 자리를 대신한 것은 사적인 것을 공적인 것으로 전환하는 것이 아니라 지극히 사적인 것으로 누리기만 하는 취향의 공동체다. 정치공동체 혹은 공적 공간에서 '차이'는 토론과 논쟁의 주제이지만 취향의 공동체에서 차이는 개인의 취향으로서 존중되어야 한다. 심지어 정치적 견해의 차이도 정치적 '취향'의 차이로 둔갑한다. 다음과 같이 말하면 끝이다. "아, 당신은 그렇게 생각하시는군요. 저는 그렇지 않습니다만 서로의 차이라고 생각하고 존중하며 이만 넘어가죠?" 취향을 존중하는 가장 좋은 방법은 더이상 듣지 않고 '무시'하는 것이다. 웬디 브라운이 『관용』에서 설명하듯 관용이란 어떤 경우 무시의 다른 말에 지나지 않는다. 취향의 공동체는 차이를 배제하고 '같은 취향'이라는 동일성만 추구하는 지극히 사적인 공간이다.

*　　*　　*

많은 이들이 신자유주의 경쟁체제에서 자신의 직장동료, 가족 간의 관계가 과거와는 판이해졌음을 실감하고 있다. 서로의 일에 가급적 개입하지 않으며, 공적으로 남들과 다른 의견을 제시하는 것조차 불편하게 받아들이며 협력이 아닌 독자적 일처리를 당연시한다. 만남과 부딪힘을 피하기 위해 끊임없이 자기를 단속하고 상대에게는 그저 형식적으로 예를 갖춘다. 이제는 서로에게 환대를 바랄 수 없음을 알고 있다. 우리는 그저 서로 예의바른 얼굴을 한 채 그 속을 알 수 없는 적대의 공간에 서 있다.

나는 이런 삶의 방식을 설명할 수 있는 말을 찾기 위해 노력하다 '단속'이라는 말을 떠올렸다. 처음 이 말은 좀처럼 자신을 보여주지 않고 자기를 검열하는 모습을 보면서 생각했다. 남을 믿지 않고 남으로부터 자신을 보호하기 위해 철저히 자기를 단속(團束)하는 것을 곳곳에서 볼 수 있었다. 그런데 의외였던 것은 그렇게 자기를 단속하는 사람들이 어딘가에는 늘 접속해 있다는 점이다. SNS니 '취향의 공동체'니 하는 곳에는 모두들 중독자처럼 접속해 있었다. 어딘가에 늘 접속해 있으면서 어떤 경우에는 벼락같이 연결을 차단했다. 그들의 모습을 보며 지금 우리가 처한 문제는 관계의 전면적 단절이 아니라 언제, 어느 곳에 접속하고 언제 누구와는 단절하는가가 아닐까 하는 물음이 떠올랐다. 차단하고〔斷〕 연결하는〔續〕 문법을 찾는다는 의미에서 단속이라는 동음이의어가 생각난 것도 이때였다. 이렇게 사람들의 모습을 살피는 과정에서 우리의 삶이 하나로 이어지지〔續〕 못하고 파편처럼 끊어져 있으며 이 때문에 많은 이들이 공허해하고 무의미해한다는 것도 알게 되었다. 삶이 연속적일 때 비로소 개인과 사회의 서사(敍事)가 완성되고 이 서사를 갖춰야 내가 내 삶의 주인공이라는 느낌을 가질 수 있는데, 바로 그 연속성〔續〕이 끊어진〔斷〕 것이다. 이런 의미로 단속이라는 말을 변주하면서 우리 삶의 형식을 설명해보고자 했다.

좀더 구체적으로 살펴보면 이 책에서 말하는 단속이란 다음과 같다. 첫번째, 단속은 낯선 것(타자)과의 만남의 단절이다. 우리가 살아가는 시대는 낯선 것을 지극히 경계하고 불온시한다. 교사들의 모임에서부터 아파트별 동호회에 이르기까지 동질성에 기반을 둔 '빗장 건 사회'(gated society)의 경향은 더욱 두드러지는 추세다. 반대로 이질적인 타자와의 접촉은 위험시하여 그들과 거리를 둔 상태에서 '구경'하려고만 한다. 타자와의 단속은, 우리가 늘 접속된 상태에 있으면서도 무엇인가를 끊임없이 차단하고 있는 이유를 해석하는 데 긴요한 키워드라고 보았다.

두번째는 공적인 것과의 단속이다. 이것은 동질성과 유사성에 근거한 유대만을 추구하는 첫번째 단속 개념의 맥과 자연스럽게 맞닿는다. 왜냐하면 타자와의 만남은 우리에게 나와는 다른 존재, 나와는 다른 의견, 즉 이견이 존재하며 그 이견들 속에서 내 견해를 갖고 이를 드러낸다는 것을 의미하기 때문이다. 의견을 갖는 것은 그 자체로 스스로를 공적인 존재로서 드러낸다는 것을 의미한다. 반대로 동질성/유사성에 근거한 공동체에서 중요한 것은 이견과 의견이 아니라 친밀성이다.

세번째, 이런 의견을 아예 제시하지 않거나 불가피한 경우에만 최소한으로 드러내기 위해 자기검열 혹은 스스로를 단속(團束)하는 경향으로서의 단속이다. 공적으로 자신을 드러내지 않는 이유는 그 공간/공동체에서 자신이 타자로 분류되는 상황을 두려워하기 때문이다. 낯선 존재에게 자신을 드러내는 것도 위험하지만 자신을 누군가에게 낯선 존재로 인식시키는 것은 더욱 위험하다. 자신의 의견이 낯선 것으로 드러날 경우 공격당하거나 배제될 수 있기 때문이다. 타자에게 자신을 드러나지 않고, 자신의 낯섦을 드러내지 않기 위해서는 자신의 의견을 감추고 아예 입을 다물거나 혹은 검열된 형태로 제시해야 한다. 당연히 침묵과 순응이 지배적인 태도가 된다.

네번째, 이런 결과로 나타나는 '연속의 반대'로서의 단속이다. 개인이든 사회든 그 존재의 가치는 연속성을 지닐 때 가치를 갖게 된다. 내가 치른 경험이 다른 누군가의 참조점이 되고 다른 누구의 경험이 나의 참조점이 될 때 서로에게 기댈 수 있고 배울 수 있다. 내 개인의 삶을 보더라도 어제 겪은 경험이 오늘 하고자 하는 일의 참조점이 될 때 그 사람의 삶은 연속성을 지닌다고 할 수 있다. 이렇게 자신의 삶을 하나의 연속성을 가진 서사로 이어갈 때 이것을 성장이라 할 수 있으며, 이 연속성이 있어야 삶은 하나의 이야기로 전승되고 나는 그 이야기의 주인공이 될 수 있다. 그런데 이 연속성이 단절되고 나면 우리는 하루하루 아무리 열심히 살더라도 어느새 삶의 의미를 찾지 못하게 된다. 자기계발은 열심히 하는데 도무지 성장해간다는 느낌은 갖지 못하는 희한한 역설에 처하게 된다. 무의미한 상태에서 그저 힘겹게 살아가며 혼자서 무기력하게 소진해갈 뿐이다.

결국 지금까지 성장을 화두로 삼아 공부하고 연구한 나의 입장에서 본다면 단속사회란 사람의 성장이 불가능한 사회다. 낯설고 모르는 것과 부딪치고 만나며 경험을 확장하고 갱신하고 통합하며 자신의 삶의 서사적 주체가 되려는 그런 성장은 불가능해졌다. 그 대신 가시적인 성과가 보이면 미친 듯이 자기를 소진해가고 그 성과가 보이지 않으면 무기력하게 널브러지는 것을 무한히 반복하게 된다. 이것이 이 책에서 내가 단속을 말하려는 가장 중요한 이유다.

　이렇게도 생각해본다. 지난 2012년 대선에서 어느 예비후보가 내건 '저녁이 있는 삶'이라는 구호에 많은 사람들이 무릎을 쳤다. 우리들의 삶에 저녁이 없음을, 그 저녁에 미친 듯이 일하고 있을 뿐 삶의 여유가 없다는 것을 탄식하며 모두들 저녁이 정말 필요하다고 이야기했다. 그런데 과연 그 저녁이 돌아오면 우리는 그 시간을 감당해낼 수 있을까? 어느 활동가는 만약 저녁이 돌아오면 그 많은 시간을 견디지 못하고 다들 자기계발을 해보려고 여기저기 어학학원이나 헬스장 등을 바쁘게 오가지 않겠냐고 되물었다. (물론 이때 또다른 활동가는 '저녁'이라는 의제설정 자체가 이미 취업한 사람들을 위주로 하는, 아직 취업하지 못한 사람들을 배제하는 말이라고 성토했다.) 또한 어느 여성학자는 만약 그 저녁이 가족을 위한, 가족의 저녁이라면 한국의 이혼율이 급증할 수 있다고 농담 아닌 농담을 했다. 말로는 저녁 있는 삶을 원한다고 하지만 정작 그 시간이 주어지면 가족과의 시간을 부담스러워만 할 것이라는 한탄이었다. 왜 그런가? 이 책에서 나는 바로 그 이유를 살펴보려고 한다. 그 저녁이 서로 경험을 나누며 곁을 만들고, 자신의 경험을 공적인 이슈로 전환하는 정치의 시간이 되기 위해서는 무엇이 필요한지를 이 책을 읽는 이들과 함께 찾아보려 한다.

1

악몽이 된 곁
말 걸지 않는 사회

제1장

정치공동체의 파괴
폭로하고 매장한다

몇해 전 〈건축학개론〉이라는 영화가 크게 유행했다. 1990년대 중반을 배경으로 한 영화로 어느 연인의 대학 시절과 그후의 이야기를 담고 있다. 이 영화에 어떤 사람들이 왜 공감했는지에 대해 다양한 평론들이 나왔다. 그중 이 영화의 배경이 된 90년대야말로 한국 자본주의 역사에서 가장 풍요로웠던 '문화의 시대'였기에 동일한 추억이 공유된다는 평이 많은 공감을 얻었다. 독재정권에서 벗어난 한국사회는 호황국면을 거치면서 비약적으로 소비자본주의로 진입했으며, 사람들은 생존이 아닌 생활을 꿈꾸기 시작했다. 먹고살기 위해 삶을 희생하는 것이 아니라 자기 삶을 미학적으로 돌아보기 시작한 때가 90년대이며 그 시절에 대한 향수가 〈건축학개론〉의 흥행과 직결된다는 이야기다.

후배 한명이 어느 토론회에서 한 말 역시 이런 관점을 잘 드러낸다. 그는 1990년대 중반 대학 입학 후 지금까지 '문화'라는 키워드로써 이 사회를 좀더 '문화'적인 공간으로 만들기 위해 노력해왔다고 했다. 그는 이 영화를 평하며 자기 세대는 대학을 다니는 내내 머릿속에서 하루에도 몇번씩 집을 지었다 부쉈다 한 세대라고 표현했다. 어떤 집에서 살 것인지, 누구와 더불어 살 것인지, 도시에서 살 것인지, 전원주택으로 내려갈지, 아니면 외국으로 나가서 살 것인지 등등 자기 세대의 주된 화두는 '집'이었다고 말했다. 결국 90년대에 대한 상징은 '건축학개론'이 될 수밖에 없다는 것이다.

후배의 흥미로운 이야기를 들으면서 문득, 그렇다면 1980년대를 학문에 비교한다면 어떤 학문일지 궁금해졌다. 여러 강연을 다니면서 본인을 486세대라고 밝힌 청중들에게 물어보았다. 대부분 1980년대가 사회학 혹은 정치학의 시대였다고 대답했다. 혹시 건축학과 대구(對句)를 이루게 한다면 어떤 학문이겠냐고 물었다. 몇몇 사람들이 혹시 도시공학이 아니겠냐고 대답했다. 좋은 비유라는 생각이 들었다. 90년대가 '집'이라는 비유로 자기 자신의 사적인 삶에서 조금 확장한 형태로 '건축학'을 꿈꾸었다면 80년대의 자신들은 전체 삶의 공공적인 터전으로서의 도시 자체를 설계하고 기획하고자 했다는 것이다.

정치공동체로서의 생활공간

사람의 욕망은 시대 혹은 장소에 따라 바뀐다. 사람의 욕망만 바뀌는 것이 아니라 사람이 자신을 설명하는 틀도 바뀐다. 한 예로 티베트 사람들은 자신이 왜 지금 고통받는지 혹은 무엇 덕택에 물질적 여유를 누리고 사는지를 '환생'이라는 말로 설명한다. 중세 사람들은 자신의 삶을 종교로써 설명했다. 칼뱅(J. Calvin) 이후의 청교도라면 자신의 삶을 설명하는 언어가 바로 '예정'이었을 게다. 다만 나에게 구원이 예정되었는지 아닌지를 알 도리는 없다. 그 징표는 오로지 현실에서 근검절약하며 부를 축적함으로써 확인할 수밖에 없다. 칼뱅이 인간의 삶을 설명하고자 내놓은 '예정론'은 이처럼 당대 현실을 살아가는 태도와 상당히 밀접히 연결되었다.

'도시'를 삶의 단위로 생각하고 기획 혹은 구축하고자 했던 1980년대 한국사회에서는 많은 이들이 자신의 삶과 행동양식을 설명하는 언어로 사회학과 정치학·경제학을 택했다. 이 학문들은 '구조'를 강조하는 담론이다. 그 당시의 사회과학은 개인의 삶을 개인으로만 환원해 설명할 수 없으며 그 개인의 삶과 가치관 모두 사회 '구조'에 의해서만 설명 가능하다고 가정했다. 80년대의 그들이 사회의 구조를 분석하고 그 속에서 모순을 찾아 해결하는 방법을 모색한 이유가 여기에 있다. 당연히 개인보다는 계급과 계층이 강조되었다. 도시의 새로운 건축원리로는 '자유' '평등' '민주주의' 등이 주목받았다. 한마디로 자본주의라는 경제적 모순과 군부독재라는 정치적 모순을 극복하고 자유와 평등에 기반을 둔 새로운 정치공동체를 구축하는 것이 당시의 목표였다. 경제가 정치의 토대라고 보았지만 동시에 정치가 모든 것을 압도하던 시대였다. 개인의 삶은 이런 구조적 틀을 통해서만 이해 가능하다고 보았다. 이후 1990년대를 이끌게 되는 '문화이론'은 80년대 등장 당시만 해도 부르주아 학문으로 매도되었고 뒤이어 2000년대를 주름잡게 되는 심리학은 '적응'이라는 그 대표적 개념에 대한 거부감에서 보듯 보수적인 학문으로 매도되기도 했다.

1980년대의 이 '도시'는 정치공동체, 즉 우리가 살아가면서 소속되는 여러 단위를 가리킬 수 있다. 학생의 경우에는 학교와 또래집단, 가족이라는 집단에 속하며 노동자는 직장과 친구집단, 가족에 속한다. 하루 24시간 인터넷에 접속해 살아가는 사람에게는 자주 가는 인터넷 게시판이나 까페가 이런 집단일 수 있다. 좀더 범위를 넓히면 우리가 속한 지역사회나 국가 역시 하나의 소속 단위다. 80년대를 돌이켜보면 이 다양한 단위 중에 유독 '국가'에만 초점이 맞춰졌지만 실제로는 국가만이 아닌 수많은 정치공동체가 존재해 왔다는 사실은 우리에게 새삼스러운 깨우침을 준다.

이런 단위가 그저 생활공간이 아니라 정치공동체가 된다는 것은 그 안에 '공론'이 형성되고 구성원들이 자유롭고 평등하게 공론에 참여할 권리가 보장됨을 뜻한다. 정치공동체의 핵심은 '말하는' 데 있다. 즉 정치공동체의 가장 중요한 역할은 바로 말할 권리가 있는 사람들이 서로 토론하고 경합하면서 '공론'을 형성해가는 것이다. 문제는 과연 누가 말할 자격이 있는가를 그 정치공동체가 배분하고 결정하는 데서 발생한다. 말할 자격이 있는 사람들에게는 말할 권리가 배분되고, 그렇지 못한 사람들은 정치공동체에서 배제된다. 고대 그리스인들에게는 '말할 자격이 있는 사람'이 자유민들이었다. 당시 여성과 어린이, 외국인은 당연히 이 정치공동체에서 배제되었다. 그들에겐 말할 자격이 없었다.

이에 반해 근대사회는 형식적으로는 시민으로 인정된 모든 사람에게 말할 권리를 배분한다. 따라서 누가 말할 권리를 가진 시민인가에 대한, 즉 시민권의 범위와 확장을 둘러싼 투쟁이 민주주의 운영의 핵심을 이루었다. 근대 초에는 부르주아만이 투표권을 갖고 공적으로 발언할 수 있었다. 지킬 재산을 갖지 못한 '비루한 자'들은 타락하기 쉽다고 하여 정치참여에서 배제되었다. 여성도 마찬가지였다. 이에 따라 노동자들을 중심으로, 근대 '시민'정치에서 몫을 가지지 못한 사람들이 정치에서의 자기 몫을 주장하기 위해 거리시위에 나섰고 공장을 점거했다. 자끄 랑시에르(Jacque Rancière)는 정치 바깥에서 배제된 자들이 정치 안의 몫을 주장하는 것, 이것이 진정한 의미에서의 정치라고 말한다.

비록 강권에 의한 것이긴 했지만, 한국사회에서도 둥그렇게 모여 앉아 '민주적'으로 의사 결정할 것을 근대화라는 이름으로 권장한 적이 있다. 가족회의가 대표적이다. 이전에는 부모가 일방적으로 결정하던 방식을 바꾸어 이제는 가족들이 둥그렇게 모여 앉아 결정하라고 '권장'되었다. 물론 대부분의 경우 빙 둘러앉았을 뿐 전과 마찬가지로 부모의 이야기를 일방적으로 듣는 것으로 끝나버렸지만 말이다. 이뿐 아니라 학교에는 학급회의와 전교어린이회, 동네에는 반상회가 권해졌다.

이런 단위들은 문제를 제기하는 공론장도 해결하는 조직도 아니었다. 오히려 위에서 내려오는 교시를 일방적으로 받아 적고 이행 정도를 확인하고 서로 감시하는 단위였다. 서로 둥글게 모여 앉기는 했지만 위에서 내려오는 지시사항에 대해 아무도 이의를 제기할 수 없었다. 하지만 모든 의견은 이견의 형태를 띤다. 내가 생각하는 것이 지금 내 앞에 제시된 말과 다를 때 우리는 손을 들고 자신의 의견을 말한다. 만일 앞사람의 말이 지금 내가 하고자 하는 말과 같다면 우리는 단순히 '동감이요'라고만 말하면 된다. 세상에서 가장 짜증나는 인간형 중의 하나가 앞사람의 말을 끊임없이 반복하는 사람 아니던가? 동감과 재청 말고는 다른 의견을 제시할 수 없는 단위를 정치공동체라고 할 수는 없을 것이다.

해법으로서의 정치공동체

노동과 학문으로 직업을 삼고

정의와 사랑으로 정신을 삼아

같이 먹고 같이 살자

평화 세계는 우리들의 눈앞에서 완연하구나.[1)]

세상에. "같이 먹고 같이 살자"라는 이 단순하고도 멋진 말이 아이들의 입에서 불렸다니. 이 노래는 1922년 '소안도 토지계쟁사건' 이후 섬의 아이들이 부르던 「소년단가」의 일부다. 하승우의 『민주주의에 反하다』에서 소개되는 이 사건에는 섬 주민들이 자신의 땅을 돌려받기 위해 하나의 공동체가 되어 보여준 다양한 문제해결 과정이 집약되어 있다.[2)] 이 노래에서처럼, 그들의 학교는 지식을 전달하는 곳이 아니라 생활을 나누고 공동체를 배우는 공간이었다. 아니, 하승우의 평가를 따르면 "소안도 자체가 하나의 학교로서 함께 배우고, 생활하며 새로운 사회를 준비하는 기운"을 만들었다고 한다. "학교 같은 공동체" 안에 있는 학교가 그 자체로 또 어떻게 "공동체 같은 학교"였을지는 미루어 짐작할 수 있다. 실제로 당시 소안도에서는 새로운 사상을 배우기 위한 강습회나 토론회가 끊이지 않았다. 당연히 "10대 후반이나 20대 초반의 청년들이 마을 일에 적극적으로 참여하고 운동을 이끌 수" 있었을 것이다. 이들에게는 사는 것 자체, 공부하는 것 자체가 운동이었고 정치였고 배움이었다.

일제시대에만 그런 것이 아니다. 가깝게는 2003년 부안 핵폐기물처리장 반대투쟁이 있다.[3] 정부의 집요한 반대에도 불구하고 주민들은 72.04퍼센트의 시민이 참여하고 그중 91.83퍼센트가 반대하는 투표를 성사시켰다. 물론 이 투표가 법적인 구속력은 없었지만 정부로서는 주민들의 실제 의사를 확인함으로써 큰 압력을 받게 된 셈이다. 무엇보다 이 투표가 감동적이었던 것은 모든 과정을 주민들이 준비했다는 것이다. 우편요금을 아끼기 위해 자원봉사자들이 2만 가구가 넘는 집들에 일일이 투표안내문을 전달하고 투표에 필요한 모든 도구를 자체 제작했다. 선거 명부조차 없는 완전한 백지상태에서 진행되었음에도 기존의 정부 선거에서는 전혀 고려되지 않은 사회적 약자에 대한 배려가 무엇보다 두드러졌다. 글을 모르거나 시력이 약한 사람들을 위해 찬성과 반대를 색깔로 구분해서 누구나 참여할 수 있게 한 것이다. 결국 이들은 정부 없이 정치, 즉 자치를 실현시킨 셈이다. 이에 관해 하승우는 우리에게 필요한 것은 "정부나 통치"가 아니라 "정치와 자치"라고 말한다.[1]

회의는 그 이전부터 "마을 공동체의 특징"이었다. 하승우는 인간은 "마치 회의라는 본능을 타고 난 것처럼 (…) 항상 둥글게 모여 앉아 회의"한다고 말한다. 그 회의를 통해 "생각을 나누고 규칙을 짜는 행동"을 벌이면서 "우리가 세상을 조금 더 넓게 보고 강한 힘을 만들 수 있게" 한다고 말한다. "촌회나 동회, 계 등 여러 공동체 조직에서 회의는 일상화"되어 있었고 이 회의에서 논의된 것은 바로 그들 자신의 "공동의 삶"이었다. 이를 통해 "더이상 혼자가 아님을 깨닫고 아무것도 할 수 없는 존재가 아니라 무엇이라도 할 수 있는 존재"임을 서로 격려하는 시공간, 그것이 바로 회의인 것이다.[5]

이런 점에서 본다면 민주화란 내가 속한 단위가 공론을 통해 문제를 제기하고 해결하는 공론의 장이 되기를 바라며 둥글게 앉는 것에 다름 아니다. 회의하는 것이 곧 정치이고, 이것이 우리가 힘을 키우며 스스로 존재감을 확인하는 기쁨의 과정이며, 너와 나를 바꾸는 과정 그 자체다. 우리가 민주주의에 대해 신뢰하게 되는 것은 바로 이처럼 내가 속한 단위가 문제를 해결할 의지와 능력을 지녔다고 믿을 때다. 한 정치공동체가 지닌 역량은 어떤 문제가 생겼을 때 그것을 얼마나 잘, 제대로 해결하는가 하는 데서 드러난다. 예를 들어 학교에서 왕따나 학교폭력이 벌어졌을 때 이 문제를 해결하는 단위는 개별 학급 혹은 학교 전체일 수 있다. 교사와 동료 학생들이 문제의 심각성을 깨닫고 기민하게 대처하면서 피해자를 보호하고 가해자를 적절한 수준에서 처벌해야 한다. 동시에 학급 전체의 공론화를 통해 이런 학교폭력이 개별적이고 고립된 사건이 아니라 언제든 이 학급에서 벌어질 수 있는 일임을 공개적이고 공적으로 인지하게 될 때 우리는 이 학급이 문제해결의 단위로서 제대로 기능한다고 말할 수 있다.

만들어지기도 전에 붕괴한 정치공동체

지금 우리를 당혹스럽게 하는 것은 우리의 생활공간을 이 같은 문제 제기와 해결의 단위, 즉 온전한 정치공동체로 만들어내 여러 현안을 풀어보려던 열망이 급격히 식어버렸다는 데 있다. 고등학교 교사인 김샘은 얼마 전 아주 당황스러운 일을 겪었다. 새로 부임한 교장이 말도 안 되는 요구를 해대기 시작했다. 학교의 존립근거가 학생들의 성적을 올리는 것이라면서 전에 없던 여러가지 무리한 정책을 펼쳤다. 아침에 등교하는 여학생들이 지각하면 차가운 시멘트 바닥에 꿇어앉히고 굴욕감을 줬다. 성적이 낮은 학생들은 학교에 있을 필요가 없다고 공공연하게 말했다. 교사의 수업에도 간섭하기 시작했다. 김샘이 학생들에게 책을 읽는 시간을 주면 문을 벌컥 열고 들어와서 왜 수업을 안 하느냐며 호통을 쳤다. 학생들이 책 읽을 시간이라고 답하면 책은 집에서 읽게 하고 수업하라고 지시했다. 수행평가며 뭐며 다 소용없다면서 일제식 수업과 문제풀이를 강요했다.

김샘을 더욱 당황하게 한 것은 이 문제를 해결하기 위해 동료교사들에게 다가갔을 때였다. 김샘은 동료들에게 교무회의에서 이 문제를 정식으로 다루자고 제안했다. 자신만이 아니라 모두가 새로 온 교장의 무리한 정책과 간섭으로 고통받고 있었다. 다들 뒤로는 투덜거리고 불만을 쏟아냈다. 그런데 김샘이 이렇게 말하자마자 다른 교사들은 "공연한 짓 하지 마라. 그래봤자 김샘만 다친다"라며 말리기 시작했다. 자신들이 뒤로 물러나기만 한 것이 아니라 김샘에게 나서지 말 것을 요구했다. 그래도 과거에는 김샘이 나서자고 하면 한두명이라도 뜻을 같이했을 텐데 아무도 그러지 않았다. 심지어는 "그러니까 빨리 학교를 그만둬야 해. 나는 연금을 받을 수 있는 때가 되면 바로 그만둘 거야"라고 말하는 교사도 있었다. 다들 절이 싫다면서, 그러나 절이 싫으면 중이 떠나야 한다고 생각하고 있었다.

김샘의 이야기는 전국교직원노동조합(이하 전교조)이 결성된 이후에 교무실을 토론과 공론의 공간으로 만들려 한 그들의 시도가 급격히 쇠퇴했다는 것을 단적으로 보여준다. 그나마 만들어져 있던 공간들도 무력화되었고, 나아가 많은 경우 우리 스스로도 자신이 속한 단위가 이를 풀어낼 능력과 의지를 갖고 있다고 믿지 않게 되었다. 학교폭력을 당한 피해자에게 '왜 어른들에게 말하지 않았냐'라고 물어보면 '말한다고 해결되지 않을 것 아니냐'라는 답이 돌아온다. 문제가 해결되기는커녕 오히려 더 복잡해지고 이후에 더 큰 화를 불러온다고 생각한다. 이들이 이렇게 생각하는 것은 단지 가해자들의 보복이 두려워서가 아니다. 학교폭력을 제대로 해결한 선례를 한번도 본 적이 없기 때문이다. 오히려 문제해결의 단위가 얼마나 비겁하고, 무력하며, 잔인한가 하는 것만을 보았기 때문이다.

이들 대다수가 경험한 바에 따르면 학교폭력이 벌어졌을 때 교사나 학교가 보이는 대개의 반응은 고통을 호소하는 피해학생의 말을 흘려듣는 것이다. 담임교사와 동료학생들이 "장난으로 한 일을 갖고 뭘 그리 심하게 반응하느냐"라며 대응한 경우도 있다. 문제의 당사자나 이를 감지한 사람의 말을 경청하는 일이 가장 기본적인 조치일 텐데, 오히려 아예 듣지 않는 것이다. 특히 가해자가 권력을 갖고 있고 피해자가 약자일 경우 열에 아홉이 이러하다. 즉 가해학생의 부모가 재력가이거나 학교에 영향을 미치는 학교운영위원회 등의 위치에 있는 경우에는 학교가 나서서 별일 아닌 것으로 치부하고 오히려 피해자의 입을 틀어막아버린다.

설령 듣는다고 하더라도 이런 문제가 외부로 알려지면 사태가 심각해진다고 생각해 쉬쉬하며 은밀히 해결하려 시도하기도 한다. 모 지역에서 한 장애소녀를 상대로 성폭력을 저지른 사건이 대표적이다. 가해자 측은 피해자 측과 '합의'를 했고 결국 법원은 불구속에 소년보호처분만 내렸고 학교는 징계를 내리는 데 미온적이었다. 그 결과 가해자들 중의 하나가 학교의 추천으로 서울의 명문대에 입학하는 황당한 일도 벌어졌다. 이런 일을 보면서 학생들은 학교가 문제해결의 단위가 아니라 권력과 돈에 무력하며 나아가 그것에 결탁해 있는, 바로 문제의 한 근원임을 간과하게 된다.

학교뿐 아니다. 아파트 같은 주거공간에서도 비슷한 일이 일어난다. 서울의 한 아파트에서 부실공사로 겨울이면 결로가 심하게 발생하는 일이 벌어졌다. 주민 몇몇이 시공사에 찾아가 데모라도 하자고 제안했지만 다른 주민들의 반대에 부딪혔다. 이 사실이 알려지면 집값이 떨어진다는 것이 이유였다. 대신 은밀히 만나 조용히 처리하자는 의견이 많았다. 이 사실을 공공기관과 언론을 통해 알리게 되면 다른 주민들의 비난을 받을 것이 뻔했다.

공론화를 통해 문제를 해결하려 하지 않고 억압하는 것은 새삼스러운 일이 아니다. 앞서 소개한 책에서 하승우는 일제 식민권력이나 이후 독재정권이 가장 두려워한 것이 사람들이 모이는 것이었고 회의하는 것이었다고 말한다. '말 많으면 빨갱이'라는 표현도 이런 맥락에서 나왔다. 말을 많이 한다는 것은 곧 이견을 제시한다는 것이고, 이견을 제시한다는 것은 자신이 지금 '불편하다'는 것을 공공연하게 표현하고 힘을 모으는 과정이었는데, 그동안의 권력은 그것을 불온시해왔다.

민주주의를 열망한다고 내세우는 학생회나 사회단체 들도 마찬가지였다. 1990년대 중반 농활(농촌활동)을 준비하면서 참가자들에게 성폭력에 대한 교육을 준비했다가 선배들에게 크게 혼났다는 이야기를 들은 적이 있다. 선배들은 농민들과의 신성한 연대를 도모하는 자리에 농민과 남성참가자들을 잠재적인 성폭력 가해자로 보는 것이냐며 꾸짖었다는 것이다. 실제로 다른 농활대에서는 농활기간 중에 성폭력이 드물지 않게 발생했지만 모두 다 쉬쉬했다. '적'들에게 탄압의 빌미를 제공할 수 있다는 이유였다. 피해자가 아니라 가해자가 보호받았으며 조용히 입을 다물어야 하는 것은 오히려 피해자였다. 피해자가 동아리를 떠나고 학생회활동을 그만두는 일도 잦았다. 그에 반해 가해자는 보통 한번 정도 질책을 들은 뒤 아무 일도 없었다는 듯이 계속 활동하는 경우가 다반사였다.

사실 이런 점에서 본다면 정치공동체란 기본적으로 배제에 기초하여 만들어지는 공간이다. 둥글게 모여 앉아 말을 나눈다라는 말 자체에 이미 공동체가 폐쇄적이라는 뜻이 숨어 있다. 둥글게 모여 앉았을 때 만들어지는 원이야말로 폐쇄적이지 않은가. 원 안에 모여 앉은 사람들은 모두가 안을, 즉 서로를 바라본다. 원 밖에 있는 사람은 배제된다. 이처럼 정치공동체는 '불가피'하게 누군가는 배제하면서 결성된다. 특히 둥글게 모여 앉아 이야기를 나눈다는 것은 그 정치공동체에서 통용되는 말을 공유하지 못한 사람들이 원밖으로 추방됨을 뜻한다. 그리스인들이 비그리스인들을 야만인(barbarian)이라고 불렀던 것은 이런 점에서 의미심장하다. 그리스어 '야만인'(βάρβαρος)은 그리스인들처럼 그리스어로 말하지 못하고 그저 '바르바르' 거리기만 한다는 데서 유래되었다는 것이 정설이다.[6] 자신들이 알아들을 수 있도록 말하지 못하는 사람은 여지없이 야만인으로 분류한 것이다.

폭로에서 매장으로: 피해자의 정치에서 정치의 대세로

정치공동체는 어떤 경우 앞에서와 같이 문제해결의 공간이 아니라 오히려 억압의 공간이다. 이런 공간에서 피해자가 할 수 있는 일은 많지 않다. 아니 유일하게 남은 길은 '폭로'뿐이다. 물론 피해자들이 문제가 발생하자마자 바로 폭로로 나아가는 것은 아니다. 조직 안에서, 제도를 통해 문제를 해결하려 수차례 시도하다 묵살당하면 그제서야 마지막 수단으로 택하는 경우가 대부분이다. 폭로는 말하기가 억압되고 말하기에서 배제된 자가, 자신에게 말할 권리를 배분하지 않고 공론화를 통해 문제를 해결하려 하지 않는 '정치공동체'의 '정치 없음'을 드러내는 '정치적 행위'였다. 자기 조직 내에서 문제를 해결하려던 시도가 공론화라는 의미에서의 정치라면, 폭로를 통해 정치공동체의 정치 없음을 드러내는 것은 '몫 없는 자가 몫을 주장한다'라는 의미에서의 정치였다.

학교폭력의 희생자들이 자살을 택하는 것도 이런 이유에서다. 죽음이 있고 난 다음에 주위 사람들은 말한다. "그런 줄 몰랐다." 알았다면 대처했을 것이고, 해결했을 텐데 희생자가 말하지 않았기 때문에 알 수 없었다고 말한다. 그러나 이는 피해자가 왜 말할 수 없었는지, 혹은 왜 말하지 않았는지에 대해 전혀 반성하지 못하는 반응이다. 희생자는 말해봤자 쓸모없다고 생각했기 때문에 말하지 않은 것이다. 바로 이런 점에서 그가 죽음으로 폭로하는 것은 자신에게 고통을 가한 가해자만이 아니다. 만약 그가 자신이 속한 공동체 혹은 사회가 문제를 해결해 줄 수 있다고 생각했다면 죽음을 택하지는 않았을 것이다.

이처럼 폭력의 희생자들에게 죽음은 마지막 폭로의 방법이다. 때로는 말로, 때로는 몸으로 자신이 속한 공동체에 자기가 폭력을 당하고 있음을 말해보았지만 전혀 반향이 없을 때 그들은 죽음으로 자신에게 가해진 폭력을 폭로한다. 학교폭력의 희생자들이 남긴 유언을 보면 자신이 두고 떠나야 하는 가족이나 친구에 대한 미안함과 함께 폭력을 가한 가해자들의 이름과, 그들이 가한 폭력을 낱낱이 기록한다. 그러면서 자신에게는 이 방법 외에는 다른 것이 없다고 말하고 몸을 날린다. 아무리 말하려 해도 전혀 듣지 않는 사회를 향해 그들이 고통을 알리는 마지막 방법이 죽음인 것이다. 그가 가해자의 이름만을 폭로하는 것이 아님은 바로 여기서 드러난다. 그가 폭로하는 것은 곧 공동체의 무관심과 무능이다. 그가 몸을 던진 것은 학급과 학교가 문제를 해결할 의사도, 능력도 없다는 것을 알았기 때문이다.

그런데 요즘 이 폭로의 정치가 우리를 당혹스럽게 하고 있다. 한편에서는 이 폭로와 배제가 제도·조직 내에서 해결하려는 그 어떤 시도도 거치지 않은 채 바로 대중들에게 직행한다. 문제가 벌어진 바로 그 장소에서, 바로 그 시간에 해결하기보다는 그 사건을 대중들에게 폭로하고 이슈를 만드는 것에 더 많은 관심을 기울이는 것처럼 보인다. 다른 한편, 폭로는 제도 내에서 말할 권리를 부여받지 못하고 배제된 사람들이 아닌, 말할 권리를 충분히 가진 사람들에 의해 사용된다. 그러다 보니 공론을 통한 해결은 사라지고 남은 것은 온통 폭로밖에 없다. 폭로의 목적 또한 문제를 해결하는 것이 아니다. 오히려 폭로하는 사람들 또한 자신이 당한 상처에 대한 개별적인 복수, 즉 누군가를 지목해서 사냥하고 매장하는 것만이 유일한 해결책인 것처럼 행동한다.

폭로가 공론을 압도하는 사례를 살펴보자. 아파트단지 입주자대표회의는 폭로전이 된 정치의 대표적인 예다. 서울의 한 아파트단지에서는 얼마 전 입주자대책회의를 결성하자마자 내분이 터졌다. 관리업체를 선정하는 것을 두고 각 동대표 간에 이견이 생겼고 회의가 거듭됨에도 견해차가 좁혀지지 않았다. 문제는 대표회의에 참석하는 동대표가 상당수였음에도 불구하고 이견을 제기한 집단이 정작 회의 자리에서는 전혀 발언하지 않았다는 점이다. 그 대신 마치 비리를 캐는 것처럼 반대파에 대한 뒷조사를 벌여 그것을 입주자 홈페이지에 '폭로'했다. 그러자 반대쪽에서는 당황해하며 왜 그 문제를 회의에서 이야기하지 않고 바로 폭로했느냐고 물었지만 돌아온 대답은 "회의에서 말해봤자 묵살당할 것이 뻔하기 때문"이었다. 그러자 이번에는 반대쪽에서 상대방 대표들이 주도하여 체결한 계약이 얼마나 허술한지를 조사하여 홈페이지에 '폭로'했다.

대표회의는 지속적으로 미뤄지고 그 뒤로는 홈페이지에서 폭로 난타전이 일어났다. 그러자 한 주민이 참다못해 이런 글을 올렸다. "우리 앞에서가 아니라, 당신들끼리 회의하고 싸우라고 동대표로 뽑아준 것이다. 우리 앞에서 싸우면서 우리보고 판정하라고 하면 당신들을 왜 동대표로 뽑아서 회의비를 지급해야 하느냐? 우리가 그냥 동대표 하면 되지." 많은 주민들이 이에 동의했지만 폭로전은 그후에도 끝나지 않았다.

어디 아파트 같은 일상의 정치공간에서만 그런가. 정치 자체가 폭로와 추문의 장이 되어간다. 이를 가장 적나라하게 보여주는 것이 '민주주의의 꽃' 선거다. 선거 때가 되면 여야를 막론하고 서로를 폭로하고 추문을 드러내기에 바쁘다. 물론 이중에는 필요한 폭로도 있다. 논문을 표절하여 학위를 받은 일이나 과거 위장전입과 세금포탈 등의 경우는 선거가 아니라면 좀처럼 드러나기 어려운 사실들이다. 이런 것은 정치인의 자질을 검증하기 위해 반드시 폭로되어야 한다.

다만 근래에 들어서 우리가 목격해온 폭로전은 폭로가 더이상 정치공동체에 해결을 기대할 수 없는 피해자들의 마지막 수단이 아님을 잘 보여준다. 특히 선거에서의 폭로가 목표로 하는 것은 폭로된 사람을 사회적으로 영원히 매장하는 것으로 보일 정도다. 문제의 원인과 재발 방지에는 도리어 별 관심이 없다. 따라서 폭로가 이루어진다고 해서 오류를 예방하기 위한 제도화는 좀처럼 모색될 것 같지 않다. 임기응변만이 계속될 뿐이다. 폭로가 계속되어도 추문이 끊이지 않는 이유가 여기에 있다.

문제해결이 아니라 매장이 목적이 되면서 폭로되는 사안의 성격도 바뀌었다. 과거에 폭로는 가해자뿐만 아니라 그런 행동을 가능하게 하는 권력과 구조에 초점을 맞추었다. 1990년 윤석양(당시 이병) 씨의 보안사령부 민간인사찰에 대한 폭로가 대표적이다. 입대한 후에 과거 학생운동을 같이한 동료들을 사찰하라는 역할을 강요받던 윤석양 씨는 민간인사찰 자료가 든 서류와 디스켓 30장을 들고 나와 기독교회관에서 기자회견을 통해 이를 폭로했다. 이 폭로로 결국 보안사는 이름이 기무사로 바뀌게 되었고 보안사 서빙고 건물도 헐리게 되었다. 당시 폭로가 겨냥한 것은 이후에 군복을 벗게 되는 장성들, 즉 개인들이 아니라 이런 사찰을 가능하게 하는 권력과 제도였다.

그렇다면 지금의 폭로가 겨냥하고 있는 것은 무엇일까. 바로 그 일을 가능하게 만든 구조와 권력이 아니라 그 사람의 도덕적 본질이다. 지금의 폭로는 폭로되는 사람이 얼마나 '개새끼'인지를 드러내는 것에만 집중한다. 논란이 되고 있는 그 '도덕'의 문제가 남에게는 어떤 피해를 주었는지, 혹은 전적으로 사생활에 속하는 것인지 아니면 권력을 사사로이 이용한 것이나 공적인 위법행위인지 아닌지의 차이는 따지지 않는다. 권력의 구조적 문제가 아니라 도덕이 문제가 되면 사생활에서의 작은 '문제'들일수록 그 사람의 도덕적 본질을 드러내는 사건으로 뻥튀기된다. 심지어 십수년 전의 발언들까지 다 끄집어내어 폭로한다. 정치가 가십이 되는 것을 넘어 가십이 정치가 된다. 지금의 폭로가 주로 도덕과 관련된 사안에 집중되거나 혹은 개인윤리의 차원으로 이야기되는 것이 바로 이런 이유에서다. 즉, 대부분의 폭로는 자질을 검증하는 것이 아니라 추문을 일으키기 위한 것들이다.

폭로가 이처럼 권력이나 구조가 아닌 도덕을 문제시하는 곳이 어디 정치판뿐이던가. 하루가 멀다 하고 신문지상이나 방송에 오르내리는 '○○남' 혹은 '○○녀' 사건이야말로 우리의 일상 역시 문제해결이 아니라 문제를 일으킨 당사자를 폭로하고 매장하는 것에만 매몰되어 있음을 잘 보여주지 않는가? 지하철에서 누군가가 술을 마시고 구토를 했다고 보자. 누군가 그 사람을 다음 역에서 데리고 나가 등을 두드려주는 경우는 흔치 않다. 대부분은 외면하고 '의기로운' 사람은 그 장면을 동영상으로 찍어 인터넷에 올린다. 그 사람은 졸지에 '지하철 오바이트 남/녀'가 된다. 땅에 떨어진 공중도덕을 개탄하며 신상털이범들이 나서서 이름에서부터 나이, 사는 곳까지 싹 털어 도덕적으로 응징하는 수순이 뒤를 잇는다. 이처럼 자신을 드러내지 않고 오히려 남을 폭로하고 도덕적으로 응징하는 것만 남게 된 정치공동체는 문제해결능력을 상실한 사회라 할 수 있다.

사람은 말하는 것을 통해서만 정치에 참여할 수 있다. 이 '말'을 체계적으로 구성하면 바로 '의견'이 된다. 의견을 제시하는 대신 침묵해버리는 것, 이로 인해 사회문제를 해결하려고 노력하는 정치적 행위는 결정적으로 타격을 받는다.

한나 아렌트(Hannah Arendt)는 "정치란 인간들 사이에 놓여 있으며, 관계로서 성립된 것 안에서" 일어나는 것이며 "정치학은 서로 다른(different) 인간들의 공존과 연합"을 다루는 것이라고 말한다.[7] 이 정치를 구성하는 요소가 바로 말이다. 아렌트는 "말할 줄 아는 것이 인간을 정치적 동물로 만든다"라며 말의 의의를 밝힌다.[8] 또한 "자신의 의견을 제시한다는 것은 다른 사람이 듣고 보도록 하기 위해 자기 자신을 나타낼 수 있는 능력"이다.[9] 따라서 의견을 제시한다는 것은 결국 자신을 드러낸다는 것을 의미한다. 역으로 의견을 제시하지 않는 것은, 타인으로 구성된 세계 속에 자신을 드러내지 않겠다는 뜻이다.

리처드 쎄넷(Richard Sennett)은 이 사회를 지배하는 두가지 원리로 가시성과 사회적 고립을 꼽는다.[10] 사무실에서 벽을 없애버리는 것처럼 누구든 서로를 볼 수 있는 가시성이 강화될수록 친밀성이 높아지는 것이 아니라 오히려 서로에 의한 서로의 감시만 증가한다. 이 상태에서 개인은 "침묵만이 자신을 보호하는 유일한 수단"임을 알게 되고 침묵하는 것을 통해 스스로를 세계와 단절하여 고립된다. 이러한 사회에서 공적으로 자신을 드러내는 사람들이 맞닥뜨리게 되는 공통된 감정은 바로 공포감이다.

위험을 회피하고 안전만 추구하는 이런 사회를 지그문트 바우만(Zigmund Bauman)은 '사냥꾼의 사회'라고 부른다. 이 사회에서 사람들이 목숨 걸고 추구하는 것은 생존과 안전이다. 사냥꾼이 될 수 없으면 최소한 사냥감이 되지 않기 위해 노력해야 한다.

바우만에 따르면 근대란 안전과 자유 사이의 시소게임이다. 자유와 안전은 "인간적 가치의 필수불가결한 한 쌍"이다.[11] 개인화는 자유를 향한 운동이라고 볼 수 있고 국가와 사회는 안전을 향한 장치라 할 수 있다. 문제는 근대에 들어선 뒤 내내 이 둘 사이의 균형이 부조화를 겪고 있었고 서로 간에 간극이 있었다는 점이다. 안전에 치중하게 되면 개인의 자유가 억압된다. 반대로 자유만을 강조하면 유례없는 불안에 시달리게 된다. 고체근대가 안전에 초점을 맞추었다면 액체근대는 자유에 초점을 맞춤으로써 오히려 안전에 대한 욕구를 불러일으켰다.

사냥꾼의 사회에서 개인이 자신의 안전을 도모하기 위해 침묵하는 전략을 택한 것은 안전의 목적과 의미가 전도되어버렸기 때문이다. 바우만에 따르면 원래 국가는 제약없이 행사되는 시장의 힘에 의해 초래된 손실과 피해를 제한하고, 약자들을 지나치게 고통스러운 재난으로부터 보호하고, 불확실한 처지의 사람들을 자유경쟁이 필연적으로 수반하는 위험으로부터 보호하겠다고 약속함으로써 체제유지의 정당성을 획득할 수 있었다.[11] 그러나 신자유주의로 전환되는 과정에서 국가의 가장 주된 임무가 '시장으로부터 국민을 보호하는 것'이 아니라 '시민으로부터 시장을 보호하는 것'으로 바뀌면서, 국가는 자신의 정당성의 근거를 경제적 영역이 아니라 비경제적 영역에서 다시 찾아야 했고 '안전'을 통해 그것을 성공적으로 수행한 것이다.

국가가 자신의 존립근거와 정당성을 안전에서 찾기 위해 반드시 필요한 것이 그 안전을 위협하는 적이다. 과거의 적은 오로지 외부로부터 오는 것이었지만 이제는 더이상 외부로부터 오지 않는다. 오히려 적은 내부에 있다. 외부의 적보다 더 무서운 것이 내부의 동조자이며, '국론'으로의 결집 같은 내부의 단결을 해치는 자들이다. 이의를 제기하는 자야말로 가장 위험한 자로 여겨지며 내부의 적으로 지목된다('내부의 적'에 관해서는 제2부 4장에서 구체적으로 다룬다). 이로써 문제나 위험이 가진 복잡한 양상이나 모호한 측면에 대한 진지한 모색은 사라지고 '이것이냐, 저것이냐'라는 이분법만 남게 되고 사람들은 두 진영으로 '구획'된다.[13] 이런 이분법적 구도에서는 위험에 대해 질문을 던지는 사람들이 오히려 이질적인 존재로 취급받는다. 이런 사회에서 정치는 말 그대로 '닥치고 정치'가 된다. '닥치고' 너는 '이편이냐, 저편이냐'라는 윽박지

름만 남게 되는 것이다. 따라서 사람들은 자신의 목소리를 내기보다는 자기검열하며 침묵하거나 찬반(贊反)의 목소리 뒤로 숨게 된다. 위험을 회피하기 위해서는 각자 자기의 집단 속으로 숨어들어가는 것이 안전하기 때문이다.

문제는 이 사회가 이질적이고 낯선 것들과 불가피하게 함께 섞이고 만나는 열린 공간이라는 데 있다. 이에 대다수 사람들은 자신의 의견을 제시하는 대신 인위적으로 동질적인 것하고만 어울리려한다. 다시 말해 "'그 누구도 다른 이에게 말 거는 법을 모르는' 두려운 다성적 공간으로부터 '모든 이들이 서로 똑같은,' 그래서 말할 것도 별로 없고 말하기도 쉬운 '안전한 틈새'"로 움츠러드는 것이다.[14] 이 공간을 지배하는 것은 "다르고 낯선 외래의 '타자'를 멀찍이 거리 두려는 노력, 소통하고 조정하고 상호간 충실할 필요를 사전에 없애는 결정"이다.[15] 특히 자원을 많이 가진 자들은 자신들만의 성채를 쌓으며 "자신의 생활세계를, 그 도시의 나머지 주민들의 생활세계로부터 차단"하고 그 결과 이들의 "자발적 게토는 점점 더 치외법권적인 전초기지나 주둔지로 바뀌"면서 "자신들의 보금자리를 공적 생활과는 동떨어진 곳으로" 만드는 양상을 보인다.[16]

한국의 경우 서울 강남이나 목동, 혹은 강북의 상암동같이 중대형 평수의 중산층 중심 아파트단지가 대표적으로 이러하다. 이 동네들은 입시학원과 서로의 운명을 같이하며 폐쇄적인 그들만의 공간, 즉 '빗장 건 사회'를 형성하고 있다. 모두가 그런 것은 아니겠지만 학생들 역시 자기 부모들의 아파트 평수와 계급에 맞추어 또래 집단을 형성하며 끼리끼리 논다. 대규모 산업단지가 소재한 지방의 경우도 마찬가지의 경향이 두드러진다. 즉 해당 산업단지 부근의 학교에서는 부모가 정규직인가 비정규직인가에 따라 학생들이 따로 모이는 경향이 있고 그들의 '노는 문화' 또한 분리된다.

이렇게 타자와의 만남이 사라지고 개별화·동질화된 세계에서 인간의 경험은 축소되고 국지화된다. 경험은 낯선 것과는 단절된 채 비슷한 것, 동질적인 것 안에서만 무한 반복된다. 이 과정에서 우리는 인간 본연의 세계관, 즉 낯선 존재들을 "우연히 상봉하는 과정에 의해서만 성장한다는 관념"을 잃어간다. 우리는 낯선 존재들을 만날 때에야 비로소 익숙한 것을 상대화하게 되고 때로는 "친숙한 관념과 기성 진실을 뒤집어 놓을 수" 있게 된다.[17] 새로운 것을 배워가면서 우리는 낯선 것에 도전하기 위해 위험을 감수할 용기를 얻는다. 그런데 사냥감이 되지 않기 위해 동일성에만 숨어들게 되면서 우리의 경험은 축소되고 성장의 기회는 봉쇄된다. 이것이 사냥꾼의 사회에서 우리가 추구한 안전의 댓가다.

제2장

단속사회의 출현
타자와 차단하고 표정까지 감춘다

　지혜는 어린 시절부터 철저히 자신을 감출 것을 교육받았다고 한다. 자기 자신이나 가족의 속내를 다른 사람들에게 드러내면 인신공격을 당할 것이라고 배웠다. 그러다 보니 약간 자폐증이 있다고 여겨질 정도로 스스로를 낯선 사람들로부터 차단하고, 될 수 있는 한 세상과의 접촉면을 좁히게 되었다. '낯선 사람 조심해라'는 말을 귀에 못이 박힐 때까지 들으면서 터득한 삶의 지침이었다. 그래서인지 지혜는 다른 사람의 말을 듣더라도 크게 마음이 동한 적이 별로 없다. 누군가 자신에게 말을 걸어오더라도 "그저 낯선 다른 세상의 말"처럼 느껴졌다는 것이다.

단속사회의 출현: 이 도시에서 살아가는 두가지 방식

　지혜가 자신을 감춰야 한다는 것에 대해 확신을 갖게 된 것은 학교를 다니면서부터였다. 자신이 괴로워하거나 혹은 힘들어한다는 것을 교사에게 내비치는 순간 교사들이 자신을 위로하기는커녕 '만만하게 본다'는 것을 알게 되면서였다. 물론 지혜가 한번도 마음의 문을 열어본 적이 없는 것은 아니다. 고등학교 시절 정신적으로 힘들었던 어느 때엔 수업시간을 빼먹고 담임교사와 교정을 걸으며 이야기한 적이 있다. 친구들에게 말하긴 내키지 않았지만 '그래도 담임은 좀더 오래 살았으니까 이야기를 해도 괜찮을 것'이라고 생각했다. 그러나 조금도 도움이 안 됐다. 벽에다 대고 말하는 기분이었단다. 지혜는 그때 생각했다. '아, 어른에게 이야기해도 별거 없는데 괜한 걸 기대했구나.' 오히려 그때 지혜가 본 것은 학생이 자신의 상처를 드러냈을 때 교사가 어찌할 바를 모르고 당황해하는 모습이었다. 지혜는 그 교사가 자신과 헤어진 뒤 누군가에게는 "확실히 여자애들은 어려워"라고 말했을 것이라고 짐작했다. "여자애들은 어렵다"라는 건, 그 시절 교사들이 학생들과의 대화가 "미끄러질" 때마다 자주 내뱉는 말이었다고 한다.

　그 뒤로 지혜는 남에게 자신의 감정을 드러내고 무엇인가 조언이나 충고를 듣거나 해결을 바라는 것은 어리석다고 생각하게 되었다. 자신의 상처를 드러내면서 '내가 당신에게 의존하고 있다'는 것을 보여주는 것은 곧 그들에게 만만한 먹잇감으로 자신을 던지는 것이라 여겼다. 학교에서도 교사들에게 의존하리라는 일말의 가능성도 보여주지 않으면, 교사들이 자신을 '재수없다'고 여길지언정 우습게 보진 않는다는 것도 몸으로 깨달았다. 그래서 지혜는 언제 어디에 있더라도 표정에서부터 말투까지 철저히 자신을 단속하는 태도가 몸에 배었다. 지혜는 이에 대해 자신이 "교사들 앞에선 감정을 지워버렸다"라고 표현한다. 자신이 누구인지에 대해 짐작할 수 없다면 아무도 자신을 함부로 대하지 못한다. 자신이 손에 쥔 패는 함부로 보여주는 것이 아니다. '상황은 변하기 마련입니다. 평생 같이 못 가요. 그리고 누군가와 같이해야 할 상황을 만들지 마시고 최대한 자력으로 살아남을 길을 찾으세요.' 이게 세상 사람들이 살아가는 방식이라고 생각했고 곧 자신의 생존방식으로 삼았다.

반대의 경우도 있다. 중학교에서 국어를 가르치는 연샘은 얼마 전, 태어나서 처음으로 철학관(점집)을 찾았다. 어딘가 누구에게 말로 호소하지 않으면 살 수 없을 것 같았다. 전근 간 학교에서 국어 교과서 선정문제를 둘러싸고 교장과 날카롭게 부딪쳤다. 국어과 교사들은 A사에서 낸 교과서를 선정했지만 교장은 "자기 눈에 흙이 들어가기 전엔" 그 회사의 교과서를 채택하지 않겠다고 버텼다. 교장은 다른 교과의 책들은 전부 통과시켜주고 국어과만 반대하며 학교운영위원회 위원들을 설득했다. 그 뒤 운영위가 한차례 결렬되는 등 힘든 상황이 이어졌다. 그러나 학교 안에서는 이런 일을 논의하고 공감할 사람을 찾는 것이 너무 어려웠다.

이를 실감한 또 하나의 사건은 '방과후수업' 때문이었다. 교장은 국·영·수·사·과를 중심으로 수업하라고 지시했는데 연쌤은 도저히 이를 받아들일 수 없었다. 학생 대부분이 학원을 다니기 때문에 학교에서 그렇게 잡아둔다고 성적이 오를 리 없고 학생들의 스트레스만 심해질 것이 불 보듯 뻔했다. 마치 두더지게임처럼 어느 지점을 누르면 다른 곳에서 불만이 반드시 터져나온다는 걸 교직생활을 할수록 확신해가던 때였다. "앵무새처럼 교장의 지시를 열심히 시행"하기만 하는 방과후 담당부장은 연쌤에게 "불만이 있으면 교장실 가서 직접 말하라"고 했다. 다른 교사들의 대응 역시 대단히 소극적이었다. 연쌤은 남들은 시키는 대로 잘하는데, 한편으론 예민하고 다른 한편으론 맞설 용기가 없어 혼자 끙끙대는 스스로가 너무 못마땅했다. 그렇다고 학교에서 이런 자신의 상처와 약점을 드러내고 이야기 나눌 사람도 거의 없었다. 그렇게 헤매다 마지막으로 찾은 곳이 바로 철학관이었다.

앞의 사례에서 지혜가 남에게 자신의 상처를 드러내는 것을 어리석다고 여기며 자신을 철저하게 감추기 위해 노력한다면, 연쌤은 자신의 상처를 드러내고 누군가에게 의존하고 싶어도 의존할 곳이 사라져버린 경우다. 그러나 두 사람 모두 공감하는 바는 우리의 인간관계가 유례없이 얄팍해지고 일시적이 되었으며 못 미더운 것이 되고 말았다는 점이다. "인간관계는 더이상 믿음과 평안과 영적인 충족"을 주지 못하며 "그 대신 끝없는 불안을 생산"한다.[1] 지혜는 믿음이 언제 배신이 되어 돌아올지 모른다고 보아 자신을 단속하는 반면, 연샘은 고통과 상처를 나누는 것을 동료들이 부담스러워하기만 하고 회피한다고 느낀다.

오프라인의 단절, 온라인의 접속

일상공간에서 고통과 상처를 나누는 것이 불가능해지면서 신뢰란 인간관계에서 가장 기대할 수 없는 것이 되고 말았다. 바우만은 액체근대로 진입하면서 세가지 범주의 신뢰가 모두 붕괴했다고 말한다. 첫번째는 자기 자신에 대한, 두번째는 타자에 대한, 세번째는 제도에 대한 신뢰가 그것이다.[2] 사람들은 자기 주변을 친밀한 사람들로만 채우려 하며 모르는 세상과의 접속을 될 수 있는 한 끊으려 한다. 위험한 상황을 겪으면 그것이 새로운 성찰이 아니라 사적인 안전을 도모하는 계기로 이어지는 것도 이처럼 신뢰가 붕괴했기 때문이다. 제도와 타자, 그리고 자기 자신에 대해서조차 불신할 때 안전을 위해 자기가 자기를 감시하고 검열하는 자기단속 현상은 확산된다.

신뢰가 쌓이기 위해서는 공식적 관계로는 부족하다. 사람이 사람을 신뢰하기 위해서는 비공식적 접촉과 교류를 통한 상호이해가 필요하다. 이는 이해관계를 넘어선다. 따라서 신뢰는 오히려 너무 명백하게 계산적으로 나오는 관계를 경계한다. 따라서 인간관계에는 장기적 시간관념이 필수적이다. 긴 시간을 통해 정성을 들이지 않고 신뢰가 만들어지기란 불가능하다. 그런데 이 시대는 대부분의 인간관계를 단기적인 것으로 만들었다. "결합을 오래 지속하기 위해 서로의 취향에 맞게 가다듬고 타협하며 희생할 필요"가 없다.[3] 즉 상호헌신성이 사라진 것이다. "인간의 유대, 사회적 유대, 동반자적 유대가 퇴색하고 시들며 허물어지고 해체"되는 시대에 "'죽음이 우리를 갈라놓을 때까지'와 같은 헌신"은 사라지고 그 자리는 "파트너 중 하나가 다른 기회나 더 나은 가치를 발견하면 얼마든지 몸을 빼는 계약"이 된다. 즉 인간관계는 더이상 "생산되는 것이 아니라 **소비되는** 것으로 간주"된다.[4]

그렇다고 이것이 우리가 우리의 상처에 대해 더이상 이야기하지 않고 그저 자신의 골방에 고독하게 틀어박혀 있다는 것을 의미하지는 않는다. 오히려 '멘붕'이나 '힐링'이라는 말에서 짐작할 수 있듯이 대다수의 사람들은 고통과 상처를 감추는 것이 아니라 더 드러내고 나아가 구경거리로 소비한다. 그 대표적인 공간이 쏘셜네트워크서비스(SNS)다. 일상의 공간에서 만나는 사람들에게는 자신을 드러내지 않으려 노력하는 반면, 트위터나 페이스북에서는 끊임없이 자신을 드러낸다. 어떤 때엔 자신의 하루 전체, 그리고 짧게짧게 떠오르는 모든 생각까지도 SNS에 중계방송한다. 카카오톡 같은 문자서비스에는 24시간 접속해 있다.

이러한 행태는 학생들에게서 보다 적나라하게 드러난다. 부모들을 만나 이야기를 나누다 보면 자식들에 대해 호소하는 내용이 대부분 비슷하다. 정작 거실에 같이 앉아 있는 부모의 말은 귓등으로도 듣지 않고, 그 자리에서 카카오톡이나 SNS를 통해 자신의 불만을 토로한다는 것이다. 밥 먹을 때조차도 스마트폰을 손에 쥐고 친구에게 카카오톡을 날리며 온갖 이야기를 다 쏟아낸다. 또한 얼굴을 알지도 못하는 사이버 공간에서는 자신이 상처받았다는 이야기를 끝도 없이 떠들어댄다. 대다수의 학생들이 부모나 교사에게는 절대 자신의 상처를 드러내지 않는다. 같은 공간에 머물지만 서로 완전히 단절되어 있으며 어쩌면 무관한 관계에 가깝다. 이 때문에 '바퀴벌레 가족'이라는 말도 나왔다. 이는 저녁에 자식들이 거실에 모여 있다가 부모가 현관문을 열고 들어오는 소리가 나면 일제히 자기 방으로 사라지는 모습을 풍자한 표현이다. 부모자식 관계뿐만 아니라 회사에서의 동료 관계도 마찬가지다. 취미나 성향이 같은 사람들끼리만 만난다. 이른바 '취향의 공동체'이며, 이 공동체는 '문화' 공동체로서 같은 취미를 '소비'하는 것으로 만족한다.

관계가 생산되는 것이 아니라 소비되는 것임을 좀더 적나라하게 보여주는 공간은 문화산업 분야다. 바우만은 프랑스 사회학자인 알랭 에렌베르(Alain Ehrenberg)가 "1983년 10월의 어느 날"을 "프랑스 문화사에서 하나의 전환점"이라고 말한 것을 인용하며 이 점을 분명히 지적했다.[5] 그날은 한 여인이 "많은 시청자 앞에서 남편 미첼이 조루로 고통받고 있으며, 충격적이게도 그녀 또한 성교 시에 한번도 쾌감을 느껴본 적이 없다고 고백"한 날이다. 바우만은 "이 사건 이후로부터 셀 수 없이 많은 토크쇼들은 지구상의 모든 방송국들이 인간 세계에서 벌어지는 일들을 보여주는 가장 중요한 창"이 되었으며 "이 창을 통해서 보는 것은 이전에는 한번도 세상에 알려지지 않은 사적인 경험을 고백하는 사람들"이라고 말한다. 말 그대로 가장 사적인 것이야말로 가장 흥미로운 구경거리가 된 것이다. 이는 '고통에 대한 고백과 치유'라는 의미에서의 힐링이 어떤 연유로 공중파에서부터 시작되었는지를 단적으로 보여준다. 특히 고통이나 상처 등은 이제 주변의 신뢰할 만한 사람과 나누는 내밀한 이야깃거리가 아니라 가장 훌륭한 구경거리가 되었다. SNS 와 문화산업의 이 같은 단면은 상처와 고통, 그에 따른 힐링의 대유행의 이면을 드러내준다. 즉, 우리 사회는 말이 억압된 공간이라기보다 특정한 시공간에서는 끊임없이 얼굴도 모르는 사람과 과잉 연결(over-connected)되어 쉴 새 없이 상처에 대해 말해야만 하는 공간이 되었다.

그동안 우리 사회는 사람들이 주고받는 이 상처가 다른 시대의 상처와는 어떻게 다른지, 왜 이런 상처가 만들어지고 있는지를 구조적으로 분석하여 이로써 주체성이 어떻게 변화하는지에 주목해왔다. 그 대표적인 경우가 한병철의 『피로사회』다. 이 책은 "시대마다 그 시대에 고유한 주요 질병이 있다"라는 문장으로 시작한다. 즉 최근의 사회변화가 초래한 다양한 상처의 시대적 특성과 고유함을 다룬다. 이런 접근법은 이 시대 특유의 질병의 특성과 그 의미가 무엇인지를 인문학적으로 탐색하는 방식이다.

다른 한편 사회적·경제적 구조에서 그 원인을 찾는 접근이 있다. 대표적인 것이 20세기 말 신자유주의가 야기한 경제적 파급효과에 대한 연구로 이는 근래의 사회학과 경제학이 주목하는 주제다. 신자유주의는 초(超)경쟁 혹은 무한경쟁을 통해 '의자뺏기 게임'처럼 단 한명의 승자만 남기는 승자독식사회를 만들었고 이에 따라 탈락에 대한 공포가 사람들을 지배한다는 주장이다. 비정규직이 만연해지면서 사람들의 삶에서 시간적·공간적 안정성이 깨지고 누구도 자신의 삶을 기획할 수 없게 된다. 모두들 위염을 호소하고 우울증과 만성피로에 시달릴 수밖에 없다.

마지막으로 소비자본주의와 신자유주의 등의 구조적 담론이 어떻게 행위자의 규범과 태도 혹은 세계관으로 내면화되면서 주체성을 변화시키는지를 분석하는 접근이 있다. '자기계발 주체'라거나 '마음의 레짐(regime)'에 대한 이론을 통한 '속물·동물'론이 대표적인 경우라고 할 수 있다.[6]

그러나 이 세가지 접근에서 아직 이야기되지 않은 주제가 있다.

바로 관계의 문제다. 말을 하고 안 하고는 곧 '관계 맺음'을 전제한다. 말을 함으로써 우리는 관계를 맺고, 말을 하지 않는 것을 통해 관계를 차단한다. 어느 공간에서는 결코 자신을 드러내지 않고 스스로를 외부세계로부터 차단하지만 또다른 공간에서는 끝도 없이 주절거리고 징징거린다. 우리는 누구와는 과잉연결되어 끝도 없이 자신을 드러내고 상처를 호소하지만 누구와는 완전히 차단되어 있다. 이렇게 차단된 시공간에서는 표정 하나에 이르기까지 단단히 옷깃을 여미고 절대 자신을 드러내지 않는다. 따라서 이제 우리가 물어야 하는 것은 상처를 말하는 방식, 즉 누구에게 말하고 어디에 자신의 고통을 호소하는가다. 아직 답해지지 않은 것은 '말하고 말하지 않는 것'에 대한 규칙과 그 규칙의 효과다.

이 문제를 풀기에 앞서 나는 '동일성에 대한 과잉접속' '타자성에 대한 과잉차단'의 문제가 어디서 기인하는지를 따져보고자 한다. 과거에 낯선 존재는 자신의 삶을 위협하는 사람이기도 했지만 동시에 자신이 이제까지 듣도 보도 못한 경험을 전해주는 손님이기도 했다. 여행이 제한적이었던 시절에 사람들은 자신이 가보지 못한 곳을 여행하고 돌아온 사람들의 이야기에 귀를 기울였다. 낯선 여행담은 시공간적으로 갇힌 자신의 경험을 확대할 수 있는 좋은 기회라고 여겨졌기 때문이다. 따라서 낯선 이야기를 듣는 것은 두려우면서도 설레는 일이었다.

몽골 초원에서 만난 '길 없는 길'

몽골 초원에서 게르(몽골인들의 집)는 문을 잠그지 않는다. 낯선 사람이 방문하여 문을 여는 것이 그리 큰 실례가 아니다. 몽골인들은 낯선 사람들의 방문을 두려워하면서도 환대한다. 낯선 이는 그들에게도 당연히 두려운 존재다. 특히나 죽고 죽이는 일이 빈번했던 유목의 역사에서 낯선 이는 언제 나와 내 가족을 위협하고 재산을 가로챌지 모르는 존재다. 칭기즈칸이 어린 시절에 겪은 숱한 역경이 그것을 잘 보여주고 있지 않는가? 이 때문에 오히려 환대는 혹시라도 나에게 적개심을 품고 있을지 모르는 자가 벌일 미래의 적대행위를 방지하는 행위이기도 하다.

다른 한편, 초원의 환대는 의존의 문화를 뜻한다. 인간은 홀로 살수 없다는 것, 타인에게 의존해야 살 수 있다는 것을 보여준다. 넓은 초원에서는 사람을 만날 일이 드물다. 그리하여 낯선 사람의 방문은 초원에서 살아가는 데 필요한 새로운 정보를 얻을 수 있는 좋은 기회이기도 하다. 어느 초원의 풀이 마르고 있는지, 자기가 지나온 길은 어떤 상태인지 등의 정보를 주고받는다. 도시에서는 어떤 일이 일어나고 있는지도 알 수 있지만 드넓은 초원에서는 남의 경험과 정보에 의지하지 않고 혼자만의 판단으로 생존하는 것은 불가능하다.

초원의 길을 달리다 보면 너무 많은 길이 나온다. 한 갈래의 길이 갑자기 십수 갈래로 갈라지기도 하고 어느새 한 갈래로 합쳐지기도 한다. 이정표도 없다. 그런데 길이 이처럼 너무 많다면, 그것을 '길'이라고 할 수 있을까? 길이란 누군가를 목적지로 안내하는 '선'이다. 그 선을 따라가면 내가 가고자 하는 곳이 나와야 한다. 벌판 같은 면(面)을 길이라고 부를 순 없지 않은가. 길은 오로지 선이어야만 한다. 평면 위에 수많은 선이 그어져 있고 그 모든 것을 길이라고 한다면 그것은 더이상 길일 수 없다.

특히 어두운 밤이나 눈 내린 날에는 초원에서 길을 잃기 십상이다. 2013년 여름 몽골에서 이를 경험했다. 나를 비롯한 여행객들을 안내하던 운전기사는 초원 한복판에서 사방을 둘러봐도 아무런 불빛도 보이지 않자 갑자기 차를 멈추고 "차가 없다"라고 외쳤다. 내가 누구이며 어디로 가고 있는지를 알아낼 수 있는 다른 존재가 사라졌던 것이다. 내가 어디 있는지를 알 수 있게끔 가능하게 하는 타인의 존재가 사라진다는 것은 공포였다. 초원에서는 타인의 존재가 사라지는 것이 공포였다. 기사는 북쪽으로 달리고 또 달려 겨우 어느 불빛을 발견하고는 그곳을 향해 한참을 달렸다. 그곳에서 우리가 가야 할 목적지가 35킬로미터 남았다는 것을 알았고 다시 한참을 달려 건너편에서 오던 트레일러에 신호를 보내 차를 멈추게 한 다음 10킬로미터 남았다는 것을 알고서야 안도의 한숨을 내쉬었다. 초원의 삶이 남에게 의존적일 수밖에 없는 가장 큰 이유가

생생히 드러나는 순간이었다.[7]

그곳에는 말 그대로 길이 너무 많았다. 또한 그 길은 혼자서는 다닐 수 없다. 말[馬]이라도 잃어버리면 그 말을 찾아 며칠이 될지도 모르는 길을 떠나야 한다. 그 기약 없는 길을 떠나며 온갖 식량을 다 싸 짊어지고 갈 수도 없는 노릇이다. 최대한 가볍게 짐을 꾸려 길을 나서야 한다. 말을 찾을 때까지는 말에 대한 정보뿐 아니라 자신의 식량과 잠자리도 남들에게 의존해야 한다. 어느 게르의 주인이 그들을 따뜻하게 맞이하는 이유는 그 자신도 언젠가 말을 찾기 위해 길을 떠나야 할지 모르기 때문이다. 오늘 길을 떠나 줄곧 남에게 의존하는 손님의 운명은 다름 아닌, 주인행세를 하곤 있지만 곧 내일 당장 자신의 말을 잃어버리고 그것을 찾기 위해 길을 떠나야 할지 모르는 주인의 운명이기도 하다.

환대란 무엇인가. 흔한 정의대로, 주인이 손님을 반갑게 맞아 후하게 대접하는 것일까. 그러나 초원의 환대는 그것이 손님에게 주인이 베푸는 일방적인 것이 아니라 상호 의존적이며 호혜적인 것임을 말해준다. 주인과 손님의 경계는 언제든 무너지고 바뀔 수 있다. 주인과 손님의 관계가 언제 뒤바뀔지 모르므로 그들은 서로에게 의존하고 서로를 환대한다. 한걸음 더 나아가 생각하면 땅의 입장에서는 자신과 상대방 모두 실은 주인이 아니라 손님에 지나지 않는다. 땅의 입장에서 보면 땅의 주인행세를 하는 사람이야말로 자신에게 도래한 첫번째 손님에 불과하다. 그 땅에서 같이 살아가기 위해 손님들끼리 손님으로서의 공동 운명을 공유하며 상호호혜적으로 의존하는 것, 그것이 바로 환대다.[8]

네비게이션 없이는 못 사는 사람들

우리가 살아가는 사회에서 사람과의 만남은 이정표 같은 씨스템으로 대체되었다. 물론 이정표만 바라보고 달려가면 되므로 길을 잃을 염려는 거의 없다. 물어물어 가는 초원의 길보다는 확실히 편리하고 체계적이다. 그 길을 따라 달리기만 하면 된다. 내가 언제쯤 도착할 수 있는지를 예측할 수 있고 그에 따라 시간을 관리·통제할 수 있다. 이 길의 원리는 효율이다. 이 길은 만남의 공간이 아니라 오로지 목적지를 향해 달려가는 기능화된 선에 불과하다. 이 길에서 잃어버린 것은 사색과 대화이며 또다른 길의 가능성이다. 사실상 가장 효율적인 한가지의 길 밖에 없는 셈이다.

인생도 마찬가지다. 삶의 곳곳에 친절한 이정표가 서 있으며 우리는 그 이정표를 따르기만 하면 된다. 태어나는 순간부터 죽는 순간까지 우리 사회에는 이미 정해진 길이 있다. 성취(achievement)와 발달(development)이라는 이름의 이정표다. 몇살까지는 뒤집기를 해야 하고 몇살까지는 옹알이를 해야 한다. 고등학교를 마칠 때까지는 연애도 하지 말고 오로지 공부만 해서 대학에 들어가야 한다. 대학 이후의 삶에서도 언제까지는 집을 마련해야 한다는 식으로 성취요건별 시기가 통념화되어 있다. 이 발달의 이정표를 따르지 못하면 낙오자·실패자가 된다.[9]

삶의 매순간이 촘촘하게 표준화되어 있고 지표에 따라 평가된다. 아파트 피트니스센터를 가면 러닝머신 위에서 아주 천천히 걷고 있는 분들을 만난다. 저렇게 천천히 러닝머신 위를 걷느니 차라리 바깥의 경치 좋은 공원이나 한강변을 걷겠다는 생각이 들 정도다. 하지만 이들이 러닝머신 위를 걷는 까닭은 '지표'(index) 때문이다.[10] 한강변을 걸을 때는 내가 얼마나 걸었는지쯤은 가늠할 수 있다. 하지만 운동량, 특히 중요한 칼로리 소비량은 기기의 도움 없이는 계산해낼 수 없다. 이 지표에 따라 내 목표량을 채우는 것, 그것이 바로 성취다.

성취감은 더이상 '내 안에서 우러나는 느낌'이 아니다. 산을 오르다 능선에 올라 그 아래를 바라보며 느끼는 환희 같은 성취감은 어느새 숫자로 대체되었다. 성취는 지표에 의해 주어진다. '해냈다'는 성취감은 목표량을 채우는 것으로 바뀌었다. 성취의 정도가 사람과의 만남이 아니라 지표에 의해 측정되고 평가되는 사회에서 타인은 훼방꾼에 가깝다. 나 자신에 대한 몰입을 방해하기 때문이다. 러닝머신 위에서는 눈앞에서 시시각각으로 변하는 칼로리 양의 변화에만 집중할 수 있지만 한강변을 걷거나 달릴 때는 타인들에게 신경을 써야 하기 때문에 내 주의력이 분산된다.

오로지 자신에게만 몰입해야 하는 우리들의 삶은 낯섦으로부터 설렘은 없애고 두려움과 피곤함만 남겼다. 나를 발견하고 가늠할 수 있는 타인의 존재가 사라지는 것은 더이상 공포감을 주지 않는다. 오히려 타인이 나를 방문하고 다가오는 것이 공포다. 이런 사회에서 개인의 안전을 도모하고 관계를 규율하는 원리는 환대가 아니라 '예의바름'이 된다.

환대와 예의바름은 비슷한 어감과는 달리 실제로 매우 다른 행동이다. 환대는 친한 사람을 적당히 대접해서 돌려보내는 것이 아니다. 환대는 낯선 이를 친구로 만드는 적극적인 과정이다. 환대하는 이는 낯선 이의 이야기를 경청하고 그의 경험을 인생의 조언과 충고로 귀하게 여긴다. 반면 이 시대의 예의바름이란 낯선 이를 친구로 만드는 과정이 아니다. 오히려 낯선 이가 내 삶에 다가서지 말고 낯선 이로 물러나 있을 것을 요구한다. 나 또한 남에게 관여하지 않고 거리를 지키는 것이 중요하다. 그렇기에 아무리 친한 친구라도 다른 이의 삶에 조언과 충고를 보태는 것은 사생활을 침범하는 무례하고 공격적인 일로 여겨진다. 다른 의견을 제시하는 것 자체가 개인을 공격하는 예의 없는 행동으로 받아들여지는 것이다.

이를 보여주는 대표적인 곳이 학교와 아파트다. 어떤 교사는 동료 교사가 학교평가를 의식하여 부지런히 학생들을 다그치는 모습을 비판했다가 "샘이 어떻게 나에게 이럴 수 있나"라는 말을 듣고 관계가 흐트러진 다음부터 동료들이 하는 일에 대해 왈가왈부하는 것을 꺼리게 되었다. 그는 그 교사의 부지런함을 탓하고자 한 것이 아니었다. 정작 그 교사의 부지런함이 때에 따라서는 반교육적이 될 수 있음을 말해주려 했을 뿐이다. 하지만 동료 교사는 이를 자신에 대한 공격으로 받아들였다. 따라서 관계는 타자성이 드러나지 않는 방식으로 세심하게 배려되어야 한다. 그러나 이것은 단지 개인주의라는 잣대로만 볼 문제가 아니다. 다른 교사의 문제에 가급적 개입하지 않는 것은 나에게 닥칠 피해를 피하기 위한 행동이자 동시에 그 교사를 존중하고 관계를 유지할 수 있는 방식이기 때문이다.

교사들뿐만이 아니다. 공교육 현장에서 대부분의 학생들은 "타인에 대한 기대와 설렘"을 잃어버리고 대신 "바깥 세계에 대한 적의와 공포"를 키운다.[11] 교사들이 학생을 바라보는 시선 또한 마찬가지다. 낯선 학생들과의 만남은 교사됨의 지평을 넓혀주고 교육의 의미에 대해 사유하게 하는 것이 아니라 부담스러운 짐이 되어버렸다. 스스로 이해하지도 못한 상태에서 책임은 져야 하는 탓에 곤혹스럽기만 하다. 교사들도 낯선 학생들과의 만남을 스스로가 성장할 수 있는 기회로 삼는 것이 아니라 사고를 방지하기 위한 관리의 문제로 전환해버렸다.

아파트 같은 삶의 공간도 마찬가지다. 아파트 주민들이 가장 경계하는 것은 생활공간에 낯선 자가 들어오는 것이다. 아파트단지의 학부모들은 자녀교육문제에 혈안이 되어 있다. 대체적으로 중산층 부모들은 학교를 믿지 않는다. 특히 학교의 시험이 끝나고 나면 이제는 더이상 매기지도 않는 반/전교 석차를 빠삭하게 알고 있으며 이번에 어느 학원의 어떤 선생이 예상문제를 쪽집게처럼 맞혔다는 소문이 신속히 퍼진다. 이런 정보를 따라 학원 대이동이 일어나기도 한다.

내 아이는 당신들의 아이와는 좀 다르게 키우겠다고 말하는 학부모가 나타나면, 그는 이 공간에서 가장 경계하는 대상이 된다. 누군가 자녀를 다르게 키우는 것이 못마땅하기 때문이 아니다. 그렇게 '다름' '낯섦'이 우리 공간에 들어오는 순간 내 확신이 흔들리고 불안이 증폭되기 때문이다. 따라서 극단적으로 말한다면 중산층이 폐쇄적으로 모인 이 아파트단지라는 성채 안에 들어가는 순간 내 아이를 좀더 자유롭고 다르게 키울 그런 자유 따위는 온데간데 없어진다.

길의 종착역: 사적인 위로와 맞춤형 상담

이것이 이 시대에 우리가 처한 관계의 딜레마다. 관계를 유지하기 위해서는 다른 사람의 삶에 관여하지 않는 것을 넘어 다른 사람에게 부담을 주지 않는 방식으로 자기 삶을 제어해야 한다. 즉 예의바르게 행동해야 한다. 절대 남이 부담스러워할 만한 이야기를 꺼내서는 안 된다. 나아가 인터넷 커뮤니티든 아파트단지든 간에 우리의 일상공간에서 벌어지는 일들의 정당성에 대해 고뇌하는 것을 다른 사람에게 드러내는 순간, 즉 예의바름의 기준을 넘어서는 순간 그것은 상대방에게 모독이 되어버린다. 교육현장에서 내가 교사다운지 아닌지, 내가 하고 있는 것이 교육인지 아닌지를 괴로워하고 그것을 다른 교사에게 드러내는 순간 그런 고민을 하지 않는 교사에게는 이 같은 성찰이 곧 '자신은 고민도 없는 사람'이라는 식의 모독이 되는 것과 마찬가지다.

한국사회에서 이런 딜레마를 가장 잘 보여주는 것이 '양심적 병역거부'다. 양심적 병역거부 운동에 대해 사람들이 가장 격렬하게 반응하는 것은 '양심'이라는 말 때문이다. "병역거부자 너희들이 '양심적'이라면 군대에 다녀온 우리는 그럼 비양심적이라는 말이냐"라는 항변이 줄을 잇는다. 병역거부자들이 말한 양심은 '개인의 신념', 즉 종교나 이데올로기 같은 한 개인이 생애 동안 축적해온 신념에 비추어 도저히 감당할 수 없는 모순 때문에 내린 결단이다. 또한 개개인의 이 같은 결단을 존중해주지 않는 씨스템에 대한 항변이다. 하지만 많은 사람들이 이를 군복무자들에 대한 모독으로 받아들인다. 그렇다고 '양심적 병역거부'를 '개인의 신념에 의한 거부'라고 바꾸면 이야기가 달라질까? 아마 그렇지 않을 것이다. 그렇다면 "우리는 '신념'이 없느냐"라는 반발이 이어질 것이다.

이는 결국 어떤 형태로건, 씨스템의 요구에 맞지 않는 모습을 보이면 이를 곧 씨스템에 적응하는 사람들에 대한 모독이라고 생각하는 데서 나온 결과다. 따라서 자신이 씨스템에 의해 상처와 고통을 받았더라도 상처가 발생한 그 자리에서 그것의 부당함을 밝히면서 다른 사람들과 자신의 상처를 나누는 행위는 의식적으로 기피된다. 차이는 드러낼 것이 아니라 감추어야 한다. 본래 자유주의가 규정한 '자유'라는 개념은 '타인에게 피해를 주지 않는 범위 내에서 다르게 살아갈 수 있는' 것이었다. 하지만 역설적이게도 이 개념은 다름과 차이를 드러내면 이를 곧 타인의 삶에 대한 개입으로 판단하는 식으로 그 의미에 대한 해석이 뒤엎어졌다.

'자기 자신을 타자로 드러내서는 안 된다'라는 표현이 급진적으로 의미하는 바는 다음과 같다. '튀지 않는 것'이 나를 보존하는 원리이자 남을 배려하는 방식이다. 타인에 대해 왈가왈부해서도 안 되며 남에게 심려를 끼칠 만한 이야기는 꺼내지 말아야 하는 사회다. 뒤에서는 수군거릴 수 있지만 정면에서, 혹은 공개적으로 자신의 상처를 드러내거나 남에 대해 이야기하고 공감이나 조언을 바라는 것은 타인에 대한 공격이자 민폐로 금기시된다. 따라서 상처와 치유는 철저히 사적이고 개별화된 방식으로 해결해야 한다. 사적인 위로와 맞춤형의 상담이 공적 토론의 자리를 대체한다.[12] 바우만의 말처럼 "사적인 문제들에 대해 사회적인 해결책을 기대하기보다, 오히려 사회적으로 발생한 문제들에 대해 사적인 해결책을 추구"하게 된 것이다.[13]

이 사회에서 우리 모두는 외로워졌다. 그리고 외로움이 곧 인간의 실존이라고 착각하게 되었다. 마리프랑스 이리구아앵(Marie-France Hirigoyen)에 따르면 외로움은 남에게 거절당하거나 자신의 존재 가치가 부정되는 것에 대한 두려움이다. 사람이 옆에 있거나 없거나 따로 떨어져 나 혼자인 것 같은 감정이며, 내가 세상으로부터 전혀 이해받지 못하고 고립되어 있다는 느낌이다. 이 외로움의 상태에서 인간은 "자신에 대한 신뢰를 상실"하게 되고 "자아와 세계를 생각하고 경험할 수 있는 능력"을 상실하게 된다.[14] 무엇을 경험하더라도 그것이 무엇에 대한 실감과 체험이며 어떤 의미를 지니는지를 보증할 방법이 없다. 이 상태가 되면 인간에게는 세계도, 타자도 필요 없어지게 된다.

제3장

기획된 친밀성

철저히 감시하고 매끄럽게 관리한다

혜민이 아버지의 부재를 깨닫게 된 것은 아버지가 집을 나가고 3주일이나 지난 뒤였다. 처음엔 가족 모두 아버지의 부재를 눈치채지 못했다. 그저 가끔 '있어야 할 것이 없다'라는 허전함에 돌아보면 '아버지가 안 보이네' 하는 정도였고 곧 다시 일상으로 돌아왔다. 아버지의 빈자리가 가족들에게, 아니 그중에서도 혜민에게 가장 먼저 다가온 것은 다른 것도 아니고 옥상에 있는 재떨이 때문이었다. 아버지가 있었다면 담배꽁초가 가득 찰 리 없었다. 아버지는 직업이 없었고, 그래서 집안일은 아버지의 몫이었다. 어느 날 혜민이 옥상에 올라가 담배를 피우다 재를 터는데 재떨이에 꽁초가 수북했다. 그 순간 거실 화장실의 휴지통이 가득 차 있었던 것도 떠올랐다. 왜 휴지통을 비우지 않는 거야 하고 투덜거렸을 뿐 별다른 생각 없이 휴지를 변기에 버리고 물을 내려버리곤 했다. 그때까지도 의식하지 못했던 아버지의 부재를 꽁초가 수북한 재떨이를 보고서야 깨닫게 된 것이다. 따져보니 아버지가 집에 들어오지 않은 지 3주나 되었다.

가족이라는 이름에서 풍겨나오는 친밀성과 돌봄, 그것과 혜민의 가족은 거리가 멀다. 앞의 2장에서 '바퀴벌레 가족'을 논하며, 거실에 모여 티브이를 보고 있다가 아버지가 현관문을 열자마자 삽시간에 각자의 방으로 들어가버리는 행태를 이야기했지만, 혜민의 가족은 이런 가족하고도 다르다. '바퀴벌레'들은 최소한 아버지의 존재를 귀찮아하거나, 두려워하거나, 피하려 한다. 그러나 혜민의 가족에서 아버지의 존재는 '죽은 것이나 다름없는' 존재다. 심지어 3주 만에 아버지의 부재를 깨달은 혜민과 달리 다른 형제들은 여전히 아버지의 가출(혹은 추방)을 눈치 채지 못하고 있었다. 하긴 눈치 챘다고 해서 뭐가 달라지겠는가? 있거나 없거나 아버지가 그들에게 미치는 영향에 대해 혜민이 "가득 찬 휴지통과 재떨이, 이게 내가 느끼는 아빠의 빈자리의 전부였다"고 말할 정도니 말이다. 오직 그뿐 혜민의 가족에게 달라진 것은 하나도 없다. 혜민은 '이게 가족인가' '이게 집인가' 하는 쓸쓸함에 입맛을 다셨다.

고길동은 왜 둘리를 미워할까

앞의 1장에서 영화 〈건축학개론〉에 대해 "우리 세대는 머릿속에서 집을 몇번이고 지었다 부쉈다 했다"라고 후배가 말했을 때 그 집은 남과는 단절·차단되어 사랑하는 사람들끼리 서로의 친밀감을 나누는 공간을 말한다. 물론 살기 좋은 주위환경과 이웃과의 교류도 중요하지만 집은 일차적으로 세계와 차단되고 사랑하는 사람하고만 지내는 '친밀성'의 공간이다. 과연 집이 친밀성의 공간이었던 적이 언제였는가에 대해서는 역사를 거슬러 비판적으로 재고해봐야 하겠지만, 어쨌든 우리 머릿속에 으레 그려지는 집은 공론장의 공간인 도시와 다른, 친밀성이 무엇보다 중요한 공간이다. 이 '집'은 아무도 간섭할 수 없는 나만의 왕국인 '방'과도 다르다. 그러나 혜민의 이야기는 친밀성의 기본단위인 가족들끼리 모여 세계와 차단되었음에도 그 친밀성이 보장되는 것이 아니라 오히려 붕괴의 위기에 한발짝 가까워지는 한국 가족의 모습을 드러내준다. 과거에 가족의 친밀성을 훼방한 것이 외부인의 침입이었다면 지금 가족의 친밀성은 내부에서부터 붕괴하고 있다.

우리 사회에서 모든 이의 소망이었던 '내 집 마련'의 꿈은 한편으론 자산가치가 있는 부동산을 소유하고자 하는 욕망이기도 하지만 다른 한편으론 셋방살이처럼 남의 눈치 보지 않고 내 집에서 내 식구들과 함께 단란하고 정겹게 지내고자 하는 꿈이기도 했다. 나만 하더라도 초등학교 3학년 때까지 단칸방에서 셋방살이를 했다. 셋방살이 동안에는 우리 가족만의 단란함이 늘 이웃의 방해를 받았다. 무엇보다 주인집의 눈치를 봐야 했다. 주인집에는 당시 나와 같은 학년의 아이가 있었다. 시험을 치른 며칠 뒤에는 괜히 눈치가 보였다. 유감스럽게도 주인집 아이가 나보다 공부를 못했기 때문이다. 그 집에서 회초리 소리가 들리는 판국에 우리 집에서 마냥 환호성을 지르기는 쉽지 않았다.

그뿐만이 아니었다. 우리 집의 단란함은 늘 한지붕 아래서 셋방살이하는 다른 이웃들로부터 방해받았다. 내 기억의 끝자락에 있는 그 집은 김원일의 「마당 깊은 집」의 배경 같은 구조였다. 그 집은 '대문 안'이라고 불렸다. 큰 대문이 있고 그 안에 들어서면 과거 사랑채와 안채였던 집을 모두 단칸셋방으로 개조한 집이었다. 방 하나에 부뚜막 있는 부엌 하나를 갖춘 게딱지 같은 '집'이 다닥다닥 붙어 있었다. 그러니 옆집의 소음이 들리지 않는 것은 있을 수 없는 일이었다. 특히나 가난한 동네에서는 싸움이 잦다. 옆집의 부부싸움 소리, 아이가 악을 쓰는 소리, 아이에게 매질하는 소리 등, 날이면 날마다 온갖 소리가 벽을 거쳐 들려왔다. 어떤 날에는 살림 부서지는 소리가 나더니 옆집 아주머니가 발가벗겨진 채로 아저씨의 손에 잡혀 마당으로 끌려나왔다. 몸을 웅크리고 가슴을 손으로 가린 아주머니를 아저씨는 짓밟다시피 했다. 어떤 집에서는 말을 듣지 않는다고 "너는 개새끼보다 못하다"라며 아이를 발가벗긴 채

목에 개줄을 묶어 아이 키높이의 '다라이'에 찬물을 가득 붓고 집어넣은 적도 있었다. '깨금발'로 버티던 아이는 급기야 너무 오래 물속에 있던 탓에 저체온증 증세를 보이며 쓰러졌다.

　가족의 단란함과 친밀함을 보장받기 위해서는 무엇보다 우리 '집'이 다른 '집'과 분리되어야 했다. 집과 집이 방처럼 서로 붙어 있지 않고 최소한 '담'으로 분리되어야 했다. 그 담은 간혹 소리는 넘어올 수 있을지언정 사람이 넘어갈 수는 없어야 했다. 이것을 단적으로 보여주는 것이 만화 〈아기공룡 둘리〉다. 둘리와 그 친구들이 말썽을 피울 때마다 길동은 빗자루를 들고 이들을 응징하기 위해 쫓아간다. 그럴 때마다 둘리와 친구들이 피신을 떠나는 곳이 바로 옆집인 마이콜의 집이다. 길동이 할 수 있는 일은 마이콜의 집 2층의 무리들을 향해 욕을 퍼붓는 것이다. 자기 집을 소중히 여기는 길동이기에 바로 지척의 옆집이어도 함부로 들어갈 수 없다. 이는 셋방살이에 없는 바로 그것, 즉 집과 집 사이에 있어야만 하는 그것, 담이 있기 때문이다. 주인집과 주인집 아들은 물론, 때론 이웃 '방' 사람들까지도 벌컥벌컥 문을 열고 들어와 우리의 온갖 것에 대해 간섭했다. 이렇게 세상과, 남과 차단되지 않은 공간에서 가족만의 단란함을 꿈꾼다는 것은 불가능했다.

　집을 소유한다고 해서 이야기가 달라지는 것은 아니었다. 천신만고의 노력 끝에 우리 집은 내가 초등학교 3학년이 되던 해에 드디어 집을 마련했다. 새로 지은 집은 방이 네개나 되었지만 안방을 제외한 모든 방을 셋방으로 냈다. 그렇게 하지 않으면 가계를 유지할 수가 없었다. 그러다 보니 집이 아무리 우리 소유였더라도 사는 방식은 이전에 셋방살이하던 때와 달라진 게 없었다. 한방에서 다섯 식구가 같이 지냈다. 고등학생이었던 큰누나만 다락방을 썼다. 그 방은 한여름에는 가만히 누워 있기만 해도 땀이 뻘뻘 나는 무더운 곳이었지만 작은누나와 나는 큰누나가 집을 떠나 그 방이 우리 몫이 되기만을 학수고대했다.

이처럼 집을 소유하더라도 그 집이 곧 단란함과 친밀성의 공간이 되진 못한다. 무엇보다 집이 친밀성의 공간이 된다는 것은 명백하게 그 집이 '사랑'하는 사람들의 공간이 되어야 함을 뜻한다. 즉, 집은 타인이 침범해서는 안 되는 공간이다. 다시 〈아기공룡 둘리〉를 보자. 둘리를 보면서 고길동에게 연민을 느끼게 되면 어른이 되었다는 증거라는 우스개도 있다. 고길동이야말로 외부로부터 온 낯선 것들로부터 집과 가족을 지키기 위해 고군분투한다. 다른 말로 하면 집이 집다울 수 있는 것은 외부인이 없을 때나 가능하다. 집으로 상징되는 친밀성은 낯섦이라는 타자성을 배격한다. 고길동이 보여주는 친밀성의 근간은 '우리는 가족'이라는 동질성에 근거한다. 이런 이유로 '내 집 마련의 꿈'에서의 집이 물리적 공간이기만 할 때, 셋방살이라는 이름으로 누군가가 끊임없이 그 집에 상주할 때, 그 집은 주인에게나 세입자에게나 친밀성의 공간이 될 수 없다.

심지어 이런 외부인으로는 그 집에 상주하는 가사노동자들도 있다. 홍콩에는 인도네시아나 필리핀에서 이주한 가사노동자들이 집에 상주하는 경우가 많다. 이들은 '가장 친밀한 외부인, 가장 낯선 내부인'이라고 불린다.[1] 이들은 그 집주인의 자녀 육아에서부터 교육까지를 담당한다. 아내를 대신하여 남편의 식사를 챙겨주는 것까지 대신한다. 그렇다 보니 종종 아이들에게는 엄마보다 더 엄마 같고 가끔은 남편이나 아내로부터 배우자에 대한 한탄과 원망을 듣는 카운슬러의 역할을 하기도 한다. 그래서 누구보다 더 친밀한 사람으로 여겨지면서도 어떤 때는 가족의 적으로 지목되어 위험시된다. 그래서 이들의 생활공간은 집주인의 그것과 엄격하게 구분된다(대개 그 공간은 세탁실 뒤편에 자리한 좁은 공간으로 배정된다).

그들의 노동시간을 보아도 마찬가지다. 일요일이 되면 이들은 일하는 집에서 각자 말 그대로 쫓겨난다. 일요일은 가족만의 시간이기 때문이다. 아이가 "왜 내니(nanny, 보모)는 같이 가지 않느냐"라고 물으면 엄마는 "내니는 우리 가족이 아니다"라고 말한다. 쫓겨난 가사노동자들은 홍콩의 빅토리아공원을 중심으로 각자의 국적에 따라 모여 서로 교류하거나 혹은 지하철역의 그늘에 자리를 깔고 눕는다. 시간과 공간, 모든 면에서 이들은 그 가족의 가장 내밀한 이야기까지 듣는 사람들이기에 역설적으로 내부로부터 가장 엄격하게 분리된다. 만약 이들이 가족과 너무 가까워지거나 남편과 위험한 관계에까지 가는 신호가 보이면 가차 없이 해고당한다. 이처럼 가족이라는 친밀성의 공간은 낯선 외부인의 침입을 허용하지 않는다.

'단란한 가족'이 불가능한 또다른 이유

하지만 앞서 이야기한 혜민의 가족 이야기는 가족의 친밀성이 외부의 습격이 아니라 내부에서부터 붕괴되고 있다는 점을 잘 보여준다. 혜민의 가족 중에 경제를 담당하는 사람은 어머니다. 집도 어머니의 소유고 혜민이 쓰는 카드도 어머니 명의며, 등록금을 내주는 이도 어머니다. 밥을 짓는 사람도 어머니며 밤에 빨리 오라고 전화하는 이도 어머니다. 간섭이건 사랑이건 어머니와 자식들 간의 관계는 아버지와의 관계와는 비교할 바가 못 된다. 서로 나누는 대화의 내용에서부터 함께 보내는 시간의 절대적인 양에까지 아버지의 존재감은 제로에 가깝지만 어머니와의 그것은 절대적이다.

전작인 『이것은 왜 청춘이 아니란 말인가』에서도 썼지만 집이 쉬는 곳이 되고 친밀성과 단란함의 공간이 될 수 있는 것은 집 안의 누군가가 전적으로 그에 수반되는 감정노동을 수행하고 있기 때문이다.[2] 멀게는 일제시대부터 가깝게는 70년대 근대화 때까지 한국의 가족에게 아버지는 부재한 존재였다. 아버지는 돈을 벌어다주는 것으로 자신의 역할을 다했다고 생각했다. 그가 집에 돌아와 기대하는 것은 아내로부터의 '돌봄'이었다. 여성들이 집에 가면 돌봐야 하는 아이가 둘이라고, 즉 남편과 자식 모두를 돌봐야 한다고 푸념하는 것은 전혀 틀린 말이 아니다. 마치 어머니가 자식을 돌보듯 아내는 남편을 돌봐야 했다. 남자들은 자신이 생활비를 대는 것으로 당연히 그 정도는 기대할 수 있다고 생각했다.

자본주의의 발달은 바로 남자들이 자신만만해하던 이 연결고리를 깨뜨렸다. 독일의 사회학자 울리히 벡(Ulrich Beck)은 근대 자본주의를 두 시기로 나눈다. 그는 근대화를 곧 개인화·개별화로 이해한다. 그가 전기근대라고 말하는 산업사회는 "핵가족의 틀 내에서 사회생활이 규범화되고 표준화"된 사회다.[3] 이런 점에서 "반쪽짜리 근대화 사회"였다고 할 수 있다.[4] 남자들만 전통적인 역할에서 벗어나 개인이 될 수 있었기 때문이다. 그가 말하는 개인이 된다는 건 간단히 말해 자기 인생의 주인공이 된다는 뜻이다. 자기 인생이 자기 손에 맡겨지고 이로써 개인이 자기의 삶을 돌아보면서 기획함을 의미한다. 이런 남자들에게 집은 곧 휴식의 공간이며 아내로부터 돌봄을 제공받는 공간이다. 여성의 입장에서 본다면 여전히 핵가족의 틀 안에 묶여 있으면서 가족의 틀 안에서만 자신의 삶을 돌아보고 기획할 수 있다는 뜻에 다름 아니다.

이에 반해 우리가 살아가는 후기근대에서의 개성화는 이러한 산업사회적 범주들을 해체·교체해가는데, 즉 과거의 "표준화된 전기

(biography)"가 후기근대의 "선택된 전기로, 너-스스로-하라의 전기가 되는 것"이다.[5] 다른 말로 하면 정해진 매뉴얼대로 살아서는 안 되는 시대다. 사회가 정해놓은 대로 밟아가는 것이 아니라 자기의 삶을 극단적으로 재구성해야 한다. 이것이 바로 후기근대가 말하는 '개성화'의 특징으로 "개인에게 자신의 삶을 스스로 구성하고 계획, 이행, 설계, 행동할 것을 친절하게 요구"하는 것을 넘어 "개인들에게 자신의 의지에 반하여 자기중심적인 생활 방식"을 해내도록 강제한다.[6] 우리 각자는 다른 누구도 아닌 '바로 나'가 되어야 하며, 다른 누구와의 삶과도 다른 '바로 나'의 삶을 영위해야 한다. 이제는 표준화된 삶이라는 것이 사라지고 개별화된 삶에 대한 강요만 남았다.

더구나 이 후기근대에서는 여성 또한 해방되었다. 성별로 나뉜 '반쪽짜리 근대'였던 전기근대와는 달리 후기근대에서는 본격적으로 여성들 또한 핵가족의 틀에서 벗어나 자기 인생의 주인공이 되기 시작했다. 여성들도 "자아의 성찰적 기획을 성공적으로 실현"하기 위해 "개인생활의 영역에서 자율성"을 추구하기 시작했다.[7] 이것은 한편에서는 여성도 사회에 진출하기 시작했다는 것을 의미하지만 다른 한편에서는 연인이나 가족 같은 친밀성의 관계가 경제로부터 해방되었다는 것을 의미한다. 친밀한 관계 내에서도 '성찰'과 '자율성'이 그 관계를 유지할 수 있는 가장 필수적인 요소가 되었다. 그저 돈을 벌어온다고 하여 자동적으로 남편이 부인이

나 자식에게 돌봄을 요구한다는 것은 옛말이 되었다. 연인과 부부 사이, 부모와 자식 간의 관계도 누가 누구를 부양하고 경제적으로 의존한다는 점 때문에 당연히 보장되고 유지되지 않는다. 과거에는 친밀성이 경제에 종속되었지만 이제는 그것이 경제로부터 해방되어 그 자체의 요소에 의해 유지되거나 해체 위기를 맞게 된 것이다. 이제 친밀성은 가족이라는 제도에 의해 저절로 유지되는 것이 아니라 그 관계 내에서 끊임없이 협상하고 타협해야 하는 요소가 되었다.

앤서니 기든스(Anthony Giddens)는 이렇게 끊임없이 협상되고 타협되면서 관계 그 자체에 의해서만 유지되는 관계를 '순수한 관계'라고 부른다. 기든스는 성찰적 근대화 아래에서 전적으로 개인 내부의 기준에 의해 형성·관리·해체되는 이 순수한 관계가 "자아의 성찰적 기획에 본질적인 중요성"을 갖게 되었다고 말한다.[8] 기든스는 이 순수한 관계에서 중심적인 역할을 하는 것이 "전념, 친밀성, 상호신뢰, 공유"라고 말한다.[9] 또한 이 관계에서 가장 필수적인 것은 바로 "자유롭고 공개된 의사소통"이다.[10] 관계는 그 자체가 토론장이 된다.

관계가 토론장이 된다는 것은 우리가 흔히 가정하는 것처럼 친밀성이 '우리는 한가족'이라는 동질성에 근거하는 것이 아니라 서로가 다른 존재라는 것을 인정한다는 것을 의미한다. 뒤에서 자세히 살펴보겠지만 의사소통은 '다르다'는 것을 전제할 때만 가능하다. 동질성이 강조되는 사회에서는 대화·토론·합의가 불필요하다. 과거에는 결혼이라는 제도가 '다른 사람'들을 하나로 묶어주고 동질성을 확보했다. 기든스는 그러나 후기근대에 들어 결혼이라는 제도가 "관계에의 헌신을 결정해주는 것이 아니라, 단지 그러한 헌신의 기표"로 바뀌어가고 있으며 이런 상황에서는 "상황이 불공정하거나 억압적이라고 느껴질 때 어느 쪽이라도 이의를 제기"할 수 있게 되었다고 말한다.[11] 이것이 그가 말하는 '유동적 계약'이다. 유동적 계약에는 절대적으로 옳거나 좋은 것이 없다. 상황에 따라 서로서로 합의해야 한다. 그리하여 관계의 지속성은 토론과 협상의 지속성에 비례한다. 끊임없이 협상하고 토론하는 것, 그것이 관계에 대한 헌신이다. 이 토론장이 없을 경우 친밀성은 형식적인 것이 되거나 혹은 실질적으로는 해체된 것에 불과하다. 하지만 과연 친밀성이 경제로부터 해방되었다고 해서 그 자체의 순수한 관계로 유지되거나 (비록 형식적이라 할지라도) 혹은 해체되고 마는 두 방향으로만 나아가게 되었는가?

〈건축학개론〉은 어떤 집을 짓고자 했는가

혜민은 밖에서 돈을 벌어오는 어머니와 비교해 집 안에 머물고 있는 아버지와의 친밀감이 비록 낮더라도 그것이 아버지와 자신의 사이가 좋지 않다거나 사랑하지 않는다는 것을 뜻하진 않는다고 말한다. 오히려 자신에겐 어머니가 감시자였고 아버지는 늘 다정다감했다. 아버지는 혜민이 집 뒤에서 담배 피우는 것을 보고는 아무 말 없이 옥상에 흡연구역을 만들어준 사람이다. 혜민이 해외여행을 다녀올 때도 어머니는 절대 안 된다고 펄쩍 뛰었지만 아버지는 좋은 경험이 될 것이라며 격려해주었다. 어머니가 경제적인 것을 무기로 혜민을 감시하고 통제하려고 했다면 아버지는 끊임없이 소통하며 이의를 받아들이고 그때그때 상황에 맞게 새로운 계약을 맺는 '순수한 관계'에 가까웠다.

아버지와 혜민의 무탈한 관계는 오히려 '돈' 앞에서 금이 가기 시작했다. 어머니의 반대와 아버지의 격려 속에 외국으로 떠나는 날이었다. 환전을 못해 신용카드를 들고 가려고 했는데 어머니의 카드는 국내용이었다. 그래서 국제용이 필요했는데 마침 아버지의 카드가 국제용이었다. 어머니가 아버지에게 카드를 혜민에게 주라고 말했지만 아버지는 딴청을 피우기만 했다. 그 카드를 혜민이 쓰면 자신이 돈을 내야 하기 때문이다. 결국엔 어머니가 카드값을 내겠다고 말하자 아버지는 그제서야 카드를 혜민에게 건넸다.

아버지의 '다정다감함'은 이렇게 '경제' 앞에서 멈췄다. 순수한 관계는 경제로부터 해방된 것이 아니라 '어떤' 경제적 능력 위에서만 작동한다는 것을 적나라하게 보여주는 대목이다. 그 토대는 바로 '중산층'이라는 기준이다. 혜민의 사례는 〈건축학개론〉이 꿈꾼 그런 집, 세계와 다른 존재들로부터 독립되어 '사랑하는 사람들'끼리만의 친밀성을 누리는 공간을 꿈꿀 수 있는 사람들은 바로 중산층이라는 점을 여실히 보여준다. 누구나 스스로를 중산층이라 여기고 혹은 그것이 될 수 있을 것이라 생각한 시대의 판타지가 바로 〈건축학개론〉의 집짓기, 즉 친밀성의 구축이다. 이런 점에서 기든스의 친밀성의 구조변동에 '부합하는' '개인생활의 민주화'와 생활정치[12]는 경제적으로 부를 쥔 사람들, 계급적으로는 중산층들의 정치 그 이상도 이하도 아니다.

여기서 우리가 다시 던져봐야 하는 질문은 이 친밀성이 어떤 친밀성이냐는 점이다. 앞서 설명한 것처럼 기든스는 이것을 '순수한 관계' '개인생활의 민주화'라고 보았다. 하지만 그 이면을 들춰보면 오히려 경제적 능력이 기반이 된 상황에서 만들어지는 '기획된 친밀성'이라고 보아야 하지 않을까? 가족과 친밀성이 민주화가 아니라 중산층들의 '기획된' 것이라는 점은 조주은의 『기획된 가족』이 잘 설명해준다. 기든스는 관계 내적인 것에 더 집중할 때 관계가 유지된다고 주장하지만 조주은에 따르면 현실은 오히려 정반대다. 가족이라는 '친밀성'의 공간을 유지하기 위해 우리 특히 여성들은 바쁘다는 것을 인지하지 못할 정도로 바쁨에 익숙해져야 한다. 맞벌이 여성들은 출근하는 지하철 안에서 송금을 하고, 아이의 하루를 관리하며 동시에 또다른 일을 한다. 직장인과 엄마, 그리고 집을 돌보는 사람의 역할 세가지를 동시에 치르는 셈이다. "돌보고 관리하"는 혜민의 어머니처럼 말이다.

친밀성은 의사소통의 전제가 아니라 관리와 기획의 대상이 되었다. 그에 따라 주부는 가정의 경영자로 적극적으로 평가된다. 주부는 남편의 감정치료사이며, 자녀들의 생애 기획을 맡은 매니저이며, 가족의 통장을 굴리는 금융관리사다. 이에 따라 가족 자체가 경영의 대상이 되며 하나의 작은 기업처럼 경제적 이익을 추구하고 최대화하는 단위로 변모한다. 이런 작은 기업의 CEO가 바로 가정주부인 셈이다.[3] 이러면서 벌어진 가장 아이러니한 일은 전통적인 주부의 가사노동인 청소나 요리 등이 파출부(가사도우미)에게 맡겨졌다는 사실이다. 대신 주부들은 좀더 '전문적인 일'인 자녀교육 지원과 재테크, 재산증식에 몰두한다. 아이의 학업 전반을 책임지는 것은 물론이고 그의 사회적 관계까지 관리한다. 이런 과정을 겪으며 주부는 이제 두갈래로, 즉 가사노동을 수행하지 않는 신자유주의화한 '전업주부'와 가족의 생계를 책임지기 위해 전일제로 일하며 가사노동까지 떠맡는 '여성노동자'로 나뉠 뿐이다. 전통적인 '친밀성'의 노동은 아웃소싱되었고, 주부는 '친밀성'의 기획자이자 매니저가 되었다.

'친구 같은 아버지' 뒤에 숨은 이야기

기든스의 기대와 달리 가족은 이제 서로가 다를 수 있음 혹은 다름에 기초하여 끊임없이 협상·타협하는 '순수한 관계'가 아니다. 중산층의 친밀성이 오히려 기획·관리되는 것이라는 점을 가장 잘 드러내는 것은 자식의 교육에 대한 부모들의 기획과 관리다. 이런 '기획된 친밀성' 아래에서 부모와 자식 관계는 타자성보다는 동질성을 강조한다. 근래 들어서는 아이들이 무슨 책을 읽어야 하는지도 부모가 정해준다. 어떤 책이 좋고 나쁜지를 부모들이 잘 알고 있으며, 특히 부모가 자식의 미래를 정하고는 그것에 도움이 되는 책이 무엇인지를 미리 검색해보기 때문이다. 한윤형에 따르면 이제는 부모들이 자식이 보는 책을 검열할 수 있게 되었다.[14] 나아가 최근에는 부모가 대학생 자녀의 수강신청을 대신해주는 일도 있다. 교수의 이름을 보면 어떤 과목이 알차거나 점수를 따기 쉬운지 아닌지를 대번에 파악할 수 있기 때문이다. 자식은 그저 부모의 손바닥 위에 올려져 있다. 자식의 경험세계가 부모의 것보다 더 크거나 그 바깥에 있는 것이 아니라 부모의 경험 안에만 머무른다. 부모는 자신이 제 자식을 가장 잘 안다고 생각하고 자식과의 관계뿐만 아니라 그의 미래도 기획·관리한다. 자식과 자신을 완전하게 동일시하는 것이다.

과거 교육수준이 낮았던 시절에 '책'은 부모들에게는 '낯선 것'

이었다. 그래서 '책'을 읽는 자신의 자식은 '낯선 존재'였고 그 때문에 자식에게 함부로 이래라 저래라 할 수 없었다. 내 경우만 하더라도 어머니는 내가 책을 읽는 것을 너무 좋아하시면서 무슨 책을 읽던 간에 그 책을 검열하지 않으셨다. 책을 읽으며 자랄 수 없었던 어머니에게 책은 낯선 것이었고 간섭할 수 없는 것이었기 때문이다. 덕분에 당시 초등학생이 읽어서는 안 되는 『왕비열전』이 내게는 첫 성교육 교과서였다. 이처럼 책이 낯선 것이었던 시대에 부모가 자식의 책읽기를 기획·관리할 수 있는 여지는 거의 없었다. 그것은 자식의 손에 전적으로 맡겨져 있었다. 자식의 일거수일투족이 아니라 인생의 '큰 그림', 즉 법대냐 경영대냐 하는 등의 밑그림만 부모의 기획과 관리, 아니 감시와 통제의 대상일 수 있었다.

'기획된 친밀성'의 주체는 비단 주부뿐만이 아니다. 최근에는 아버지들 역시 기획자로 나섰다. 최근 들어 나는 이런 아버지들을 강연에서 종종 만나곤 한다. 대개 아저씨/아버지 대상 강의에서 '관계의 위기'를 이야기하면 대부분 졸거나 재미없어 한다. 앞서 말한 것처럼 자신들의 역할을 주로 집에 돈을 벌어다주는 것으로 족하다고 보기 때문이다. 대신 가족들은 자신이 원할 때 언제든지 자신과 마주 앉아야 한다고 생각한다. 그런데 어느 날 강의가 끝나고 나서 한 아저씨가 찾아왔다. 자신이 하는 교육방법이 맞는지 틀렸는지를 살펴봐달라는 것이다. 그는 주변 사람들과 아내의 반대를 무릅쓰고 자신이 아이를 "믿고" 자기주도학습을 "시킨다"라고 말했다. 학원이나 과외도 보내지 않고 아이가 원하는 것을 중심으로 교육한다는 것이다. 아이와 친밀해지고자 같이 여행도 자주 간다고 했다.

이야기를 듣다 보니 이 아버지가 신경쓰고 있는 것은 자신의 아이와 다른 아이 사이가 아니라 아이와 아버지 자신 간의 친밀성이었다. 아이가 학원에 다니지 않으니 같이 놀 친구가 없는 것은 아니냐고 물어보자 그는 아이가 다른 친구와 노는 것보다 집에서 혼자 책 읽는 것을 더 좋아한단다. 아이가 스스로 다른 아이들보다 수준이 높다고 생각하는 듯해서 그에 맞춰 가르친다는 것이다. 다른 아이들이 태권도학원을 다닐 때 그런 운동보다는 운동장에서 뛰어 노는 것이 더 좋다고 생각해서 자기가 아이를 데리고 운동장에 데려가 축구를 한다고 한다. 아이 역시 그것을 더 좋아한단다. 실제로 아이는 이 아버지를 '친구'같이 여기는 듯했고, 아버지 역시 아들을 친구처럼 대하면서 서로의 부자관계를 '친구'같다며 자랑스러워했다. 그에게 아이는 남이 아니라 또다른 자기였다.

이 아버지 사례에서 보듯이, 기획된 친밀성은 자식에 대한 과도한 나르시시즘, 혹은 자기동일시에서 비롯한다. 기획된 친밀성은 친밀함을 '같음-동일성'에 가둔다. 흔히 우리가 친구라고 말할 때 우리는 같음을 강조한다. '우리가 남이가'라는 말이 대표적이다. 이러한 친구관계는 나른하다. 관계가 깨질 것을 각오하고 서늘한 충고와 조언을 주고받는 사이가 아니다. 이러한 관계에서는 "공동의 침체를 도덕이라 부르고, 공동의 나태를 평화라고 부르며, 공동의 타락을 질서"라고 착각하게 된다.[15] 기획된 친밀성은 이것이 한편으론 '기획'이라는 점에서 부모의 기획과 통제 아래에 아이를 두겠다는 것인 데 반해, 다른 한편 '친밀성'이라는 점에서 아이가 부모의 기획 아래에 있지 않은 다른 '남'을 만나면서 '남'으로 자라날 기회와 가능성을 봉쇄한다는 점에서 명확한 이중성을 띤다.

이 때문에 기획된 친밀성은 역설적으로 친밀성 혹은 관계를 파괴하는 경향이 있다. 이 사회에서는 "생활에 아주 밀접한 것, 그것이 최고"라고 여겨진다. 앞선 사례에서 이 아버지가 아들의 삶에 밀착되어 있는 것처럼 말이다. 그 결과 아들의 삶은 아버지와의 관계로 국지화된다. 더 넓은 세계와의 만남은 차단된다. 이런 "국지화가 더욱 만연하게 될수록 솔직성과 상호 간의 공개성에 방해가 되는 관습, 매너 및 제스처 따위의 장벽을 헐어버리기 위해 서로에게 압력"을 행사하게 된다. 아버지와 아들 사이에 '거리'가 사라지고 좁혀질수록 관계는 더욱 구속된다. 그 결과 관계가 "가까워지면 가까워질수록 사람들은 덜 사교적이게 되고, 더욱 더 고통스럽게 되며, 그들의 관계들은 더욱 더 형제살해적"이 되는 역설에 빠진다.[16]

무엇보다 비극적인 것은 이 아버지의 기획된 친밀성이 아이에게서 성장의 계기를 박탈한다는 점이다. 이 아버지는 아이의 성장을 자신이 기획하고 아이의 가장 친밀한 친구가 되기를 자처함으로써 아이가 '낯선' 세상을 만날 기회를 제거했다. 아이가 세상을 만날 때조차도 자신을 통해서, 자신과 함께 만나도록 기획했다. 이 아버지의 머리에는 사람은 자신이 모르는 사람, 낯선 사람을 "상봉하는 과정에 의해서만 성장한다는 관념"이 없다.[17] 앞의 2장에서도 말했지만 쎄넷에 따르면 사람은 낯선 존재를 만날 경우에만 자신이 지금까지 당연하다고 생각하던 것을 다르게 바라보게 되고 진실이라고 믿었던 것을 뒤집어 생각해볼 수 있게 된다. 그러나 이 아버지가 보여주는 "게토의 사랑, 특히 중산계급 게토의 사랑은, 사랑하는 사람에게 그의 지각과 경험을 풍부하게 해줄 기회나 모든 인간의 교훈 중에 가장 값진 것, 그의 생활의 기존 조건에 의문을 제시할 능력을 배울 기회"를 앗아가는 것이다.[18] 이것이 바로, 기획된 친밀성이 곧 교육이 되고 그것이 교육과 결합되었을 때 나타나는 비극이다.

중산층의 새로운 소통방식, CCTV

기획된 친밀성을 추구하는 이들은 지금까지의 아버지와는 다르다. 지금까지의 아버지들이 스스로를 가부장이라 여기고 권위와 폭력을 행사하던 '보수주의적'인 아버지들이었다면, 새로운 아버지들이 추구하는 가치는 '자유'다. 이들은 자기 아이가 입시제도

하나만을 바라보고 숨막히게 질주하는 것이 아니라 놀며 쉬며 이것저것 해보고 싶은 것들을 모두 경험할 수 있게 돕는 것이 교육이라 여긴다. 이들이 보기에 초등학교에서는 이런 자유로운 교육이 특히 중요하다. 초등학생들은 공부보다는 사랑과 배려를 듬뿍 받으면서 자라야 한다. 그렇게 자라다 보면 중등학교에 가서는 자아를 발견하게 될 것이고 그때부터는 자기가 하고 싶은 것을 목표로 삼고 공부를 시작할 것이다. 중등학교가 아니더라도 언젠가는 자기가 정말 좋아하는 것을 발견할 것이고, 그것을 발견하기만 한다면 그전까지는 좀 느리고 뒤쳐진 것 같더라도 곧 다른 학생들과는 비교도 안 될 정도로 '폭풍성장'할 것이라는 확신과 기대를 품고 있다. 남이 시켜 억지로 하는 공부가 아니라 자기가 하고 싶어서 하는 공부이기에 이때부터의 공부는 더욱 효과가 있을 거라 믿기 때문이다. 특히 정치적 견해가 가장 오른쪽인 사람들은 바로 그런 이유에서 혁신학교를 선호하고 중간쯤의 사람들 역시도 그런 기대를 갖고 있다. 이들에게 초등은 혁신, 고등은 특목고라는 구분이 결코 이율배반적인 것이 아니라 논리적 귀결이다.

사실 '특목고까지는 바라지도 않고 끝까지 공부를 못해도 된다'라고 생각하는 가장 왼편의 학부모들조차, 이런 자유주의 교육의 귀결점이 자기 자녀들이 무엇을 하든 '잘난 존재'가 되리라는 데에는 의심하지 않는다. '못난 자식' '별 볼 일 없는 자식' 아니 '그저 그런 자식'이라는 것은 이들에게는 유례없는 자유와 다양한 경험을 제공받는 자기 자식들의 귀결점으로 상상할 수조차 없는 일이다. 이들에게 자유를 통한 교육은 지배적인 트랙에서 벗어나 있다는 것일 뿐, 많은 이들이 지적하듯이 또다른 수월성 교육이라는 의미에서 '강남 헬리콥터 맘의 데깔꼬마니'라고 할 수 있다.

그러니 이들 아파트 주민들은 자신의 아파트단지에 혁신학교도 아니고 특목고도 아닌 일반 고등학교가 들어오는 것을 용납할 수 없다. 일반 고등학교 학생들은 '찌질하고 위험하다'. 자기 아이가 커서 '그런' 고등학생이 된다고는 절대 생각하지 않기 때문이다. 그래서 혁신학교와 특목고 유치에 실패한 단지에서는 저 '못난' 고등학교를 고립시키기 위해 또다른 난리를 친다. 마을 주민들이 돌아가며 순찰을 하거나 경비들을 닦달해 단지 주변 상가들에서 학생들이 담배를 피우지 못하게 감시하게끔 한다. 상가에 압력을 행사하여 화장실 문을 열쇠로 잠글 것을 종용하다 못해, 아파트단지 안의 벤치나 공원 테이블에 학생들이 앉는 것도 못마땅해서 주민들이 먼저 가서 자리를 잡자는 제안까지 나온다. 그도저도 안 되면 아파트단지를 학교로부터 분리시키기 위해 아파트 주변을 벽으로 두르고 번호키를 통해 입주자들만 들어오는 완벽한 성채도시를 만들자고 주장한다.

하지만 이들이라고 어찌 모르겠는가? 자기 자식 역시 그 학교에 들어가는 별 볼 일 없는 학생이 될 수 있다는 것을. 그래서 이들은 초등학교까지는 자유와 다양성을 그렇게 강조하지만 아이가 커

갈수록 감시의 끈을 놓지 않는다. 그래서 이 아파트단지 안에 있는 독서실에는 CCTV가 달려 있다. 관리업체는 이 CCTV를 통해 부모가 원한다면 아이가 출입할 때마다 스마트폰으로 부모에게 알려주는 서비스를 제공한다. 공교육을 불신하며 혁신학교에서 아이를 좀더 자율적이고 창의적으로 키우고 싶다던 부모들은 이러한 서비스에 매우 만족해했다. 인권침해 아니냐는 반대의 목소리는 단 한 건도 나오지 않았다. 혁신학교와 특목고, 그것이 연결되어 있다는 것은 한국의 자유주의자들의 소신이며, 그것을 더욱 확고하게 연결하는 것이 바로 이 CCTV다. 오로지 교육이 목적인 기획된 친밀성, 우리 사회 자유주의자들의 그 친밀성은 이 CCTV에 갇혀 있다.

제4장

사생활의 종언
고독조차 허락되지 않는다

현숙은 남자친구와 함께 모텔에 들어갈 때마다 늘 자신이 표류하는 느낌이 든다고 한다. 그저 만나 하룻밤을 보내는 사람이 아니다. 제법 오랜 시간을 거쳐 자기의 가장 내밀한 모습까지 보여줘온 관계이므로 그와 함께 섹스라는 가장 은밀한 행위를 치를 공간을 찾아온 것이다. 그러나 모텔의 아이러니는 그곳이 "가장 낯선 곳에서 가장 친밀한 사람과의 결합"의 장소라는 데 있다. 모텔방에 놓여 있는 헤어드라이기에서부터 이불, 미니 냉장고 등 그 어느 것 하나 정감 가는 것이 없다. 그것들은 '닥치고 섹스'나 하다가 퇴실하라고 종용하는 느낌이다.

그 방에 들어가는 순간부터 자신이 무엇을 어떻게 해야 하는지

순서까지 모두 정해져 있는 듯하다. 대단히 기능적이고 효율적이다. 오로지 섹스를 위해, 섹스에 최적화된 공간이다. 현숙은 이를 "좋게 표현하면 너무 친절한 디자인이고, 나쁘게 표현하면 행동의 형태를 무자비하게 강요하는 디자인"이라고 말했다. 사랑을 나누기 위해 들어가지만 섹스만 하고 나와야 한다. 돈 몇만원과 자신의 시간을 내고 그 공간을 잠시 점유할 수는 있지만 그 어느 것 하나 내가 손 댈 수 있는 것은 없다. 우리는 그 공간에 알몸으로 들어갔다 알몸으로 빠져나와야 한다.

현숙은 이런 이유로 모텔에서의 섹스가 쿨(cool)할 수밖에 없다고 생각한다. 무엇보다 이 '내 소유'가 아닌 방에서는 '역사'가 만들어질 수 없다. 언젠가는 이런 낯섦에 저항하기 위해 일부러 애써 한 곳만 찾아가기도 했다. 그러나 같은 공간을 아무리 여러번 갔음에도 그곳은 여전히 낯설고 이질적으로 느껴졌다. 그 방에 놓인 그 어떤 사물도 '자신만의 역사'를 허락하지 않았다. 현숙이 오기 전에 이미 다른 누군가가 덮고 잔 이불이 덮혀 있으며 그 이불을 덮고 눕는 순간 그 공간에게 현숙은 또 한명의 '몇번째 익명인'에 불과하다. 현숙은 이렇게 말했다. "내 역사가 만들어지지 않는 그 방에서 나와 방은 끝까지 낯설 수밖에 없다."

어찌 모텔 방만이 기능에 최적화된 방일 수 있겠는가? 돌이켜보면 언젠가부터 한국은 기능성 방의 천국이 되었다. 노래 부르고 싶으면 노래방에 가면 되고, 영화를 보고 싶으면 비디오방에 가면 된다. 소주 마시고 싶으면 소주방에 가면 되는 것이고, 모텔 갈 돈 없는 친구들은 '멀티'방에서 '멀티'한 욕구를 해소한다. 피서는 찜질방으로 간다. 이런 방들은 그저 즐기는 공간이 아니다. 현숙은 '관계'를 만들기 위해서는 방이 꼭 필요했다고 말했다. 이런 공간들을 통해서만 연애건 우정이건 관계가 형성·유지되고 돈독해질 수 있었다. 가족이 아닌 다른 사람들과 친밀감을 나누기 위해 '집'이 아니라 '방'이 필요한 이유가 여기에 있다. 관계는 특정 기능에 최적화된 '방'을 소비하는 것을 통해 유지되는 것이다.

방의 창궐, 그리고 방의 소멸

기능에 최적화되어 친밀감의 소비 대상이 된 방. 시간제로 구매해 잠시 머물다 갈 뿐 그 어떤 사연도 역사도 흔적도 남길 수 없는 공간. 그리고 늘 나를 다시 익명의 존재로 리셋(reset)하는 방. 이 방은 나에게만 낯선 것이 아니라 '방'이 지닌 관념에서도 매우 낯선 공간이다. 단지 자신의 소유가 아니기 때문만은 아니다. 우리 관념 속의 '방'은 그것이 '공공성'이건 '친밀성'이건 관계를 유지하기 위해 '소비'하는 공간을 의미하지 않았다. 오히려 세계와 단절되고 관계와 차단되어 오로지 자신의 내면에 집중할 수 있는 공간을 의미했다. 도시가 공론장의 공간이고 집이 친밀성의 공간이라면 방은 사생활의 공간, 자기 내면의 공간이다. 도시와 집이 어떤! 형태로든 타인과의 관계를 존재·유지케 한다면, 방은 관계를 완전히 단절해낸, 온전한 나만의 공간을 의미했다. 그런데 지금 우리에게 주어진 방은 타인과의 관계가 단절된 공간이 아니라 타인과 관계를 만들기 위해 소비하는 공간이 된 것이다.

근대에 들어서 사람들이 꿈꾼 방은 '자기만의 방'이었다. '자기만의 방'이란 바로 한 인간이 절대적으로 외부로부터 물러나 자기 자신을 성찰하고 진정한 존재로 거듭날 수 있는 공간이다. 근대인들은 자신의 생활을 지금까지의 전통이나 습관에 그저 의존할 수 없게 되었다. 즉 근대사회에서 개인의 각종 사회활동은 대부분 앞을 예측할 수 없는 가변적인 일이 되었고 이에 따라 각각의 개인은 집단이 아닌 자기 스스로 "특정한 서사를 계속 진행시킬 수 있는 능력"과 "개인이 책임져야 하는 성찰적 기획"의 주체가 되어야 하는 상황이 된 것이다.[1] 이를 달성하는 것이 바로 자아실현이다. 이런 점에서 '자기만의 방'은 자아실현의 장으로서 기능하며, 한 개인이 자신의 삶을 전기적으로 구성하는 데 필수적인 '연속성과 온전함'이라는 덕목을 꿈꾸는 공간이 된다.

개인이 된다는 것은 다른 사람과 구분되는 것이다. '나'라는 개인은 다른 누구하고도 다른 자기만의 독특함을 지닌다. 이 독특함은 다른 어떤 특성으로도 환원되지 않는 것이어야 하며 다른 것으로 강제로 환원하려는 순간 사라져버린다. '엄기호'라는 사람은 경상도 사람이고, 1990년대에 대학을 다녔고, 국제연대활동을 위해 외국에서 몇해간 돌아다녔고, 지금은 대학에서 강의를 한다. 이 모든 것은 '나'라고 가리켜지는 한 사람의 특징을 어떤 특정한 집단 혹은 범주로 환원하는 방식의 설명이다. 경상도, 90년대, 국제연대, 강사 등이 그러하다. 이런 점에서 '나'가 먼저 나온 뒤 '우리'가 되는 것이 아니라 오히려 '나' 안에 수많은 '우리'가 있는 셈이다.

그렇더라도 나에게는 최종적으로 우리라는 그 어떤 '묶음'으로도 환원되지 않는 나만의 독특한 그 무엇이 남아 있어야 한다. 그 무엇이 없어지면 나는 그저 묶음의 묶음에 지나지 않는다. 여기서 나에 대한 설명이 근대 이전과 근대 이후로 갈린다. 근대 이전에는 이 '무엇'을 영혼이라고 불렀다. 그것은 신에 의해 주어지는 것이고 죽음 이후에도 존속하는 것이다. 그러나 근대사회에서는 이 무엇을 '자아/자기'라고 부르며 이 자아를 가진 존재를 개인이라고 부른다. 그래서 근대사회에서는 '자아의식'이 없는, 즉 자기가 되지 못하는 사람을 가장 낮추어 보았다.

이 '자아의식'을 갖고 자기 삶의 주체가 되어 생애를 기획하고 꾸려가는 독립적이고 구별되는 존재로서의 개인은 근대사회의 출현과 함께 모든 사람이 달성하고 짊어지고 가야 하는 숙제가 되었다. 이제 우리는 기본적으로 '네' 하며 순종하는 주체가 아니라 '아니요'라고 반발하는 존재가 되어야 한다. '네'라고 말하는 순간 나는 그 말을 한 사람에 종속되는 부차적인 존재가 된다. 우리가 엄마 말을 너무 잘 듣는 '마마보이' 혹은 선생님 말씀을 너무 잘 듣는 모범생을 재수없다고 비웃는 이유 또한 여기에 있다. 주체적이지 못하다는 거다. 역으로 사고를 치건 어쩌건 '아니요'라고 말하는 반항아가 멋있어 보이고 영웅대접을 받는 이유도 여기에 있다. 그래야 주체적이기 때문이다. 다른 누구와도 구별되는 자신을 드러내고, 자아를 실현하는 것은 중세인들이 천국에 들어가는 것만큼이나 중요한 우리 모두의 과업이 되었다.

'자기만의 방'은 어떻게 만들어졌는가

달리 생각해보면 이렇게 모두가 다른 사람과 스스로를 구별하기 위해 노력하는 개인이 된 것은 그리 오래된 일이 아니다. 이는 근대의 출발과 함께한다. 근대사회는 끊임없이 개인의 자유를 추구할 수밖에 없는 개인화의 과정이다. 초기근대에 개인화는 "공동체적 의존과 감시, 강제로 빈틈없이 짜인 조직으로부터의 인간의 해방"을 의미했다.[2] 신분제가 붕괴하고 과학적·합리적 사고가 펼쳐지면서 모든 사람이 개인이 될 수 있는 시대로 전환했다. 과거에는 신분제도에 얽매인 인간, 특히 노예와 농노가 결코 자신의 삶을 제 뜻대로 기획할 수 없었다. 하지만 이제, 모든 인간이 자유로운 존재가 되기 위해 태어났다는 이상(理想)은 결코 신분제도 같은 외부의 구속을 승인할 수 없었으며 이것은 자연스럽게 신분제도의 철폐로 이어질 수밖에 없었다. 구속은 곧 인간성에 대한 모독이었다. 모든 인간은 자유롭게 태어났으며, 인간의 자율성은 인간에게 가장 중요한 가치이자 목적이며 인간존엄의 근거였다. 인간은 자유롭기 때문에 존엄하며 자유로움으로써 존엄해질 수 있다고 여겨졌다. 자기 운명을 스스로의 힘으로 개척하는 존재, 이것이 근대 인간이 태동할 수 있는 근거이자 목표였다.

르네상스 시기에 이런 개인이 어떻게 태어났는지를 잘 보여주는 것이 카를로 긴즈부르그의 『치즈와 구더기』 같은 미시사적 연구물들이다. 이 책은 종교재판에 회부당한 어느 방앗간 주인을 통해 교회의 기존 세계관을 일방적으로 따르는 것이 아니라 인간 각자가 자신의 지식과 개똥철학으로 어떻게 새롭게 상상할 수 있게 되었는지를 매우 흥미롭게 보여준다. 주인공은 세상이 신에 의해 창조된 것이 아니라 치즈가 부글부글 끓으면서 그 안에서 구더기가 발생하는 것처럼 만들어졌다고 생각하다 종교재판에 회부당한다. 재판정에서도 그는 자신의 '신념'을 굽히지 않다가 결국 처형당한다. 여기서 흥미로운 점은 그가 어떻게 이런 생각을 하게 되었는가다. 재판관들의 질문에 그는 여러 책과 인쇄물을 접하며 제 스스로 생각하게 된 것이라 답한다. 문자와 인쇄술, 책의 보급이 어떻게 '개인'을 태동시켰는지를 짐작케 하는 대목이다.

개인이 되기 위해 가장 필요한 것은 앞서도 말했지만 다른 사람과 구별되는 자신만의 독특한 사고, 즉 자아의식을 갖는 것이었다. 자기만의 생각 없이 남이 시키는 대로 고분고분 따르는 사람은 주체가 될 수 없다. 이렇게 자기 생각이 있어야만 그 생각에 따라 삶을 기획할 수 있게 되고, 주체란 곧 이러한 존재를 가리킨다. 인간은 자기 삶의 주인공이 되어야 한다. 주체가 되기 위해서는 사회 혹은 자연이 이끄는 대로 움직여서는 안 된다. 이는 자신이 노예상태에서 벗어나지 못했다는 것의 반증이기 때문이다. 그래서 외부로부터 자유로워진 인간은 사회와 자연에 대해 끊임없는 불화상태에 빠지게 되었다. 외부와 내부가 항구적인 긴장상태에 빠지게 된 것이다. 헤겔은『정신현상학』에서 이를 두고 고귀한 정신에서부터 비천한 의식으로의 타락이라고 평했다.[3] 그러나 이 타락은 퇴보가 아니라 진보다. 비천한 의식이 고귀한 의식에 비해 더 고양된 자유의식인 셈이다.

그렇기 때문에 이 비천한 의식의 사람에겐 세계라 불리는 외부와 내면이라는 내부가 필요하다. 타자와 내면은 변증법적 관계에 있다. 타자가 있으므로 우리는 그 타자와 끊임없이 소통을 시도한다. 그 소통의 과정에서 '나'는 끊임없이 또한 나를 되돌아보아야 한다. 이 되돌아보는 내가 거주하는 공간이 바로 내면이다. 내면이라는 공간에서 우리는 타자를 내 안으로 끌어들이고 대화를 나누고 이를 통해 나를 성찰한다. 타자에 전적으로 빨려들어간 것은 주체적인 삶이 아니며 타자를 잊고 전적으로 내 안으로 침잠한 삶도 주체적인 삶이 아니다. 내면에서 타자와 만나 대화를 나눈 자아는 다시 타자들이 있는 공간, 즉 세계로 나가야 한다. 그렇기 때문에 내면과 세계라는 삶의 이종공간은 타자와 자아 사이의 끊임없는 갈등이자 긴장으로 박진감 있게 전개된다. 자기만의 방은 바로 이 내면의 공간을 상징한다.

이 내면의 공간인 자기만의 방을 위협하는 것은 역설적이게도 친밀성의 공간인 집이다. 이 친밀성의 공간에서 절대적인 자기만의 방을 갖고 있는 사람은 아버지가 유일하다. '서재'는 바로 집 안에 있는, 부르주아 남성들의 자기만의 방이었다. 이 서재에서 남성들은 온전히 자기에게만 집중할 수 있었다. 여성에겐 천재성이 없으니 천재적인 작품도 나올 수 없다는 어느 남성의 말에 대해 버지니아 울프(Virginia Woolf)가 여성에게 자기만의 방과 돈이 있다면 여성도 천재성을 보일 수 있다고 응수한 이유가 여기에 있다. 진정성(authenticity)은 자신만의 고유한 그 무엇을 의미하기도 하는데, 이 진정성을 위해서는 반드시 자신만의 방, 즉 사생활이 필요하다. 역으로 말하자면, 사생활이 없다면 자신만의 고유한 것도 없으며 인간의 존엄도 지켜질 수 없다. 울리히 벡이 전기근대를 '반쪽짜리 근대'라고 말한 것도 바로 이 때문이었다. 사생활이 없다면 그건 근대적 의미에서의 개인이 아니라는 뜻이고 특히 여성에게는 집이 휴식이 아닌 노동의 공간이었으며 또한 자기만의 방이 부재했다. 아이들의 사생활은 말할 것도 없었다.

'자기만의 방'은 어떻게 망가졌는가

현숙이 사춘기가 되면서 동생과 공유한 방에 대해 더이상 애정을 갖지 않게 된 이유는 바로 이 '사이'가 없었기 때문이다. 현숙은 태어나서 지금까지 한번도 자기 방을 가져본 적이 없다. 다른 친구들은 외동인 경우가 많았지만 현숙에게는 밑으로 동생이 둘이나 있다. 그래서 현숙은 늘 동생들과 방을 공유해야만 했다. 사실 처음에는 동생과 방을 같이 쓰는 것이 불편하지 않았다. 오히려 잠자기 전에 동생과 함께 이야기를 나누는 등, 한 침대에 누워 있는 것만으로도 '미묘한 공생의 연대감' 같은 것을 느낄 수 있었다. 초등학교 시절만 하더라도 나만의 비밀이나 소유물이 딱히 있지 않았기 때문이다.

사춘기가 찾아오면서 현숙은 방을 갈망하게 되었다. 현숙의 표현대로 하면 "한 침대에서 자꾸만 끈덕지게 달라붙는 동생의 팔꿈치가 거슬리기 시작"한 것이다. 초등학교 때까지만 하더라도 너나 구분이 없었지만 어느 순간부터 내 것에 동생이 손을 대는 게 마뜩잖아졌다. "혼자만 알고 싶고" "혼자만 갖고 싶고" "동생과는 절대로 공유하고 싶지 않은 물건"이 생기기 시작했다. 초등학교에서 짝궁과 공유하는 책상에 괜히 금을 긋는 것이 아니었나보다. '내 것'은 '내 것'이기만 해야 했다. 책상도 이러한데 하루의 절대적 시간,

그리고 가장 은밀하고 내밀한 밤이라는 시간에, 벌거벗은 몸 같은 자신의 민낯을 아무리 동생이라지만 무람없이 공유한다는 것은 불편하고 불쾌했다.

무엇보다 힘들었던 것은 공간이 공유되는 탓에 나만의 비밀이 허용되지 않았다는 것이다. 어느 날은 다이어리에서 염탐의 흔적이 느껴졌다. 친구들과 은밀하게 주고받은 편지를 모아 둔 네모난 상자에서 "석연찮은 손길"이 느껴지기도 했다. 결벽증까지 생겼다. 조그만 흐트러짐도 감지할 수 있었고 예민해졌다. '감추고, 찾는' 동생과의 숨바꼭질이 시작되었다. 돌아보면 동생 역시 마찬가지였을 것이다. 현숙은 동생의 사생활에 관심이 없었지만, 그래도 그의 손에 무심결에 걸리는 동생의 '비밀'들이 있었다. 그것은 내가 의도해서 찾아내는 것도, 복수하기 위해 손을 대는 것도 아니었다. 공간을 같이 쓰기 때문에 어쩔 수 없이 손에 걸리는 것이었다. 서로 자신만의 것을 지키기 위해 사투를 벌였다. 갈등은 커져갔고 미움이 쌓여갔다. 점차 그 방은 현숙의 내면적 공간이 아니라 그저 잠만 자는 기능적 공간이 되었다. 다이어리를 쓰는 습관이나, 물건에 대한 집착도 같이 사라졌다. 그것이 온전히 나만의 것일 수 없었기 때문이다. 그 공간은 현숙에게 '독립'을 허용하지 않았다.

그렇다면 과연 방을 갖게 되면 사생활을 가질 수 있을까? 천만의 말씀이다. 가족과 부딪히고 간섭받을 수밖에 없는 '집'을 나오는 순간 우리가 만나게 되는 것은 매우 낯선 형태의 방이다. 바로

'집' 없는 '방'이 그것이다. 여기서 우리는 기묘한 아이러니를 만나게 된다. 집에 있을 때는 바로 그 공간이 집에 속한다는 이유로 사생활이 늘 위협받았다. 그러나 집을 나와 자기만의 방을 갖는 순간 내 방의 사생활은 방을 둘러싼 집이 없다는 이유로 아무런 매개 없이 곧바로 타인의 방과 직접 마주하게 된다.

대표적인 것이 고시원이나 기숙사 같은 공간이다. 고시원이나 기숙사는 결코 사생활의 공간이 아니다. 나의 일거수일투족은 얇디얇은 합판의 벽을 뚫고 옆사람에게 모두 전달된다. 위층이나 옆방에서 섹스하는 소리까지 다 들린다. 어느 에피소드가 이런 현실을 생생히 들려준다. "어떤 후배는 서울대 앞에서 자취할 때 이런 일도 있었다고 한다. 여러 사람과 함께 사는 형태의 집에서 자취하던 후배인데, 자신의 앞으로 온 택배 위에 옆방 자취생의 쪽지가 놓여 있었다고 한다. '섹스는 여관에서.' 경제학자 우석훈 씨가 『88만원 세대』 1장 「첫섹스의 경제학: 동거를 상상하지 못하는 한국의 10대」에서 쓴 이야기는 남의 이야기가 아니었다."[1] 이와 같은 주거용 공간은 앞서 말한 모텔이나 노래방과 다를 바 없다. 오로지 잠을 자는 기능에만 최적화되어 있다.

고시원보다는 넓고 쾌적하다고 하지만 기숙사라고 하여 다를 것 없다. 윤숙은 박민규의 「갑을 고시원 체류기」에서처럼 자기 역시 기숙사에서 '정숙'이라는 여인과 동거했다고 말한다. 새벽 3시에 자고 오후에 일어나는 '정숙'과 달리 아침 8시엔 아르바이트 때문에 나가야 했던 윤숙은 머리를 말리기 위해 아침마다 난방이 되지 않는 휴게실까지 드라이기를 들고 가야만 했다. 얇은 벽을 통해 통화소리가 들리고, 좁은 복도를 통해 마주한 각각의 방. 이러한 '밀실'들의 집합체에서 살아가며 타인을 배려해야 한다는 것 때문에 편하게 숨을 내쉬는 자유조차 박탈당했다. 사생활이 '세상으로부터 사라질 자유'를 뜻한다면, 기숙사에서 윤숙이 박탈당한 것이 바로 이 자유였다. 윤숙은 말한다. "기숙사에 살면서 이 자유를 대신한 것은 '죄책감'이었다."

아파트는 집이 아니라 방일 뿐이다

사생활을 이렇게 박탈당하고 숨쉬는 것조차 '죄'가 된 것이 과연 '집'에서 나와 '방'으로 쫓겨 들어간 청년들에게만 해당되는 일일까? 아니다. 우리가 '집'이라고 여기는 곳 역시 '방'에 불과하기는 매한가지다. 아이러니하게도 대한민국 모든 이가 들어가 살기를 선망하는 아파트야말로 사생활이 죽은 공간이다. 준석은 삼성이라는 거대 브랜드가 지은 이 집에서 난생처음으로 이웃이 무엇을 하는지를 알게 되었다. 아침·점심·저녁으로 쿵쿵 하는 소리가 들리면 윗집 아주머니가 밥을 차리느라 주방을 왔다 갔다 하는 소리였다. 아저씨가 출근하고 아이들이 등교하고 나면 청소기가 바닥을 긁고 지나가며 이곳저곳에 부딪히는 소리가 났다. 일주일에 한 번 대청소라도 하는 날이면 의자 옮기는 소리부터 소파 뒤집는 소리까지 하나하나 구분되어 들렸다. 변기 물 내리는 소리는 바로 내 집에서 나는 소리처럼 선명했다. 한가족이 아님에도 윗집에서 무슨 일을 하고 있는지 그 집 사람들만큼 짐작할 수 있게 된 것이다. 이처럼 아파트는 사생활이 존재하지 않는 주거공간이었다.

아래층과 위층뿐만이 아니다. 경비 아저씨나 청소 아주머니, 옆집 사람들도 우편함에 오가는 택배와 우편물, 그 집을 드나드는 사람을 통해 그 사람이 뭐하는 사람인지, 가족관계는 어떠한지를 대충 짐작하기도 하고 나아가 훤히 알기도 한다. 아무리 꽁꽁 감추려 해도 알려지는 건 시간문제다. 재미난 것은 그들이 이를 모르는 척 하지 않는다는 사실이다. 소곤소곤 들려오는 소문들에 의해 그 사람이 바람난 사람인지, 내연녀와 사는 사람인지, 이혼한 여성인지도 알 수 있다. 아는 척하는 바람에 더 큰 당혹스러움을 경험하는 경우도 종종 있다.

아파트에서는 이처럼 타인의 사생활은 알 수 있지만 정작 '관계'는 거의 이뤄지지 않는다. 준석이 지난번 살던 아파트에서도 그랬다. 복도식이라서 한층에 10가구가 넘게 살았지만 그가 다른 집과 내왕한 것은 언젠가 집에서 키우던 고양이가 번개처럼 집 밖으로 뛰쳐나가 옆집으로 들어갔을 때뿐이었다. 다행히 그 집 꼬마가 고양이를 보고는 신나해 있었고, 준석은 그 집에 잠시 들어가 고양이를 데리고 나왔다. 그러곤 얼마 뒤에 대만을 다녀오면서 그때 일이 고마워 대만산 과자를 몇개 사와 그 집에 갖다주려 했다. 초인종을 누르고 옆집 사람이라고 말했지만 아이 아버지는 문을 열어주지 않고 무슨 일인지를 되물었다. 이러저러하다고 말하자 그제서야 문이 열렸지만 그 아버지의 표정은 떨떠름했다. 신이 난 꼬마만 옆에서 배꼽인사를 했다. 아파트에서 관계 맺기가 가능한가를 생각할 때마다 떠오르는 에피소드다.

사회적 거리는 이처럼 무한대에 가깝다. 하지만 물리적 거리는 제로에 불과하다. 윗집의 방바닥이 우리 집의 천장이다. 우리 집 안방 벽이 옆집 화장실 벽이기도 하다. 다시, 물리적 거리는 제로다. 층간소음에 따른 분쟁이 벌어질 수밖에 없는 이유가 여기에 있다. 층간소음은 공동주택에서 벌어지는 가장 일상적이고도 심각한 문제 중의 하나다. 오죽하면 층간소음 때문에 다툼이 끊이지 않고 살인까지 나겠는가?

이제 이웃은 사촌이 아니라 원수에 가깝다. 영어 표현 중에 '지옥에서 온 이웃'(a neighbor from hell)이라는 말이 있다. 이웃과 더불어 살아가는 것이 삶을 지탱하는 기쁨이 아니라 언제 어디서 어떻게 나를 괴롭힐지 모른다는 점을 포착해낸 말이다. 이웃은 내 삶에 도움을 주는 사람이 아니라 훼방놓는 귀찮고 성가신 존재가 된지 오래다. 내가 조금이라도 타인의 집에 민폐를 끼치면 바로 고소를 당할 수 있다. 주차장에 차를 잘못 대거나, 아파트 복도에 물건을 둬서 이웃집의 심기를 불편하게 하거나, 혹은 지금 준석이 겪고 있듯 소음을 유발하는 등 모든 일에서 말이다.

그러나 층간소음에서 문제가 되는 것은 '소음'이 아니다. 그것의 진짜 문제는 그것이 집과 집 사이에 있어야 할 거리, 바로 그 물리적 거리가 소멸하여 일어나는 현상이라는 데 있다. 집이 '우리 집'으로 구분되고 집으로서의 효력을 갖기 위해서는 다른 집과 떨어져 있어야 한다. 단독주택의 경우에는 담이 바로 그 역할을 한다. 담은 단지 이웃과 나의 집의 경계를 구분하는 게 아니다. 담을 사이에 두고 두 집은 최소한의 간격을 유지한다. 집과 집은 담을 '사이'에 두고 두개의 집으로 구분된다. 다닥다닥 붙은 다가구나 다세대 주택들도 그 건물들 사이에는 최소한의 틈이 있다. 이 '빈 공간'이야말로 집과 집에 '사이'를 선사해준다. 그리고 이 두 집에 사는 사람은 '이웃'으로 구분된다. 이것이 집과 방의 결정적인 차이다.

다른 방과 구분되는 외부가 없는 '방'과 달리 집은 다른 집과 구별되는 '외부'를 지닌다. 그래서 우리는 집은 '짓는다'라고 말한다. 집이 '건축'인 이유는 그것에 '짓기'라는 창작의 요소가 들어가 있기 때문이다. 즉 집은 그것을 짓는 누군가가 타자, 즉 세계를 향해 자기 고유의 스타일을 선보이는 하나의 창작물이다.[5] 이에 대해 미셸 푸꼬(Michell Foucault)는 건축가가 기술(techne)에 힘입어 짓는 것은 "아름다운 형식"이라고 말한다.[6] 건축가는 물리학의 법칙을 어기지 않는 범위에서, 아니 물리학의 규칙을 활용하여 새로운 형식을 창조하는 사람(creator)이다. 그것이 건축가의 자유다. 건축에서 짓는 것은 형식이고 활용하는 것은 자유다.

하지만 방은 '짓기'의 대상이 아니라 '꾸밈'의 대상이다. 방에는 외부가 없기에 외부, 즉 형식을 만드는 것이 아니라 주어진 형식 '안'에서 꾸미는 것만 가능하다. 물론 방 역시 자신만의 독특한 양식으로 꾸미는 것이 가능하지만 그것은 집처럼 외부로 드러나지 않는다. 안으로 숨어 있는 것이며 그것은 사적으로 초대받은 사람에게만 제 모습을 드러낸다. 한편 아파트에서는 '짓기'가 허용되지 않는다. 단독주택처럼 내가 변경할 수 있는 외관이 없다. 특히 명품 아파트라고 알려진 초고층 브랜드 단지일수록 최소한의 변경도 허락되지 않는다. 베란다에 화분걸이를 만들어 바깥으로 화분을 걸어놓는 것조차 금지된다. 화분이나 텃밭을 가꾸고 싶다면 밖에서는 보이지 않는 자기 베란다 '안'에서만 가능하다. 아파트는 이미 주어진 형식이며 그런 이유로 그 안에서 꾸미는 일만 허용된다. 아파트에서는 바로 이처럼 자신의 삶에 새로운 양식을 부여하는 것이 불가능해졌다. 이것이 바로 우리가 '집'이라고 부르는 아파트가 사실 '집'이 아니라 '방'인 이유다.

짓기가 불가능하다는 사실은 아파트를 넘어 아파트 '단지'도 '도시'가 될 수 없음을 의미한다. 도시는 변화에 유연하게 대처하면서 끊임없이 변화하는 생명력을 지닌 유기체다. 단독주택이나 소규모 "필지로 구성된 도시조직은 도로 확장이나 지하철 노선 확장" 같은 "지역권 안에서 일어나는 미세한 상황변화"에 대해 "자율조정 능력"을 지닌다.[7] 서울의 홍대 앞이 관광명소가 됨에 따라 그 인근의 단독주택들까지 조그마한 카페나 음식점으로 바뀌는 추세가 대표적이다. 주차장을 활용해 작은 이자까야(대폿집)를 만들기도 한다. 그러나 일단 지어진 아파트단지는 변경이 거의 불가능하다. 환경변화에 따라 형식을 바꿀 수 있는 것이 자유의 활용이라고 한다면 아파트단지의 자유도는 거의 제로에 가깝다. 아파트단지는 "개별 토지와 건축이 도시환경 변화에 대한 대응력을 상실"한 공간이다. "한번 아파트단지는 영원한 아파트단지"이며 이로써 "도시의 변화에 대응할 수 있는 가능성을 봉쇄"당한 것이다. 외양과 형식의 변경이 불가능하다는 점에서 아파트와 아파트단지를 "항구적으로 따라다니고" 있는 것은 "규칙에의 복종"뿐이다. 아파트단지의 조경 역시 주민들이 변경할 수 없다. 주민이 자신의 화분을 화단에 내놓는 것조차 "몰상식하고 명품 이미지를 해치는 것"으로 비난받는다. 아파트 조경은 주민들에게 '가꿈'의 대상이 아니라 '구경'의 대상일 뿐이다. 고사목이 생길 경우에도 철저하게 계약에 따라 같은 가격대의 동일한 나무로만 교체된다. 아파트단지를 지배하는 것은 이처럼 구속력을 지닌 규칙이며 이로써 새로운 삶의 양식이라는 "아름다운 작품"은 불가능해진다.[8]

한국적 근대의 비극

아파트에서 집과 집을 나누는 것은 빈 공간이 아니라 '선'이다. 아파트라는 집은 외부가 없다. 외부가 없는 집, 그 집을 어떻게 집이라고 부를 수 있는가? 그건 집이 아니라 '방'일 뿐이다. 아파트는 수백개의 방으로 나뉘어 있고, 그 방 중에서 내가 서너개의 방을 소유하며 그걸 '내 집'이라고 부르고 있을 뿐이다. 결국 아파트는 그 자체로 거대한 하나의 '집'이다. 같은 집에 사는 사람을 우리는 '이웃'이라 부르지 않는다. 가족이라고 부른다. 그렇다면 아파트에 사는 사람들은 '지옥에서 온 이웃'이 아니라 '지옥 안에 살고 있는 한가족'인 셈이다. 가족 내 관계에서 다툼이 부모·형제끼리 서로 더 잘 알고자 하다가 여의치 않아 섭섭해하여 벌어진다면, 이웃과의 다툼은 알고 싶지 않은데도 알게 됨으로써 벌어진다. 몰라야 하는 이웃끼리 아는 것이 너무 많아졌다. 가족은 밀쳐지고, 이웃은 당겨졌다. 그 바람에 가족이 해체되는 이때에 이웃이 난데없는 '가족'으로 등장했다.

우리보다 일찍, 그리고 오랫동안 근대화를 이뤄온 서구의 주거문화와 비교해보면 더욱 기묘한 점이 있다. 서구의 경우 공동주택은 애초에 사생활 보장을 고려하지 않고 만들어졌다. 아파트는 대부분 서민들이 임시로 거주하는 주거지로 만들어졌다. 그래서 서구 아파트의 층간소음은 대개 상상을 초월한다. 물 내리는 소리는 고사하고 섹스하는 소리 심지어 말소리까지 또박또박 들리는 경우가 많다. 목조건물인 경우, 마루가 삐걱거리는 소리에 잠을 이루지 못하는 것은 다반사다. 그래서 펜트하우스 정도가 아니면 대부분 아파트는 임대용이다. 들어가서 사는 사람도 '프라이버시'를 기대하지 않는다. 사생활을 누리고 싶으면 아메리칸드림을 이뤄 교외에 마당 있고 지붕 있는 '자기 집'을 장만하라고 쿨하게 답한다. 한마디로 아파트는 중산층, 즉 사생활을 중요하게 여기는 '진정한' 근대인들이 사는 곳이 아니다.

바로 이 점에서 한국의 아파트는 매우 기묘한 공간이다. 중산층들이 꿈꾸었던 근대인의 이상은 자기만의 구별된 공간이자 자신이 독점할 수 있는 사생활의 공간을 갖는 것이었다. 사생활이 없다면 근대적 개인으로 분류될 수 없다. 그리하여 모두들 이 '사생활의 공간' '내 집 마련'의 꿈을 품어왔다. 여기서 '내 집'은 자산으로서뿐 아니라 사생활의 공간으로서의 집을 뜻한다. 단칸셋방을 탈출하고, 이웃들이 감놔라 배놔라 하는 지긋지긋한 달동네에서 탈출해 중산층의 꿈을 이루고자 하는 곳 말이다.

그런데 오히려 이 사생활이 없는 공간이 중산층의 이상이 되다니! 멀쩡한 단독주택도 부숴 그 땅을 엮고 또 엮어 재개발하여 아파트를 짓는다. 대규모로 지으면 뉴타운이요, 소규모로 지으면 주상복합 아파트 한 채, 그도 저도 아니면 빌라라도 짓는다. 관계도 사라지고 프라이버시도 없는 이 공간에서의 삶을 버티게 하는 것은 오로지 아파트의 자산가치다. 단독주택이나 다른 주거는 값이 오르지 않는 데 반해 아파트만 값이 올랐다. 그러니 '입주자'로서의 의식보다는 '소유자'로서의 의식이 더 강하다. 그 결과 사생활을 대신한 것은 소유의식이다. 소유한다는 사실만으로도 사생활을 누린다고 착각한다. 주거지가 아니라 자산가치로서의 아파트는 그 어떤 '괴로움'도 참을 수 있게 한다. 여기서 살 것이 아니라 언제든 값이 오르면 팔아치우고 이곳을 탈출하여 '더 좋은 곳'으로 가는 것이 목표이기 때문이다.

그렇다. 한국의 근대는 돌고 돌아 결국 달동네로 돌아온 것이다. 아니 달동네와는 다른, 교류조차 없는 거대하고 텅 빈 박스로 돌아왔다. 이 아파트는 관계는 없되 사생활은 알 수 있는 곳, 그리하여 그 어느 곳보다 더 이웃을 경계하고 사람들이 나에 대해 모르도록 더 꼭꼭 단속해야 하는 곳이다. 이웃이 누구인지에 대해서는 관심 없으면서도 혹 나에게 어떤 해를 끼칠지 몰라 늘 경계하며 '촉'을 세우고 있다. 소유하고 있다는 감각이 사생활을 압도했다. 자산가치가 이 모든 것을 견디게 한다. 이것이 바로 한국의 근대다.

2

쓸모없어진 곁
몽상이 된 사회

제1장

관계
질문하면 '죽는다'

2013년 8월 120다산콜센터 노조의 파업은 그간 풍문으로만 이야기되어온 전화상담원들의 노동조건을 적나라하게 보여주었다. '고객'이라는 사람들이 전화로 폭언을 내뱉거나 성희롱하더라도 상담원들은 먼저 전화를 끊으면 안 된다. 그 '고객'에게 항의하거나 질문할 권리도 없다. 고객이 민원을 제기하면 '민원 제기'라는 사실 자체만으로도 징계를 당하며 심지어 해고될 수도 있다. 이처럼 대화에서 일방적으로 듣기만 해야 하는 존재, 말하거나 질문할 권리 따위는 애초에 갖지 못한 채 그 자리에서 누군가의 감정의 배설구가 되거나 서비스를 제공할 의무만 있는 존재들은 우리 주변에 산적해 있다.

우리는 흔히 '나'가 주체와 동의어라고 생각한다. 내가 주어/주인이 되어 사물을 판단하고 계획하고 행동할 때 그 '나'가 주체가 되었다고 말한다. '나'가 남이 시키는 대로만 할 경우 그 '나'는 결코 주체일 수 없다. 정확히 따지자면 사실 이 '나'는 그저 지시대명사에 지나지 않는다. 예를 들어 칠판에 "나는 오늘 학교에 왔다"라고만 쓰여 있으면 우리는 이 '나'가 누군지를 도통 알 길이 없다. 바로 이 때문에 "'나'라는 지시대명사에 해당하는 하나의 실체로서의 지시대상은 없지만, 주체는 '나'라고 말함으로써 언어의 주인"이 된다고 할 수 있다.[1] 결론적으로, 주체로서의 '나'는 화자, 말하는 자의 자리인 것이다. 따라서 먼저 말을 꺼낼 수 없고, 먼저 말을 끊을 수 없다는 것, 말하는 순간에도 전적으로 '너'에 이끌려 다녀야 하는 존재는 '말하는 자'가 아니다. 이는 곧 그가 인간이 아니라는 말이기도 하다. 이처럼 말의 주도권을 박탈당하고 화자의 위치에서 쫓겨난 사람들을 뭐라고 불러야 할까? 보이지도 않고 말할 수도 없으며 자리만 지키고 있는 이들이 바로 '유령'이다.

인간, 질문을 던지는 사람

인간은 세상에 질문을 던지는 존재다. '왜?'라는 질문은 인간이 남이 시키는 대로 그저 따르지 않고 제 주관을 갖고 살아가겠다는 의지의 표명이다. 이럴 때 비로소 인간은 세상에 둘도 없는 존재로서의 개별적 자아가 될 수 있다. 세상과 자기 자신에 대해 독특한 답을 갖고 있기 때문에 유일한 존재가 되는 것이 아니다. 질문을 던지며 호락호락하게 세상과 타협하지 않겠다고 선언하는 순간부터 그는 세상에 둘도 없는 바로 그 사람이 될 수 있다. 아무리 옳은 것이더라도 나에 의해 재점검되고 승인되어야만 가치를 얻게 된다. 점검되지 못한 것들은 유보되어야 한다.

질문을 던지는 자의 전형을 들자면 소크라테스(Socrates)가 있다. 그 스스로 말한 것처럼 그는 자기가 아는 것은 하나밖에 없는데 그것은 바로 '나는 모른다'라는 사실이다. 그는 끊임없이 질문을 던졌다. 삐에르 아도(Pierre Hadot)에 따르면 소크라테스는 철학의 기존 방법을 완전히 뒤집었다. 그는 제자들의 질문에 대답하여 앎으로 인도하는 것이 아니라 질문하는 데 초점을 뒀다. 제자뿐만 아니라 소위 '안다고 하는 자'들에게 계속 질문을 퍼부어 그의 무지가 드러나게 하는 것이었다. 아도는 이를 통해 소크라테스가 가르치고자 한 것은 "앎과 진리는 완성된 채로 받아들여질 수 없고 다만 개인 그 자신으로부터 비롯되어야 한다"는 것이었으며 이를 통해 대화상대가 "자기에 대한 의식을 가지도록 이끌었다"고 말한다.[2] 이를 통해 소크라테스가 궁극적으로 바란 것은 '세계 모두와 불화하더라도 자기 자신과 조화를 이루는 것'이었다.[3] 아도는 이런 소크라테스를 "강력한 개인"이라고 부른다.[4]

물론 이렇게 질문을 던지며 존재하는 모든 이들이 이를 자신의 권리이자 의무로 인식하게 된 것은 그리 오래된 일이 아니다. 근대 이전에는 극히 일부만이 세상에 대해 질문을 던질 수 있었으며 나머지들에게는 질문을 던지는 행위 자체가 금지되어 있었다. 고대 로마의 노예가 대표적인 예다. 노예 주인들은 노예가 옆에 있어도 없는 듯이 지냈다. 『사생활의 역사 1』에는 로마의 시인 호라티우스(Horatius)가 혼자서 산책하는 습관이 있었다는 이야기가 등장한다. 에피소드 말미에 그가 산책할 때마다 노예 세명을 데리고 나왔다는 내용이 덧붙여진다는 점은 흥미롭다. 노예의 존재는 셈되지 않았던 것이고, 즉 당시 노예란 '유령'이나 다름없는 존재였던 셈이다.[5] 이런 노예가 자율적 존재로 여겨졌을 리는 만무하고, 혹여나 어떤 노예가 자율적으로 행동, 즉 '타락'한다면 그것은 다른 노예나 사람으로부터 영향을 받은 것이기 때문에 로마법에는 자기 노예를 타락에 빠지게 한 제3자에게 소송을 제기할 권리가 명시되었다고 한다. 노예는 복종할 뿐 그렇지 않은 노예는 다른 노예로부터도 비난을 받았고 그 비난은 주인에게도 이어졌다. "네 주인은 바보같이 너 하나 복종시키지 못했어"라는 말에서 알 수 있는 것처럼 말이다.[6]

근대사회의 출현은 모든 사람을 신분제에서 해방시키면서 모두가 소크라테스 같이 세상에 대해 질문을 던지고 그 답을 점검하며 자기만의 고유한 답을 가진 '강력한 개인'이 될 것을 요구했다.[7]

즉 세계와 불화하는 개인이 되는 것이 근대적 주체의 과제다. 또한 이 개인이 추구해야 하는 덕목은 바로 진정성이다. 기든스는 "개인적 성장은 우리 스스로를 진정 있는 그대로 이해하지 못하게 가로막는 감정적 장벽과 긴장을 정복"하는 데 있으며 이와 같이 "'스스로에게 진실해지는 것'에 기초한 진정성"이 바로 자아실현의 도덕적 끈이라고 말한다.[8] 이는 곧 "자신의 참된 자아를 실현하는 것을 가장 큰 삶의 미덕으로 삼는 태도"를 가리키는 말이다.[9]

근대는 이 진정성을 만인의 윤리적 가치로 만들었다. 우리 모두는 이제 진정한 '나'가 되어야 한다. 근대사회에서 성장이란 곧 진정성의 추구와 다른 말이 아니다. 이 '나'가 되기 위해 무엇보다 필수적인 것은, '나'를 언제까지나 '나'로 내버려두지 않고 나의 특이성을 폐기하려 하는 "분류체계"로서의 문화와 사회에 저항해야 한다는 것이다.[10] 이처럼 진정성은 근대사회가 추구한 내적 성장의 윤리적 가치다. 진정성 있는 존재만이 타자와 만나고 소통할 가치가 있는 존재로 인정받는다.

진정성을 지닌 존재가 된다는 것은 좀더 깊고 성숙한 내면의 세계를 가진다는 의미다. 인간의 내면이야말로 세계와 불화하면서 자기 자신에 대해 질문을 던지고 자신의 진정성을 추구하는 공간이기 때문이다.[11] 세계와 단절하고 내면에 들어감으로써 우리는 "자기 자신을 반성적으로 의식"한다.[12] 과감히 말해, 내면이 없다면 우리는 주체가 아니다. 왜냐하면 주체가 된다는 것은 "자연적으로 또는 자동적으로 일어나는 일이 아니라 나의 어떤 능동적 활동을 통해서만 실현되는 일인바, 나를 주체로 만들어주는 그 활동이 바로 반성적 자기의식"이기 때문이다.[13] 이 반성적 자기의식을 통해 우리는 자기 자신과 화해하고 자기동일성을 구축할 수 있게 된다. 앞서 이야기한 것처럼 소크라테스가 주장했다고 전해지는 "나 자신과 불일치하는 것보다는 전세계와 불일치하는 것이 훨씬 더 낫다"라는 말이 바로 이 자기동일성에 대한 지향을 의미한다.[14]

인간은 때로 이 내적 성장을 기하기 위해 세계와 단절하고 고독을 택한다. 그러나 이 고독은 고립과는 다르다. 수도원이나 은둔자의 전통에서 발견할 수 있는 고독은 흔히 세상과의 단절로 이해되지만, 이 단절은 더 근원적인 존재와의 만남을 위한 보다 적극적인 행위다. 초대 그리스도교의 교부 중 한 사람인 안토니오 성인은 "물질적 쾌락을 상대하지 않기 위해서, 자신을 징벌하기 위해서" 세상으로부터 도피한 것이 아니라 "관습, 일상, 그리고 사회적 기대치라는 굴레에서 벗어나 더 깊고 풍요로운 실존에 '깨어 있기 위하여' 사막으로 간 것"이다.[15] 그는 세상과 단절된 것이 아니라 신과 자기 자신에게 깊이 연결된 사람이었던 것이다. 바우만은 "고독은 바로 사람들로 하여금 (…) 최종적으로는 인간끼리의 의사소통에 의미와 기반을 마련할 수 있는 숭고한 조건"이라고 말한다.[16]

이런 고독은 "고통스러운 고독이 아니라 품위있는 고독"이다.[17] 이들은 "사회에서 제외된 사람들이 아니라 스스로 사회에서 멀어진 채 살아가는 사람들"이다.[18] 이들은 좀더 근원적인 존재를 만나 내적·영적 성숙을 꾀하기 위해 사회와 스스로 단절한, 즉 자기 자신의 내면세계로 깊이 들어간 사람들이다. 아도르노 역시 지식인이 선택하는 고독이란 "'연대감'을 그나마 유지할 수 있는 유일한 형식"이며 "초연한 관조조차도 활동적 인간만큼이나 세상에 매여" 있으며 그것이 주는 이점은 "매여 있음에 대한 통찰과 그런 앎 속에 있는 눈곱만큼의 자유를 갖는 행복"이고 "'활동'으로부터 그가 취하는 거리란 바로 '활동'이 부여한 사치일 뿐"이라고 말한다.[19]

아렌트에 따르면 이들은 고독한 사람들(solitude)이지만 외로운 사람들(loneliness)은 아니다.[20] 오히려 이들은 고독한 상태에서 자기 자신을 만나는 사람들이다. 따라서 혼자만의 세계에서 독백을 나누는 사람은 그저 혼자 중얼대는 것이 아니라 자기 자신과 대화를 나누는 사람이다. 그에게는 아렌트가 주장하는 인간 존재의 근원적 조건인 "복수성"(plurality)이 자기 자신의 내부에 보존되어 있다. 이들은 "외부에 의해 좌우되지 않으며 내적인 정신세계에 의지"하는 사람들이다.[21]

고독과 외로움의 가장 큰 차이는 무엇인가. 바로 만남의 존재 유무다. 여기서 우리는 불화가 만남의 한 형식임을 알 수 있다. 불화라는 형식의 세계와의 만남은 바로 진정성을 추구하기 위해 세계와 단절하고 자신의 내면에 들어가는 이유이자 그 내면이 성립할 수 있는 조건이기 때문이다. 이처럼 성숙을 위한 만남이란 그저 상투적으로 생각하는 것처럼 화해나 협력 같은 것만을 의미하지 않는다. 만남은 때로는 격렬한 부딪침을 의미한다.[22]

사람이 내적으로 성숙하기 위해 세계와 불화해야 하는 이유가 여기에 있다. 순응을 통해서는 내가 나일 수 없으며 진정한 자기 자신이 되었다고 말할 수 없다. 그렇기 때문에 진정성을 추구하는 과정은 필연적으로 세계와의 불화를 수반한다.[23] 자신의 진정성을 방해하는 세계와 불화하지 않으면서 자기 자신이 된다는 것은 불가능하다. 세계와의 불화가 언어로 드러나는 것이 바로 질문이다. 세계에 대해 '왜'라고 질문하는 것 혹은 상대에 대해 '아니오'라고 말할 수 있는 것을 통해 우리는 비로소 근대적 주체로서의 인간이 된다.

이제 우리는 더이상 질문을 던지지 않는다

우리가 살아가는 2010년대의 눈으로 보면 이처럼 질문을 던지고 자신의 내면으로 들어간다는 근대사회의 세계관은 수동적이며 정적인 존재가 됨을 의미하기도 한다. 내면 속으로 들어간 자는 세상에 참여하지 않으며 아무것도 하지 않고 가만히 있는 것처럼 보이기 때문이다. 따라서 능동성을 중시하는 현대사회에서 이런 침묵과 수동성은 '뭔가 문제가 있는 것'처럼 여겨진다. 그러나 이런 정적이며 수동적인 존재야말로 의미를 불러일으킨다. 존 듀이(John Dewey)에 따르면 능동성과 수동성이 합해질 때 비로소 경험은 경험으로서 가치를 얻게 되고 의미가 발생한다.[24] 즉 '함'만 통한다고 해서 인간에게 의미가 발생하지 않는다. 오히려 '당함', 즉 수동성이야말로 의미를 불러일으키는 원천이다. 듀이는 이것을 불에 손을 집어넣는 행위로 설명한다. 불에 손을 집어넣는 것은 '능동성-함'이다. 그러나 그 자체로는 아무 의미가 없다. 불에 손을 넣었을 때엔 손이 화상을 입게 되는데 이것이 수동성-당함이다. '내가 하는 것'만 있는 것이 아니라 '내가 어느 대상으로부터 당하는 것'도 있다. 이 당함을 통해 사람은 다시는 불에 손을 넣어서는 안 된다는 교훈을 얻게 되고 이 교훈이 다음 행위를 해석하고 통제하는 바탕이 된다. 어느 행위가 다음 행위의 바탕이 되는 경험으로 바뀌는 것은 이처럼 함이 아니라 당함으로부터 비롯된다. 그래서 듀이는 수동성을 부끄러워할 것이 아니라 긍정적으로 보고 가꿔야 할 것이라고 여겼다.

수현은 러시아를 여행하면서 함이 아니라 당함이 얼마나 중요한지를 깨달았다. 수현은 남들과 다르게 살기 위해 늘 자신을 '함'으로 몰아넣었다. 일방적으로 주입되는 모범적인 삶의 씨나리오를 피하기 위해 일부러 다른 사람들이 하지 않는 일에 매진했다. 성적에 연연하는 것이 아니라 "동아리 활동을 열심히 하고, 지적 허영

이 덕지덕지 낀 책을 읽었으며, 강연을 듣고 포럼을 열고 집회와 문화제에 나가고, 연극과 공연과 영화제를 보러 다니고 훌쩍 여행을 떠나곤 했다". 그러나 이런 '함으로 가득 찬 삶'은 "늘 내가 하고 싶은 일만 선택했지만, 그 결과는 내가 그리도 되고 싶지 않았던 '개미 오브 개미'의 삶"과 다를 바 없었다. "영혼 없이 사는 날들이 이어졌고 내가 선택한 자극들은 그냥 그때뿐이었으며 그것들이 나를 어떤 식으로 '남들과 다르게' 만들어주고 성장시켜주는지 전혀 느낄 여유가 없었다"라고 고백했다. 웃기는 것은 자기가 하고 싶은 것만 함에도 불구하고 행복하기는커녕 스트레스만 늘고 삶은 더욱더 공허해졌다는 것이다.

수현은 이러한 고민이 들자 자신에게 안식년을 주기로 하고 러시아로 떠났다. 자신에게 '아무것도 하지 않는 시간'을 주기로 하고 아무 계획도 정보도 없이 달랑 50만원이 든 카드 한장을 갖고 떠났다. 처음 이 결심을 주변에 털어놓자 모두 비웃었다고 한다. 가뜩이나 제 뜻대로 선택하며 살아온 수현이 무슨 또 휴식이냐는 것이다. 그러나 수현이야말로 자유가 무엇인지를 간파해낸 사람이다.

자유는 시장자본주의자들이 말하는 것처럼 내가 하고 싶은 것을 '선택'하는 것을 의미하지 않는다. 내가 하고 싶은 것을 할 때 그는 자율적 주체가 아니라 욕망의 노예일 뿐이다. 그 욕망이 자신에 의해 점검된 것이 아니라 사회적으로 만들어진 것이라면 더욱 그렇다. 수현이 깨달은 것이 바로 이것이다. 자기가 선택한 것처럼 보였던 많은 것조차도 사실은 '선택'이라는 이름의 강요였다. 진정한 자유는 그와는 반대로 아무것도 선택하지 않고 물러서는 것에서 나온다. 무엇을 선택하는 것이 아니라 아무것도 선택하지 않는 것, 자신이 선택한 것을 선택이라고 여기지 않는 것에서 자유는 시작된다. 고대의 현인들이 여기 있었다면 참다운 자유란 욕망을 절제하는 것, 즉 욕망으로부터의 자유라고 말했을 것이다. 세상으로부터 물러나고 고독한 상태가 되는 것에서 비로소 자유는 시작된다.

러시아 여행을 떠나며 돈은 없고 시간만 있었기에 처음 모스끄바에 도착해서도 "최대한 천천히, 되도록 걸어서" 구경을 다녔다. 돈이 없다는 것은 간편하게 교환할 수단이 없음을 말한다. 그러다 보니 이전처럼 무엇인가를 소비하는 것을 통해 시간을 채울 수 없었다. "하고 싶은 걸 다 해도 시간이 남아돌았고" 자신이 "대책 없이 비워둔 그 시간에, 아주 많은 것들이 와서 부딪혔다". "좋은 사람, 이상한 사람, 맛있는 음식, 맛없는 음식, 멋진 풍경, 그저 그런 풍경. 그 모든 것들은 나를 채웠다가 비웠다가 하면서 어떤 만족스러움으로 이끌어갔다"는 것이다.

그중에서도 압권은 시베리아 횡단열차 그 자체였다고 한다. 열차를 타고 다니는 동안에는 정말 할 일이 없다. 특히 겨울에는 바깥 경치도 하루이틀이지 시간이 좀 지나고 나면 지루한 풍경이 끝도 없이 펼쳐질 뿐이다. 그 안에서 수현은 '함의 부재'를 느꼈다. 정확히 말하면 그 함의 '부재'는 그동안 자신의 주변에 '존재'해 있었지만 눈치채지 못했을 뿐이다. 이내 곧 자신이 보고 듣고 만지고 맛보지 못한 것들이 치고 들어왔다. 밤이 되면 기차 안에 코 고는 소리가 울려 퍼지는데 그중에는 "도대체 어떻게 하면 저런 소리를 내면서 잘 수 있지 싶을 정도로, 불규칙하고 시끄러운 소리들"도 있었다. 카드 섞는 소리도, 사람들 잡담하는 소리도 들렸다. 북한 사람들이 건네준 찐 감자며 러시아 홍차의 그 떫은 맛이며, 열차가 도착한 다음에 "광대뼈를 얼얼하게 만드는 그 미친 듯한 추위"도 선명했다. "보고 듣고 느끼고 냄새 맡으며 온몸을 외부로 열어놓았더니, 개미처럼 사는 동안에 배우고 겪은 일들도 내 몸을 관통"하면서 그동안 자신이 함의 과잉상태에서 잊고 있던 '당함'들이 무엇이었던가를 깨우치게 되었다고 한다. 함의 의미는 당함을 통해서만 깨우쳐진다.

수현이 겪은 경험은 우리에게 낯설다. 수현이 말한 것처럼 우리는 '자기가 되기' 위해 늘 무엇인가를 해야 한다고 여기기 때문이다. 당함이 아니라 함이 자신을 만든다고 생각해서 바쁘게 움직인다. 학생들에게 늘 아무것도 하지 말고 칠판만 보라고 강요하던 학교에서도 요즘은 체험학습이니 방과후활동이니 하면서 적극적으로 무엇인가를 벌일 것을 요구한다. 대학에서도 조용히 앉아 수업 듣는 것만으로는 부족하다. 열심히 토론·발표하고 유무형의 성과를 만들어야 한다. 이처럼 우리는 '함'의 과잉상태에 빠져 있다. 우리는 늘 뭔가 하는 것을 통해 자기 존재가치를 증명해야 한다.

심지어 가장 수동적인 행위인 티브이 시청에서조차 우리는 뭔가를 해야 한다. 티브이는 이제 우리가 언제 웃어야 하고 어떻게 웃어야 하는지 콕 짚어준다. 코미디 프로그램을 볼 때 녹음되어 나오는 웃음이 대표적이다. 티브이가 대신 웃어주기 시작하는 순간 우리는 웃어야 한다. 일본이나 한국의 티브이는 여기서 한걸음 더 나아가 자막을 통해 우리가 알 필요 없어 보이는 무대 뒤편의 이야기까지 일러주며 무엇을 해야 할지를 가르쳐준다. 오디션 프로그램을 볼 때면 내가 좋아하고 지지하는 팀의 승리를 위해 자동응답전화를 돌려야 한다. 혼자만으로는 부족해 친구들에게 열심히 카카오톡이나 문자를 보내 독려해야 한다. 이런 점에서 우리는 티브이를 볼 때 아무것도 하지 않을 최소한의 수동성마저도 박탈당했다고 볼 수 있다. 아무것도 하지 않고 그저 티브이를 보는 것은 불가능하다. 뭐라도 해야 한다. 이것이 '함'의 과잉상태이며 사람들은 이런 '함'에 소진해 있다.

동물, 질문을 던지지 않는 존재

'함'이 지나칠수록 인간에겐 생각할 틈이 줄어든다. 생각할 공간, 즉 내면 따위는 사라진 지 오래이기 때문이다. 따라서 함이 과잉된 인간에게 내면의 풍요, 즉 '행복'이란 존재하지 않는다. '함'

을 통해 만족을 얻는 것이 전부다. 이처럼 행복이 아니라 만족이 삶의 목적이 된 존재는 질문을 던지지 않는다. 소비를 통해 만족을 추구하는 삶에 질문이 들어설 여지는 없다.

프랑스의 철학자 알렉산드르 코제브(Alexandre Kojève)는 미국을 여행하며 대량생산-대량소비 체제가 된 사회에서 인간이 어떻게 '동물'이 되는지를 서술했다. 그에게 인간이란 "주어진 것을 부정하는 행위와 오류, 즉 일반적으로 말해 대상에 대립하는 주체(the Subject)"를 의미하는데, 이에 반해 마트에 가서 신나게 카트를 밀며 1+1 물품들을 사재기하는 인간은 "자연 혹은 주어진 존재(given Being)와 조화"를 이루게 될 것이며 코제브는 이런 존재를 '동물'이라고 불렀다. 이 "역사-이후 동물들에게는, 더이상 자신과 세계에 대한 어떤 이해도 존재하지 않을 것"인데 사실상 자신이나 세계를 이해하기 위해서는 자기로부터 떼어내 대상으로 대립하는 행위가 필요하기 때문이다.[25] 이런 과정이 삭제되어 있는 동물이라는 존재는 그 삶에서 마찬가지로 질문 자체가 제거되어 있다. 질문이 없기 때문에 이 인간은 만족한다. 이 인간은 풍요와 안전을 토대로 삶을 영위한다. 동물이 된 인간에게 '함'이란 '소비'를 의미한다. 이 인간에게 필요한 것은 당함을 통한 '의미'가 아니라 함이 가져다주는 '재미'다.

이 '함'으로 가득 찬 전형적인 시공간이 바로 현대사회의 여행이다. 여행의 본연의 의미는 새로운 것을 '발견'하는 과정이다. 자신이 이제까지 경험해보지 못한 모르는 것을 만나기 위해 아예 낯선 땅으로 떠나는 것도 여행이고, 그와 반대로 자신의 익숙한 주변에서 끊임없이 새로운 것을 발견하는 것도 여행이다. 굳이 멀리 떠나는 것만이 아니라 사람의 일상 자체가 여행일 수 있다고 말하는 이유가 여기에 있다. 헨리 데이비드 소로우는 반경 10마일의 산책 가능한 거리 안에 있는 경치와 인간의 칠십 평생, 이 두가지의 공통점이 좀처럼 익숙해지지 않는다는 점이라고 말했다. 익숙한 일상 안에서도 그때까지 모르던 것을 끊임없이 발견할 수 있다는 의미일 것이다.

반면, 현대사회에서 여행의 함은 '발견'의 함이 아니라 찍고 도는 '확인'의 함으로 바뀌었다. 여행을 가면 우리는 잠시도 쉴 새 없이 돌아다닌다. 본전을 뽑아야 하기 때문이다. 어디서 무엇을 느꼈고 새로운 것을 깨닫게 되었는지보다 최대한 많이 돌아다니고, 많이 보는 것이 더 중요하다. 봤다는 것이 생각했다는 것을 압도한다. 여행지에서 만난 사람들의 경로를 살펴보면 가이드북이 알려준 대로 이미 알고 있던 것이 '거기 진짜 있는지 아닌지'를 확인하러온 경우가 많다. 미켈란젤로의 〈다비드〉 상은 저기에, 삐까소의 〈게르니까〉는 거기에 있다. 그 〈게르니까〉와 〈다비드〉를 보면서 자신이 지금까지 알던 것과는 다른 어떤 것, 즉 모르던 것을 발견하는 것이 아니라 그저 아는 것을 확인만 하고 가버린다. 이런 여행에는 배움이 없다. 배운 것이 없으니 여행을 다녀와서도 할 말이 없다.

새로운 것을 경험했으면 들려줄 이야기가 무궁무진하게 많아야 하는데 이미 알던 것만 확인해왔으니 여행의 끝에 다다를수록 이야기는 점점 더 빈곤해지는 역설에 빠지게 된다. 하지만 이 여행을 다녀온 '동물'들은 다녀왔다는 사실 자체에 '만족'한다. 행복이 아니라 만족이 삶의 목적이 되었으니 그럴 법도 하다.

속물, 질문이 있는 척하는 존재

이런 '함'에서도 특히 우리를 소진하게 하는 것은 하는 척하느라 분주한 '함'이다. 우리 일상은 이러한 '하는 척의 함'으로 가득 차 있다. 사람들은 바쁘지 않지만 바쁜 척해야 하고 내가 없어도 회사가 잘 굴러감에도 내가 없으면 회사가 곧 망할 것처럼 굴어야 한다. 미국의 언론인 바버라 에런라이크(Barbara Ehrenreich)는 청소 용역회사의 청소부로 위장 취업했을 때 이것을 깨달았다.[26] 청소를 하더라도 구석구석 지나치게 깨끗이 청소하는 것은 무의미하다. 아니 회사에는 도리어 손해다. 묵은 때인 경우에는 청소를 열심히 하면 오히려 더러움이 드러날 수 있기 때문이다. 따라서 청소부에게 중요한 임무는 청소를 깨끗이 하는 것이 아니라 깨끗이 보이게끔 하는 것이다. 깨끗한 척하는 것이 깨끗한 것보다 더 중요한 덕목이 되었다.[27]

우리 모두는 이렇게 '척'하느라 아주 바쁘다. 그렇지 않으면 나의 존재가치를 증명할 수 없는 것이다. 이렇게 하는 척이라는 '함'에 매진하여 급기야 심신이 소진된 사람들에게는 진정성을 기대할 수 없다. 진정성은 없지만 진정한 존재인 것처럼 스스로를 위장하고 살아가는 사람들. 우리는 이들을 '속물'이라 부를 수 있다. 근대 인간의 한 종착지인 속물을 발견한 이는 알렉산드르 코제브다. 그는 일본을 여행하면서 '속물'을 발견했다. 속물은 형식적 가치에 죽고 산다. 예를 들면 '할복' 같은 것이 바로 그것인데 그 전형은 아무 가치 없는 일에 갑자기 목숨을 내거는 식이다. 김홍중은 이에 대해 "속물에게는 자신의 모든 것이 오직 전시의 대상"이 될 뿐이며 "깊이나 내면은 표면으로 호출되어 노출"되는 것은 "과시이며 (…) 게임"일 뿐이라고 말한다. 속물은 늘 바쁠 수밖에 없다.[28]

속물이 내면으로 자신을 숨기는 존재가 아니라 끊임없이 자신을 전시하는 존재인 것은 어찌 보면 근대의 필연적인 결과다. 전시(展示)는 우리 시대에 갑자기 나타난 것이 아니다. 많은 연구자들은 전시가 사실 근대사회에 내재된 권력의 작동방식이라고 지적한다. 사실 전시 역시 진정성을 출현시킨 내면과 외부의 분리와 깊은 연관이 있다. 근대인들은 내면으로 물러나 외부와 긴장을 유지한 채 그 외부를 바라볼 줄 알게 되었다. 바라본다는 것은 거리를 둔다는 것이며, 이 거리를 창조함으로써 세계를 전시의 대상으로 구현하게 된다. 근대사회의 독보적 권력은 시각 그 자체다. 근대는 애초부터 보는 권력의 시대였고 세계를 전시하는 장이었다.

자기 자신을 전시해야만 살아남을 수 있는 세상은 동물원에 다름없다.[29] 동물원에서 인간들이 가장 기대하는 것은 '사실적인 것'이다. 그 공간의 특성상 동물들은 열심히 뛰어다니면서 사냥하고 으르렁거릴 필요가 없다. 따라서 대부분 잠만 잔다. 하지만 이렇게 해서는 사람들의 관심을 끌 수 없다. 그런 이유로 동물원 관리자들은 동물이 사람들의 머릿속에 그려진 이미지에 맞게 행동하게끔 하려고 기를 쓰고 노력한다. 동물뿐만 아니다. 근대 초창기에는 동물원이나 박람회에서 아프리카 등 식민지의 '원주민'들을 데려다놓고 전시했다.[30] 이 원주민들이 요구받은 것은 원시에 대한 '연기'였다. 날고기를 먹지 않는 원주민들도 그들이 '원시'라는 것을 보여주기 위해 날고기를 먹는 시늉을 했다. 이처럼 동물원의 가장 큰 미덕은 앞서 말한 것처럼 '하는 척'하는 것이다. 자연이 중요한 것이 아니라 자연보다 더한 자연을 재현하는 것이 동물원의 사명이다. 동물원은 리얼리티를 표방하는 볼거리이며, 이 볼거리는 현실 그대로의 것이 아니라 관객들의 기대에 부응하기 위해 기획자에 의해 조련되고 날조된 것이다. 동물원에 전시된 동물이나 원주민은 하나의 정체성이 아니라 역할놀이자로서 기능한다. 각자는 자기가 맡은 그 역할을 충실히 수행해야 한다.[31]

지금 우리가 사는 세상 또한 이처럼 이미 자기 자신을 전시해야 살아남을 수 있는 곳 아닐까. 현대인들을 소진시키는 '힘'이란 이처럼 과시하고 전시하는 '함'에 다름없다. 이 시대의 속물들은 하는 척한다고 바쁜 것을 '함'으로 착각한다. 자신이 진짜 원해서 하는 것이라고 생각한다. 또한 하는 척하면서 소진되는 것을 마치 세계와 자신이 불화하는 것이라고 오해한다. 앞서 수현이 타인과 다른 존재가 되고 싶어 일부러 동아리에 들어가고 어려운 책을 보며 공연과 집회를 다니면서 이러한 '소진된 삶'을 세계와의 불화라고 착각했던 것도 같은 사례다. 속물은 하는 척하느라 바쁘기 때문에 늘 자신이 심각한 질문이 있는 것처럼 위장하는 데에도 능하다. 세상과 불화하지 않으면서도 세상과 불화하는 척해야 하며 늘 '왜?'라는 질문을 던진다.

이 주제를 토대로 제법 오랫동안 진행한 공부모임의 참가자 중의 한분이 몹시 찔린다면서 자기가 아이를 대하는 태도가 정말 속물적이었다고 고백했다. 이 아버지는 자기는 자식에게 늘 최선을 다했다고 생각해왔는데 언젠가 아들에게 배신감을 느낀 적이 있었다고 한다. 학교에서 부모의 성격을 묘사해보라는 주문을 했는데 아들이 아버지인 자신을 가리켜 "게으르다"라고 썼다는 것이다. 이 글을 보고 교사가 걱정된다며 그에게 전화를 했고 그 전화를 받고 난 다음에 민망하고 부끄러워 어쩔 줄을 몰랐단다. 당시를 돌이켜 보면, 자기가 정말 아들의 말을 진지하게 받아들이고 왜 그렇게 썼는지를 물어보고 자신을 돌아봤어야 하지만 그때는 아들이 아버지인 자기를 '공개망신' 시킨 것으로밖에는 생각되지 않았다고 한다.

그후 그는 아들에게 자기가 게으르지 않다는 것을 증명하기 위해 무지 노력했다고 한다. 자신이 얼마나 부지런히 사는지를 애써 힘을 주며 아들에게 드러냈고 아들 역시 그렇게 부지런히 살아야 한다고 말하며 늘 감시했다. 다른 한편 아들에게는 성적을 낮게 받는 것은 학생으로서 게을러서 그런 것이라고 지적했고, 아침에 늦게 일어나는 것 또한 게으름 탓이라고 타박했으며 밥 먹을 때에도 군인처럼 빨리 먹어야지 천천히 먹는 것은 게으른 짓이라고 야단쳤다. 지금 생각해보면 유치하기 짝이 없지만 그때는 그게 자기가 게으르지 않다는 것을 증명하는 방법이었다는 설명이다.

당시 그는 아들이 아버지인 자신을 모독했다고 생각했기에 '게으름'만큼이나 '인성' 또한 강조했다고 한다. 아들에게 결여된 것이 아버지를 존중하는 법이라고 여겨 일부러 자신이 아플 때엔 안마하라고 시키고 술에 취했을 때엔 발을 씻기라고까지 요구했다. 그리고 그것이 다 아버지 자신을 위해서가 아니라 아들의 '인성'을 위해서라고 강조했다는 것이다. 그때 이 아버지가 강조한 인성이란 상대가 누구냐를 따지지 않고 다른 사람 모두를 평등하고 보편적으로 대하는 태도가 아니라 오로지 아버지인 자기를 대하는 태도였을 뿐이었다. 오로지 자신에게만 공손하고 도리를 다하는 것이 그가 말하는 인성이었다. 그가 말한 것에 빗대어보면, 속물에게 가치란 공적인 것이 아니라 사사로운 이익을 추구하기 위한 도구에 지나지 않는다.

아이러니한 것은 그가 아들에게 그렇게 요구할 때마다 그는 정작 티브이를 보면서 누워 있었다는 점이다. 가장 나태한 모습인 채로 아들에게 게으르지 말라고 요구한 것이니 아들이 보기에 얼마나 자기가 속물 같았겠냐고 되물었다. 나중에 알게 된 사실이지만 아들이 자기를 게으르다고 말한 것도 이런 이유였다. 아들이 보기에 집안일은 어머니가 다 했다. 아버지가 하는 일은 아무것도 없었다. 손가락 하나 까딱하지 않았다. 집에서 쉬는 날에도 어머니가 청소하면 아버지는 그저 엉덩이나 들썩거리며 옮겨주는 정도였다. 당연히 아들의 눈에는 그게 다 게으르게 보일 수밖에 없었는데 자신은 아들이 왜 그렇게 생각하는지를 물어보지도 않고(물어본다는 것 자체가 수치스럽다고 생각했기에) 아들에게 '복수'만 해댄 것이다. 그런 점에서 이 모든 것을 인성이니 교육의 이름으로 일방적으로 시킨 자신은 속물이며, 또한 이에 대해 아들이 유령처럼 아무 대꾸도 못하게 했으니 괴물이기도 하다고 고백했다.

유령, 질문을 할 수 없는 자들

전작 『교사도 학교가 두렵다』의 결론에서도 말했지만, 이 노동자의 아들 같은 유령들이 집단으로 거주하고 체계적으로 양성되는 곳은 학교다. 한국의 학교는 구성원의 질문이 체계적으로 제거되는 장소다. 질문하는 자들에겐 폭력이 행사된다. 그러다 보니 대학의 학부수업이나 외부 강연을 마치며 질문 있느냐고 물으면 대부분 꿀 먹은 벙어리다. 어색한 침묵이 흐른 뒤 그럼 수업을 마치자고 말하고 강의실 문을 나설 때에는 늘 찝찝하다. 강의가 잘 풀리지 않은 날의 수업에서는 말할 것도 없고 그들이 흥미진진하게 듣는 수업에서도 마찬가지다. 물론 다 알아들어서 질문이 없을 리는 없다.

이런 사정은 소위 성적이 좋은 학교라고 다르지 않다. 이들은 대체적으로 늘 '우수한' 학생들이었고 우수'해야' 했기 때문에 자신들이 우수하지 하지 않은 모습을 보이는 것에 대해 늘 경계하고 단속하는 경향이 있다. 바이올린을 한번 켜더라도 다른 사람 앞에서 보여줄 만큼 어느정도 자신있게 할 수 있기 전에는 절대 나서지 않는다. 질문할 때도 역시 '바보 같은' 물음은 절대 금물이다. 모르는 것을 질문할 때에도 '우수한 자'로 자신이 드러날 수 있는 것으로 골라야 비로소 말문이 트인다.

성적이 좋은 학생들은 사정이 나은 편이려나. 자신이 무엇을 물어야 하는지를 알 때엔 질문할 수 있기 때문이다. 하지만 성적이 낮은 친구들에게 이 질문의 순간은 영원히 도래하지 않는다. 성적이 낮더라도 수업을 듣다 보면 '저건 아닌데'나 '어 저건 왜 저렇지'라는 의문이 들게 마련이다. 그런데 많은 학생들이 그 순간 대부분 이걸 질문해도 되는지 안 되는지를 망설이게 된다고 말한다.

한국의 학교에서는 '그것도 모르느냐'라는 핀잔에서부터 '그걸 질문이라고 하느냐'라는 조롱까지 감수해야 겨우 질문을 꺼낼 수 있다. 다들 한번씩은 이런 '개망신' 당한 경험이 있고 결국 학교에서 배운 것은 '모르면 질문하면 안 되는구나'라는 교훈이었다.

질문할 수 없기 때문에 이들은 자기 존재를 드러낼 방법이 없다. 이들에게 허용된 말이라고는 배시시 웃는 것 말고는 없다. 지방의 한 소도시에서 중고등학교를 다닌 영선은 이들을 '영혼 없는 신체'라고 불렀다. 중학교 시절에 영선은 자신도 외지에서 전학 온 뒤 소외되어본 경험이 있기 때문에 괜한 정의감을 품고 성적이 낮은 친구들에게 말을 걸어본 적이 있다. 아무도 부르지 않는 그들의 이름을 영선이 부르면 그들은 초반에는 그저 배시시 웃기만 하지만 자주 부르게 되면 마음을 열었고 대화에 나섰다. 그러나 그 순간에 영선은 자신이 몹시 불편해졌다고 고백했다. "영혼이 없어야 하는 신체의 영혼이 부담스러운 것"이었다. 한편에서는 낯설고 다른 한편에서는 두려웠다고 한다. "이들의 세계로 빨려들어가면/추락하면 어떡하지 하는 마음"도 있었기 때문에 이들과 자신 사이의 허물어져서는 안 되는 다리가 허물어지려는 기미가 보이면 뒤로 피했다고 했다.

영선이 보기에 이들은 "조용히 꾸물거리면서" 다녀야만 하고 "조용히 눈에 안 띄게" 다녀야 했다. 옷을 입는 것도 마찬가지다. 다른 학생들이 교복을 줄이거나 늘리거나, 혹은 치마를 접거나 짧게 자르거나 하더라도 이들은 교복이 만들어진 그대로 입고 다녀야 할 뿐이다. 이들에게는 '변형'을 가하는 것이 허용되지 않는다. 변형을 가한다는 것은 그들이 어떤 능동성/주체성을 보이는 행위다. 이들이 이런 능동성을 보일 때 영선은 불쾌한 기분마저 들었다고 했다. "조용히 해야만 하는 그들의 교복 단이 올라가서 치마가 울어 있는 것을 보면 저 아이가 굉장히 오버를 하고 있다"라고 생각했으며 "일진의 저고리 같은 교복 재킷은 당연하며 심지어 미의 기준으로 받아들였으면서 이들의 사소한 교복 줄임 내지는 분칠, 입술을 빨갛게 칠하는 행위는 불쾌감을 불러일으키는 추의 기준이 되었다"라고 말한다. 이렇게 유령들이 자신의 존재감을 드러내는 것은 다른 이에게 추한 일로 여겨진다. 그래서 반드시 "사람들로부터 화를 불러"일으키게 된다. 누군가 유령의 금기를 어기는 순간, 재수 없는 케이스라면 단지 '조용한 아이'로 불리다가 엉겁결에 직접적인 괴롭힘의 대상이 되었다.

학교에서뿐 아니다. 사회 도처에 이런 유령의 삶을 강요받는 사람들이 있다. 거기 있되 아무도 그 존재를 눈치채지 못해야 한다. 그들에게서 철저히 가려져 있는 것은 바로 얼굴이다.

2012년 서울 마포구청에서 성소수자들의 현수막을 불허한 사건은 과연 누가 한국사회의 유령이며 그 유령의 특징은 무엇인지를 잘 드러내준다. 당시 '마포 레인보우 주민연대'라는 단체는 성소수자들이 우리 주변에 더불어 산다는 '평범한 사실'을 알리기 위해

구청에서 관리하는 게시대에 두개의 현수막을 걸고자 했다. 현수막의 글귀는 각각 "지금 이곳을 지나는 사람 열명 중 한명은 성소수자입니다" "LGBT, 우리가 지금 여기 살고 있다"이다. 그저 당신들 옆에 우리도 살고 있다는, 말할 필요조차 없는 '사실'을 알리는 내용이다.

마포구청 담당자는 이 현수막이 문제가 된다고 판단했다. 단체 활동가가 전해준 말에 따르면 구청 관계자는 이 현수막이 "청소년에게 유해하다"고 했고 "주민들이 혐오스러워할 수 있다"고도 했다. 첫번째 현수막에 그려진 사람이 '옷을 입고 있지 않다'는 것을 문제삼기도 했다. 궁금한 마음에 직접 그 현수막을 찾아봤다. 적나라한 나체 사진도 아니고 그림이며, 몸 전체도 아니고 단지 상반신이며, 키스하는 모습도 아니고 그저 서로 마주보는 모양새였다. 만약 저 그림이 혐오스럽거나 청소년에게 유해하다면 방송에 나오는 광고는 다 내려야 할 판이었다. 두번째 현수막에서 문제가 된 것은 '살고 있다'는 표현이었단다. 변명을 하다 '반말조'여서 문제가 된다고도 했단다. 이 말을 전하면서 활동가는 '지나가는 것'은 되는데 '살고 있다'는 것은 안 된다는 건 뭐냐며 어이없어 했다.

마포구청만의 문제가 아니다. 이 일이 문제가 된 다음 마포구청 게시판에는 현수막을 허용하지 말라는 글이 도배하듯 올라왔다. 이 작은 에피소드는 우리에게 정치란 무엇인가라는 의미심장한 질문을 던져준다. 우리는 으레 정치를 '말하는 행위를 통해 발화자의 요구를 전하는 것'이라고 생각한다. 최저임금을 보장하라 한다든지 등록금을 반으로 내리라 요구하는 것처럼 말이다. 그런데 이 현수막은 그 누구에게 그 무엇도 요구하지 않는다. 다만 존재한다는 것, 그 자체를 알리기만 할 뿐이다. 그럼에도 문제가 되었다. 바꿔 말하면 누군가에게는 존재를 알리는 행위 자체가 논란이 된다. 이들은 그저 "입 닥치고" "찌그러져" 살아야 한다. 당신이 어떤 존재인지 얼굴을 드러내지 말 것, 유령처럼 지낼 것, 그것이 마포구청의 요구인 셈이다.

얼굴을 부정당한 인간, 그 존재를 우리는 인간이라고 할 수 없다. 얼굴이 없다면 인간에게 남는 것은 '머리'뿐이다. 얼굴은 없고 머리만 있는 존재를 우리는 짐승이라고 부른다. 그래서 우리는 짐승의 머리를 인간의 머리와 달리 '대가리'라고 낮추어 부른다. 자기 존재의 희로애락과 경험을 타인에게 드러내며 타인에게 윤리를 요청하는 매개체는 바로 얼굴이다.[32] 나는 내 얼굴을 지니고 타인은 내 얼굴을 봄으로써 우리는 비로소 인간이 된다. 다만 '지나가는 자'는 얼굴을 볼 필요가 없다. 하지만 같이 '사는 자'는 우리가 일상적으로 마주치며 얼굴을 바라보아야 한다. '지나가는 자'는 되지만 '사는 자'는 안 되는 것이 바로 이런 이유 아닐까. 같이 살고 있다는 사실을 거부하는 순간, 얼굴을 외면한 사람은 온전히 비윤리적인 존재가 되어버리기 때문이다. 성소수자가 혐오스러운 것만큼이나 자신의 반윤리적인 모습을 대면하는 것이 싫었을 것이다. 이로써 자신이 윤리적이라는 것을 보여주기 위해 자신의 반윤리성을 폭로하는 얼굴을 철저히 지워버리는 '반윤리적 행동'이라는 역설이 가능해진다.

이러한 유령의 삶은 소수자들에게만 국한되지 않는다. 유령은 가족 안에서도 출몰한다. 앞서 제1부 3장에 등장한 혜민의 아버지가 대표적이다. 혜민의 아버지는 경제력이 없어 가족 내에서 존재감을 상실했다. 그로 인해 그가 가출한 것을 집에서 알아차린 사람이 아무도 없었다. 혜민 역시도 그의 부재를 '담배 수북한 재떨이'를 통해 뒤늦게 알게 되었다. 아버지에게 돈이란 곧 다른 가족에게 말을 걸 수 있는 유일한 언어였기에, 돈을 벌지 못한다는 것은 곧 다른 가족에게 말을 건넬 수 없다는 뜻이었다. 집에 있음에도 그곳에 있는지 없는지조차 인식되지 못하는 존재, 서로 한 공간을 공유하지만 나누는 말은 없는 가족, 이들이 서로에게 유령이 아니면 무엇이란 말인가.

이런 유령들이 박탈당한 또다른 것은 '만남'이다. 유령은 보이지 않는 존재이기 때문에 스쳐지나갈 수는 있지만 만날 수는 없다. 혜민의 아버지는 가족 안에서 고립된 존재이며, 영선의 "영혼 없는 신체"들도 학교 안에서 고립된 존재들이며, 성소수자들은 공공기관으로부터 다른 사람들을 만나지 못하고 고립되어 살도록 요구받은 존재다. 이런 고립은 앞서 이야기한, 내면을 지닌 자들의 고독과는 완전히 다르다. 고독을 통해 우리는 내적 성장을 꾀할 수 있지만 이 같은 외로움을 통해서는 자신을 비롯한 세계가 파괴되는 경험을 치르게 된다. 세계란 관계 내에서 만남을 통해 끊임없이 생겨나는 것인데 유령들은 그들이 들어갈 '사이-안'(in-between)에 있음에도 그 누구도 그것을 사이라고 인정해주지 않기 때문이다. 유령은 고독한 것이 아니라 고립되어 있으며 외롭다.

괴물, 질문을 파괴하는 자들

도처에 유령이 있다는 말은, 도처에 괴물이 있다는 말이기도 하다. 속물들이 자주 던지는 말이 있다. "사람은 못 되더라도 괴물은 되지 말자." 홍상수의 영화 〈생활의 발견〉에 나오는 유명한 대사다. 이 영화에서도 이 말은 화자 자신을 향하지 않는다. 다만 자신의 사람됨, 즉 사람이 되지 못함을 괴로워하는 척을 드러내며 자신을 곤란케 하는 다른 사람을 비난하기 위해 이 말을 쓴다. 이 말을 쓰는 순간 속물들은 속물이 아니라 그가 부정하는 괴물 그 자체가 된다. 다른 사람의 정당성을 파괴하여 말문을 막아버리고 유령으로 만들기 때문에 그렇다. 이 괴물들은 다른 사람들의 얼굴을 지워버리고, 그저 존재하게끔만 하며, 이들을 자신의 세계의 일부가 아니라 그저 도구로만 취급한다.

비정규직이나 감정노동 종사자들의 사용주들은 대부분 이들을 일회용품이나 자신의 몸종 정도로 여기는 경우가 많다. 학교에서 기간제 교사를 뽑는 권한은 전적으로 교장에게 있다. 교장이 기간제 교사의 생사여탈권을 쥐고 있다. 『교사도 학교가 두렵다』 집필 당시 큰 도움을 받은 한 교사가 경험한 교장은 그 지역에서 문자 그대로 '괴물'로 통한다. 이 교장은 기간제 교사를 뽑을 때 일부러 여러가지 서류를 요구한다. 자신의 권위를 세우기 위해서다. 수업 시연을 시켜보기도 하고 온갖 것을 요구하지만 정작 사람을 뽑을 때는 '관상'을 보고 뽑는다. 그 바람에 경력있는 교사가 떨어지고 이제 갓 대학을 졸업한 여교사가 기간제로 뽑힌 일이 있다. 그 교사를 뽑고 나서 교장이 입에 달고 살던 말은 "내가 너를 어떻게 뽑아줬는데"였다. 이 말 앞에서 이 여교사는 아무 말도 할 수가 없었다고 한다. 그 뒤로 일년 내내 교장은 이 기간제 교사에게 어처구니 없는 일을 지시했다. 그중에는 자기 밭에서 난 고구마를 사도록 종용한 일도 있다. 다른 정규직들이야 어이없어 하며 사지 않으면 그만이지만 이 여교사는 사지 않을 수 없었다. 이 여교사가 교장에게 '질문'한다는 것은 불가능했던 셈이다. 그녀는 시키는 대로 순종해야 했다. 그럼에도 불구하고 이 기간제 교사는 1년 뒤에 짤렸다. 교장이 마음에 안 든다는 이유로 일방적으로 계약을 갱신하지 않은 것이다.

이런 괴물들의 입장에서 본다면 유령들은 유령이 아니라 좀비로 보인다. 최태섭은 『잉여사회』에서 잉여들의 존재론적 위상을 일컬어 유령과 좀비라고 불렀다. 그가 말하는 좀비는 "영혼이 없이 오로지 식욕으로만 존재하는 육신"이다. 앞에서 영선이 말한 "영혼 없는 신체"와 비슷한 존재다. 이 좀비들은 "약간의 보호용 구속구만 착용시키면 단순노동에 매우 적합한 존재"들이다. 찰리 채플린의 〈모던 타임즈〉에 등장하는 노동자들이나 핑크 플로이드의 〈The Wall〉에서 일렬로 통조림이 되어 행진하는 학생들이 이런 전형적인 좀비들이다. 그래서 최태섭은 "매일같이 피곤에 찌들고 시키는 대로 일하면서 쥐꼬리만 한 돈을 받아 먹고살겠다고 발버둥 치는 우리" 모두가 좀비라고 말한다. 좀비와 인간을 구분하는 것은 무의미하다는 것이다.[35]

이 괴물들은 산 사람의 세계만 파괴하는 것이 아니라 죽은 사람의 세계도 파괴한다. 산 사람뿐 아니라 '죽은' 사람도 남아 있는 사람들 '사이'에서 기억될 때에만 비로소 '사람'이 된다. 사람이란 살아 있는 생명체를 가리킬 뿐 아니라 사람과 사람 사이의 만남에 놓인 존재를 말하는 것이기 때문이다. 따라서 조문(弔問)은 만남을 통해 죽은 이의 부재를 확인하는 과정이며, 또한 산 사람들 사이에서 그를 되살리는 일이다. 애도는 망자(亡者), 즉 죽은 이가 망자(忘者), 즉 잊힌 이가 될 때까지 그를 기억하는 고통과 슬픔의 시간이다. 그를 기억하는 살아남은 자들이 얼굴을 마주 보고 서로의 고통을 나누며 망자를 그들 사이에 묻는 것이다.

여기서 잠시, 뒤의 4장에서 살펴볼 한진중공업 故 최강서 씨 이야기를 꺼내보고자 한다.(본서 213~16면 참조) 그가 자살한 뒤 그의 시신은 조문과 애도를 통해 그를 기억해야 하는 사람들 사이의 만남 속에 놓이지 못했다. 그 대신 그가 "집보다 더 많은 시간을 보낸 공간"이었던 한진중공업의 정문 부근 땅바닥 위에 놓여 있었다. 유족들에 따르면 회사 측은 "말로는 유가족들에게 심심한 애도를 표한다"라면서도 "회사의 책임있는 사람들은 절대 얼굴을 보이지 않"았다. 상실로 인해 고통받는 두 얼굴이 만나는 것이 조문이라면, 사측은 얼굴을 보이지 않고, 즉 유족의 고통에 찬 얼굴을 대면하지 않음으로써 스스로가 망자를 사이에 둔 상실의 당사자 한쪽임을 외면한 셈이다. 죽고 난 다음에도 그들은 상대방의 얼굴을 보지 못하며 과거를 부정당하고 미래에서조차 잊힐 것을 강요당한다. 과거와 현재, 미래의 모든 시간에서 최강서 씨는 그들에게는 세계의 일부였던 적이 없다. 그저 돈벌이 도구였다. 가장 비극적인 것은 회사 측이 만남을 거부하는 동안 유족들은 관을 열어 드라이아이스를 부으며 망자의 얼굴을 대면해야 했다는 점이다. 이 고통을 강요한 자들이 괴물이 아니라면 누가 괴물이란 말인가?

그러나 이런 괴물은 저 멀리 있는 것만이 아니다. 타인의 고통을 외면하고 그 고통을 불가피한 희생이라고 말하는 순간 우리 모두 괴물이 된다. 내가 여기서 말하는 '인간/속물/동물/유령/괴물'은 존재나 유형이 아니라 관계의 문제 요소다. 관계에 따라 누군가에게는 속물이 되고 누군가에게는 괴물이 된다. 앞서 영선의 사례를 떠올려보자. "영혼 없는 신체"인 친구들이 조금이라도 자기 말을 하는 순간 그녀는 불쾌감을 느꼈다. 그때의 영선은 곧 괴물이다. 또한 앞서 언급한 '게으른' 아버지가 아들에게 아무 말도 하지 말고 자기가 시키는 대로 할 것을 강요했을 때 그는 아들의 입장에서는 괴물이다. 이들은 자신이 파괴하는 대상을 그저 도구로밖에 여기지 않기 때문에 결코 그 입장에서 생각하지 않는다.

한나 아렌트는 재판 내내 '상부의 명령에 충실했다'라는 말만 반복한 나치 전범 아돌프 아이히만을 직접 지켜보며 '평범한 악'이라는 말을 만들어냈다. 아렌트에게 아이히만의 말은 자신이 하는 일에 대해 한번도 자기 생각을 가져보지 못했다는 고백과 다름없었다. 전범재판의 판결과는 별도로, 아이히만의 죄는 바로 그저 시키는 대로 모든 것이 불가피하다고만 말할 뿐 자기가 '최종처리'한 유대인의 입장에서는 단 한번도 사태를 생각해보지 못한 것이다. 이처럼 남의 입장에서 생각하지 못하고 타인의 희생을 불가피하다고 정당화할 때 우리 모두는 아이히만처럼 끔찍한 괴물이 된다. 악은 멀리 있는 것이 아니다. '희생은 불가피하다'라는 말에 동의하고 자신만의 안전을 도모하며 타인의 고통에 침묵할 때 우리는 제 이웃을 뜯어먹으며 외면하는 괴물이 된다.

2011년 후꾸시마사태 이후 일어나는 일들 또한 우리 모두를 괴물로 만들고 있다. 모두들 자기 몸의 안전은 걱정되어 그동안 잘 먹던 생선도 먹지 않는다. 세슘이니 뭐니 각종 수치들을 줄줄 주워담으며 이런 것 하나 제대로 처리 못한다고 이웃나라를 타박한다. 전세계 어느 나라보다 안전관리에 능한 나라라고 하더니 그것이 다 허상이었다며 고소해하기까지 한다. 그러나 그 나라보다 안전관리가 더 허술한 자국에 원전이 '눈 뜨면 하나씩 들어서는 것'에 대해서는 무감각하다. 또한 그 원전에서 만들어지는 전기를 자기 집으로 끌어오기 위해 남의 살림터에 송전탑을 세우는 것은 국가발전을 위해 불가피한 일이라고 말한다.

경남 밀양의 송전탑이 위협하는 것은 해당 지역 주민들의 정신건강뿐만이 아니다. 한전은 공식적으로는 송전탑이 주민들의 건강을 위협한다는 과학적인 증거가 없다고 말했지만 『경향신문』에 따르면 "765㎸ 송전선으로부터 80m 이내에 거주할 경우 어린이의 백혈병 발병률이 3.8배가량 높아지는 수준의 전자파에 노출되는 것으로 나타났다"라고 한다. 한전 외부의 의견이 아니라 내부 문서에 쓰인 그대로다.[34] 이런 송전탑이 주택이나 농경지, 그리고 주민과 아이들이 일상적으로 다니는 길 위로 지나갈 예정이라고 한다.

울리히 벡은 현대를 가리켜 위험사회라고 불렀다. 위험사회에서는 위험을 어떻게 배분하는지에 따라 '계급'이 결정된다. 사회발전의 이면에는 그 '발전'이 만들어내는 위험을 고스란히 떠맡는 사람들이 있다. 노동경제학자 류동민의 말을 빌리면 이익은 위로 가고 위험은 아래로 분배되는 것이 이 사회의 특징 중의 하나다. '풍요로운 전기'라는 환상은 정부에 의해 전기를 파격가로 공급받는 기업인들이나 누리는 것이고, 그 전기를 생산하기 위해 발생하는 위험은 고리·밀양 같은 변두리 지역민의 몫이 된다. 자신의 편리를 위해 다른 사람을 위험으로 몰아넣고 그것을 불가피하다고 말할 뿐이다.

밀양의 송전탑은 이처럼 우리 사회가 양극화되는 또다른 방식에 대해 생각하게 한다. 경제적 양극화뿐만이 아니라 안전과 위험 면에서도 양극화가 진행 중이다. 사회의 한쪽에는 안전이, 다른 한쪽에는 위험이 배분된다. 2012년 박근혜정부가 태어날 수 있었던 것은 이들이 안전에 대한 요구에 화답했기 때문이다. 박근혜 대통령은 불량식품과 성폭력 등을 국민의 안전을 위협하는 4대 악으로 규정하고 이것들을 추방하여 안전을 도모하겠다고 공약했고 이것은 일상이 불안이 된 '국민'들의 마음을 파고들었다. 그러나 다른 한편에서는 고리나 밀양 같이 위험만을 배분받은 지역이 있다. 이 지역의 사람들은 '안전'의 추구라는 국가의 통치로부터 소외되고 배제된 이들이다.

이 양극화가 더 고약한 것은 다른 이들의 위험을 댓가로 안전을 보장받은 '국민'들 또한 야차(夜叉, 모질고 사나운 귀신)로 만들어버린다는 점이다. 밀양의 송전탑에 대해 사람들은 어쩔 수 없는 희생이라고 말한다. 대도시에서 전기를 누리려면 어쩔 수 없다고 말이다. 삶의 터전이 파괴되는 밀양의 주민들은 '안됐지만' 대의를 위해 희생해야 한다고 여기고 그들의 고통을 외면한다. 이처럼 세상이란

게 누군가의 희생으로 돌아간다는 것을 당연하게 받아들이게 되는 순간 인간은 남의 생명을 뜯어먹고 사는 것에 대해 일말의 괴로움도 느끼지 못하는 야차가 되고 만다. 이것은 인간 본성의 문제가 아니다. 백성의 한쪽은 먹이로, 다른 한쪽은 괴물로 만드는 것은 다름 아닌, 위험과 안전으로 양극화하여 통치하는 국가다.

제2장

소통
위로를 구매하라

교사 김도균 씨는 자신이 학교에서 '적적함'을 느낀다고 고백한다.[1] 재직 초기에는 같은 학년 교사들이 쉬는 시간에 모여 차를 마시는 티타임이라는 것이 있었는데 그는 거의 참석하지 않았다. 이 런저런 "쓸데없는" 이야기를 나눈다고 "수업시간도 잡아먹기가 일쑤"였기 때문이다. 그런데 근래 들어 그는 "아이들이 다 돌아간 교실에 덩그러니 혼자 앉아 있다 보면 이 큰 학교 안에" 자신이 "망 망대해에 떠 있는 작은 섬 같단 생각을 할 때"가 많다. 바로 옆 교실의 교사와 학생들이 "대체 무슨 생각을 하면서 살고" 있는지도 알지 못한다고 토로한다. "교사와 교사 사이에는 눈에는 보이지 않지만 신성불가침의 영역과도 같은 두꺼운 벽"이 가로놓여 있다고 느낀다. 교사와 교사 사이뿐 아니라 교사와 학생, 교사와 학부모 간의 관계도 마찬가지다. 나는 이 교사들을 만나 이야기를 나누면서 이 고립감과 무기력함의 바닥에는 학교 내에서 맺는 관계가 점차 무관해지는 현실이 깔려 있음을 알 수 있었다. 학교생활이 "서로 이해관계는 첨예하지만, 정서적으로는 무관한" 인간집단들의 일상이 되어가는 것이다.

김도균의 글에 대해 또다른 교사는 학교가 소통부재의 상황에 처해 있다고 단언한다.[2] 교사들 사이에 벽은 높아져 "업무분장이 되었든 교과수업이 되었든 내 문제 이외에는 관심을 두려 하지" 않는다. 일반적인 교무실뿐만 아니라 전교조에서도 '의례적인 인사나 가벼운 신변잡기'만 나누려고 하지 "슬픔이나 분노에 대해 이야기하지 않으며 예민한 사안에 대해서는 애써 토론을 피하는" 지경에 이르렀다고 털어놓는다. 그 결과 "정작 수업을 위한 자발적인 소통과 논의는 뜨겁지 않은" 상태가 되었다. 교사들이 더이상 공적인 공간에서 교사로서의 자신의 삶에서 가장 중요한 문제에 대해 속내를 드러내지 않는다는 것이다.

교육현장뿐만이 아니다. 가족과 직장, 학교에서부터 정당과 국가에 이르기까지 한국사회에서 가장 문제가 되는 단어를 꼽으라고 하면 단연 '소통'일 것이다. 대통령에 대한 평가에서부터 학교폭력에 이르기까지 한국사회는 어떤 사건이 벌어지면 늘 '소통'이 문제라고 진단해왔다. 『경향신문』은 2009년 「한국사회, 소통합시다」라는 흥미로운 특별기사를 기획했다. 11회에 걸친 대대적인 연재를 통해 이 신문은 한국을 '불통공화국'이라고 명명했다. 실제로 이 신문이 집권층의 소통능력에 대해 평가한 결과 100점 만점에 30점도 채 되지 않는 낙제점이 나왔다. 한국사회를 지배하는 것은 소통 대신 불통과 적대라는 지적이다.

이 기사는 소통이 되지 않는 이유에 관해 상대방과의 차이를 인정하지 않고 반대의견을 관용하지 않기 때문이라고 말한다. 특히 한국처럼 승자가 모든 것을 독식하는 사회에서는 소통이 미덕이 아니라 거추장스러운 방해물이 될 뿐이다. 여기서 더 나아가 강준만은 불통의 원인으로 이념적 극단주의, 서열주의, 중앙집권주의, 지도자 추종주의, 각개약진 등을 지목했다.[3] 모든 것이 극단적으로 이분화·위계화된 사회에서 소통을 한다는 것 자체가 큰 의미가 없다는 것이다.

소통하느냐 아니냐에 존폐를 건 사회

우리는 왜 이렇게 소통을 마치 만능열쇠처럼 생각하게 되었을까? 가장 근본적으로는 인간의 실존적 측면이 소통을 필요로 한다는 점을 생각해볼 수 있다. 인간은 혼자서는 결코 자신의 얼굴을 볼 수 없다. 인간이 자신의 얼굴을 보기 위해서는 자신을 비춰볼 수 있는 다른 존재, 즉 거울이 필요하다. 철학에서는 이런 거울의 역할을 맡은 존재를 타자라고 부른다.

사랑에 빠진 사람이 사랑하는 사람을 바라볼 때 그의 눈을 보는 것은 그가 정말 나를 사랑하는가 아닌가를 의심하고 확인하고자 하는 것도 있겠지만, 그의 눈동자 속에 오롯이 담겨 있는 자기 자신을 바라보는 것이기도 하다. 이처럼 나는 타자를 통해서만 스스로를 볼 수 있으며, 타자라는 그릇에 담겨 있을 때에만 내가 될 수 있다. '내가 남을 만나는 것'이 아니라 '남을 만날 때 비로소 내가 되는 것'이다. 타자를 보고 느끼고, 타자를 통해 자신을 만들어가는 일체의 과정을 우리는 소통이라고 부를 수 있다.

심지어 혼자 있을 때조차 이 타자는 제거되지 않는다. 아렌트를 비롯한 철학자들은 인간을 혼자 있는 순간조차도 홀로 있는 존재가 아니라 자신과 자신의 사이에 존재하는 기묘한 존재라고 보았다. 뭔가 기특한 일을 해냈을 때 스스로를 대견하게 여기며 칭찬해주는 다른 자신을 경험해본 적 있는 사람이라면 이해가 쉬울 것이다. 이것은 특히 명상같이 자기의 내면에 깊이 침잠해 있을 때 많이 경험하게 된다. 무엇인가를 하는 자신과 그 자신을 바라보는 또 다른 자신, 최소한 이 두개의 자신이 내면에 있음을 우리는 경험적으로 안다. 인간은 홀로 있을 때조차 혼자 있는 것이 아니라 두개의 자기 자신 '사이'에 있다는 말은 이런 경험들을 가리킨다. 이런 점에서 본다면 근본적으로 완전한 '고독'은 인간에게는 허락되지 않은 상태다.

소통이 필요한 이유는 바로 이 타자와 내가 동일한 존재가 아니라는 사실 때문이다. 타자와 나 사이는 거리가 떨어져 있는 만큼 '차이'가 있다. 두개가 다르지 않다면, 그래서 차이가 없다면 이 둘 사이는 딱 달라붙어 있는 것이고 굳이 이 '둘'을 둘로 구분하지 않아도 될 것이다. 그러나 '둘'을 둘로 구분한다는 것은 그 둘을 이루는 각각의 '하나'가 서로 다르다는 것을 의미한다. 그 둘은 서로 간의 간격이 제로가 아니므로 서로 다른 것이다. 다만 여기서 이 둘은 서로를 이해시키고 설명할 필요가 있는데, 바로 그 둘의 거리가 무한대가 아니기 때문이다. 무관한 관계라면, 즉 거리가 무한대라면 서로 납득시킬 필요가 없다. 반면에 동일한 존재라면, 즉 거리가 제로라면 역시 서로를 이해시킬 필요가 없다. 그러나 거리가 제로도 무한대도 아니기 때문에 서로를 설명해야 한다. 소통은 이처럼 서로를 설명하는 일이다.

소통이란 참으로 기묘하고 신묘한 것이다. 'communication'이라는 영어 단어에서 엿볼 수 있는 것처럼 'com', 즉 공통의 것이 없다면 소통은 일어나지 않는다. 전작 『교사도 학교가 두렵다』에서 소개했던, 함경도 사람과 경상도 사람 간의 대화를 다룬 우스개가 있다. 경상도 사람이 먼저 '저게 뭐꼬'라고 묻자 함경도 사람은 '뭐꼬'가 뭔지 몰라 '뭐꼬가 무시기'라고 되묻는다. 그러자 이번에는 경상도 사람이 '무시기'가 뭔지를 몰라 '무시기가 뭐꼬'라고 묻는다. 다시 함경도 사람은 '뭐꼬가 무시기'라고 되물으면서 이 둘의 질문은 무한 반복되다 결국 주먹다짐으로 귀결된다. 이 우스개처럼 공통의 것이 존재해야 소통이 생겨난다.

다른 한편 소통은 '차이'에 기반을 두지 않으면 발생하지 않는다.[1] 부처님이 중생에게 설법하시다 꽃을 들어 보였다. 이를 보고 제자 가섭이 빙긋이 웃었다는 데서 유래하는 염화시중(拈華示衆)의 미소처럼, 말하지 않고서도 모든 것을 다 알 수 있다면 우리는 결코 소통하지 않을 것이다. 이처럼 소통은 '공통의 것'과 '차이', 두 가지 모두에 기반을 두어야 하는데, 이는 곧 둘 사이에서의 줄타기가 되는 셈이다. 따라서 소통이란 서로의 차이 안에서 공통의 것을 끊임없이 만들어가는 과정이다. 공통의 것이 없어도 소통은 일어나지 않으며, 차이가 없어도 소통은 일어나지 않는다.

이 차이를 서로 교환 가능한 것으로 만드는 '공통의 것'은 하나의 매개체 역할을 한다. 그렇다면 일상에서 우리가 만나는 가장 중요한 매개체는 무엇일까. 돈, 법, 그리고 말 아닐까. 돈은 우리의 노동을 양적인 것으로 환산하여 매개한다. 내가 얼마나 뼈 빠지게 고생해서 번 돈이건, 그 돈을 벌기 위해 어떤 굴욕을 감수했건, 돈이 돈인 것은 그 안에 나만의 독특한 기억이 삭제될 때다. 말 역시 마찬가지다. 이런 점에서 매개체라는 관점으로 본다면 근대란 하나의 국가 안에서 교환 가능한 보편적 매개체로서의 법과 화폐, 그리고 '말'의 탄생을 의미한다. 소통이라는 관점에서 본다면 근대사회란 그것이 공적이건 사적이건, 사람과 사람 사이의 관계에서부터 국가의 대소사를 말로 해결하는 사회다. 아주 단순하게 말하면 법—법도 말로 되어 있다—보다 주먹이 아니라, 말이다.

말로 해결하는 사회, 이것이 근대국가의 특징이며, 이 말을 통해 사회문제를 해결하는 과정의 토대를 흔히 공론장이라고 부른다. 찰스 테일러(Charles Taylor)는 공론장을 "사회 구성원들이 다양한 미디어를 통해 서로 만나고 공통의 이해관계가 걸린 문제들을 토론하며 그에 관해 공통의 의견을 형성할 수 있는 공간으로 여겨지는 하나의 공통 공간(a common space)"이라고 규정한다.[5] 여기서도 너의 것도 아니고 나의 것도 아닌 '공통의 것'이 강조된다는 점을 주목하자. 소통한다는 것은 바로 이처럼 공론장이라는 공통의 공간을 끊임없이 만들어가는 과정이다.

물론 이 공론장에서 나오는 별개인 사회문제만을 다루는 것은 아니다. 오히려 바우만에 따르면 공적 공간이란 "개인의 고민과 공공의 현안들에 대해 만나서 의논하는 장소"다. 즉 이곳에서는 사적인 문제와는 별개로 공적인 이슈들만 다뤄지는 것이 아니다. 이곳은 "사적인 문제들이 공적인 이슈들을 다루는 언어로 새롭게 해석되고 사적인 곤란들에 대해서 공공의 해결책을 모색하고 조정하며 합의"하는 공간이다.[6] 사적인 일상과 공적인 토론이 별개의 것이 아니라 사적인 일상에서 겪는 여러 어려움들을 공적인 언어로 바꾸어내는 것이 바로 공론의 과정이다. 따라서 '말로 하자'라는 근대의 이상은 근대사회가 공론장의 존재유무에 존폐를 건 사회라는 사실을 단적으로 드러내준다.

"왜 아무도 내 말을 들으려 하지 않죠"

한국처럼 특히 독재체제를 오래 거쳐온 사회일수록 소통과 공론 장을 신성시하는 경향이 있다. 조금만 눈을 돌려보아도 정치에서 뿐만 아니라 소규모 단체, 혹은 개인의 일상생활에서까지도 소통은 참여와 민주주의의 문제로 받아들여져온 것을 알 수 있다.

얼마 전 지방의 한 시민단체 강연에서의 일이다. 앞서 제1부 2장에서 언급했던 '사냥꾼의 시대'에 대한 강의였다. 한시간 반 강의를 마치고 질문을 받으려는데 문제가 발생했다. 한분이 손을 들고는 질문을 하겠다며 10분 넘도록 자기 이야기를 쏟아냈다. 강의와는 별 연관이 없는 내용이었다. 말이 5분을 넘어가자 다른 청중들이 슬금슬금 짜증내기 시작했다. 젊은 친구들은 스마트폰을 꺼내기 시작했고, 나이 드신 분들 중에서는 뒷문으로 나가는 분들도 있었다. 이에 "좋은 말씀이다. 그런데 질문의 요지만 간략하게 말해 달라"고 주문했다. 그러자 그분은 잠시 당황하더니 "이 시대가 폭력적이라고 하지만 자기가 볼 때는 명백히 과장"이라면서 "자기가 화염병 던지고 돌 던지던 그 독재시절이 정말 폭력의 시대"이며 그에 비하면 "지금 청년들의 불평은 호사에 가깝다"고 했다. 청중과 논쟁할 공간은 아닌 것 같아 에둘러 다른 이야기를 했다. 그러자 이 분이 다시 손을 들고는 또다시 자기 이야기를 장황하게 늘어놓았다. 이미 청중의 반 이상이 나갔고 주최 측은 당황하여 그분을 제지하려 했다. 그러자 그분은 외려 화를 내며 이렇게 말했다. "왜 아무도 내 말을 들으려 하지 않죠? 제 말을 들으세요!"

강의가 끝났지만 시간이 너무 늦어져 서울로 올라오는 것을 단념하고 그 단체 활동가들과 함께 밤을 새며 뒤풀이를 했다. 활동가들의 애환 섞인 말이 쏟아졌다. 그중에서도 그들이 말한, 최근 나타난 묘한 현상이 흥미로웠다. 과거에는 이런 강연회를 개최하면 어떤 사람들이 오고 어떤 이야기가 오고갈지가 예측되었다. 그런데 언제부터인가 강연에 오는 사람들이 들쭉날쭉이라 무슨 돌발상황이 벌어질지 몰라 가슴이 조마조마하다는 것이다. 어떤 때는 아무런 질문 없이 싱겁게 끝날 때도 있지만 어떤 때는 오늘처럼 도무지 '정체를 알 수 없는 사람'이 나타나 질의응답 시간을 독점하면서 자기 이야기를 늘어놓거나 강사와 싸움을 벌이기도 한다는 것이다. 그런 일이 한번 있고 나면 다음 번 강의에서는 청중 수가 확 줄어든다. 결국 어떤 강사를 초청할까만큼이나 어떤 사람들이 청중으로 오는가가 행사의 성패를 좌우하는데, 후자는 자기들이 도저히 어쩌지 못하는 경우라 고민이라는 것이다.

그럼 질의응답을 없애는 것은 어떨까. 이렇게 물어보자 활동가들은 절대 그럴 수는 없다고 고개를 저었다. 실무자들 스스로도 그런 방식의 교육과 진행은 너무 일방적이라 시대 분위기에 위배된다고 말했다. 학교의 일제식 수업방식도 해체되고 바야흐로 모둠 토론이나 수행평가가 강조되는 마당에 자치·참여·소통을 강조하는 시민단체에서 그런 일방적 소통으로 행사를 진행할 수는 없으리라. 될 수 있는 한 많은 참여자들이 많이 이야기를 하는 것이 참여이고 소통이며 시민단체의 기본일 것이다. 소통을 확장하는 방식으로 일을 도모해야지 문제가 있다고 해서 소통 자체를 막아버려서는 안 된다는 것이다.

이런 분란은 시민단체뿐 아니라 도서관이나 학교, 정당 등 어디를 가더라도 마찬가지다. 특히 문제가 되는 곳은 각 단체나 기관들이 만들어놓은 홈페이지 같은 사이버공간이다. 담당자에게 질문하고 난 다음에 바로 답변을 받지 못하면 속된 말로 '난리가 난다'. 아래로부터의 의견에 귀 기울인다고 하더니 어떻게 된 것이냐라는 항의부터 '권력을 잡더니 마음이 변했다'라는 말까지 온갖 험한 소리가 난무한다. 실무 담당자가 대답을 하면 답변이 부실하다고 또다시 질문한다. 이런 문답을 유심히 보면 대부분 소통을 통해 이야기가 심화되지 않고 무한 반복되는 경우가 잦다. 결국 담당자가 지쳐 답을 더이상 하지 않게 되고 질문자는 여전히 공세를 펼치며 소통을 중시하지 않는다고 비난하며 막을 내린다. 이처럼 많은 경우 소통을 중시하면서도 막상 소통의 공간을 만들면 원활한 소통보다는 짜증과 난장판만 벌어지는 것이 현실이다.

이는 한국이 오랫동안 일방통행의 독재와 권위주의 시대를 거쳐 온 것과 밀접한 연관이 있다. 멀리 갈 것도 없이 대다수의 우리가 젊은 시절을 보낸 학교 사례를 떠올려보면 잘 알 수 있다. 독재 시절에는 전국의 모든 '국민학생'이 아침 9시면 운동장에 보여 국민의례를 치렀다. 3월이 되면 "개구리 하품하고 꽃망울 터져나오는 새봄을 맞아"로 시작하는 교장의 훈화말씀을 열중쉬어 자세로 들어야 했다. 교장이 무슨 말을 하는지는 하나도 중요하지 않았고, 단지 그 자리에 서 있는 것이 중요했다. 말을 통해 의미를 전달하는 것이 아니라 말하는 자의 권력에 복종하는 몸을 만드는 것이 더 중요한 시절이었다. 권력은 이처럼 사람을 언제나 '말할 수 있는 자'와 '그 말을 군소리 없이 들을 수 있는 몸을 가진 자'로 나누었다.

당시에 말은 곧 권력이었다. 따라서 몸으로만 존재해야 하는 사람이 말한다는 것, 특히 말하는 자의 말에 이의를 제기한다는 것은 곧 권력에 도전하는 불온한 일로 비쳐졌다. '막걸리 보안법'이라는 말에서도 알 수 있는 것처럼 술에 취해 토로하는 말까지 검열되고 처벌받았다. '말 많은 빨갱이'라는 표현이 보여주는 것처럼 가장 불온한 것은 말이었다. 따라서 체제유지의 정당성을 갖추지 못한 독재정권은 시대와 역사를 초월하여 사람들이 모여 말하는 것을 가장 두려워했다. 뜻을 따지는 머리와 말하는 입이 아니라 듣고 순종하고 외우는 몸을 만들기 위해 교실에서부터 반상회에 이르기까지 모든 말은 그저 따라야 하는 지시에 불과했다. 여기서 한발 더 나아가 말의 뜻 또한 중요하지 않았다. 뜻이 무엇인지를 따지는 것은 오히려 더 위험했다. 그저 외워야 했다. "우리는 민족중흥의 역사적 사명을 띠고" 따위의 국민교육헌장을 무조건 외워야 했던 것처럼 말이다.

권위주의적 권력을 해체한다는 것은 결국에는 말할 수 있는 기회와 권력을 다른 사람들이 비로소 나눠가진다는 것을 의미했다. 이런 점에서 본다면 지금의 우리가 소통의 의미와 그 한계를 따지기 이전에 무조건 소통을 신성시하려는 이유가 무엇인지를 알 수 있다. 앞서도 이야기한 것처럼 소통은 곧 민주주의와 참여를 상징한다. 누구나 말할 수 있고 이의를 제기할 수 있는 것이 민주주의다. 지금의 권력이 진 가장 큰 의무는 누구나 그 운영에 참여할 수 있도록 보장하는 것이며, 이로써 권력은 민주주의적 정당성을 확보하게 된다. 권위주의를 해체하는 것이 곧 민주주의로 이해되는 시절이 된 것이다. 따라서 자신들이 독재가 아닌 민주주의 세력임을 보이기 위해서라도 그것이 아무리 형식적이라 하더라도 소통의 시공간을 배치하지 않을 수 없는 것이다.

소통을 이처럼 강조함에도 왜 민주화 이후에 소통이 어려워지고 도리어 소통이 단절되고 '불통사회'라는 말까지 나오게 되었을까. 여기에는 오랜 권위주의 시절을 거치면서 우리가 경험해온 '소통의 배신'의 역사가 자리한다. 한편에서는 승자가 모든 것을 독식해왔으므로 그들 스스로 소통을 불필요하고 거추장스러운 것으로 여겨왔다. 반대편에는 정치인들이 선거 때처럼 필요할 때엔 소통을 강조하면서 그때가 지나면 소통을 귀찮아한다는 것을 체득한 사람들이 있다. 그렇기 때문에 말을 해야 하는 위치에 있는 자들이 잠시만 침묵을 지키거나 대답하는 데 뜸을 들이면 곧바로 그가 등을 돌렸다고 판단하는 분위기가 팽배하다.

대표적인 것이 재개발사업 과정에서 겪게 되는 주민들 간의 분쟁이다. 재개발을 처음부터 주도하는 것은 으레 그 지역에서 방귀 좀 뀐다 하는 유지들이다. 이들은 사실 기존의 원주민들 특히 세입자들의 이야기에는 별반 관심이 없다. 관청과 시행사 등을 끼고 자신들의 이익만을 중심으로 일방적으로 움직이는 경우가 많다. 보상액 책정에서부터 업체 선정, 또한 설계에서 시공에 이르기까지 상상을 초월하는 이권이 걸려 있고 여기에서 떨어지는 이익이 막대하다. 그래서 이들은 자신과 업자의 이익을 중심으로 일을 처리하다 반대세력의 반발에 부딪힌다. 처음에는 이 반발을 무시하지만 점차 반대파가 세를 얻게 되면 이들을 매수하려 한다. 이런 시도는 대개 성공한다. 많은 재개발 지역에서 조합을 강력하게 비판하고 견제하던 반대파들이 총회나 대의원대회를 앞두고 매수에 넘어가 흔적도 없이 사라지는 경우는 비일비재하다.

이는 배신의 경험과 기억에서 비롯된 대표적 사례다. 이러한 일들이 반복되면서 권력을 쥔 자이건 그것에 대항하는 자이건 '권력'을 중심으로 움직이는 사람들은 다 도둑놈들이라는 경험적 지혜가 절대화된다. 심지어 그 세력이 권력저항적이라 하더라도 그들이 행사하는 또다른 권력 메커니즘에 대한 불신이 팽배해진다. 그 세력이 크든 작든 혹은 권력에 친화적이든 저항적이든, 언제 자신을 배신할지 모르기 때문이다. 이런 점에서 본다면 한국사회는 체제, 즉 씨스템에 대한 신뢰가 거의 제로에 가까운 사회다. 권력에 대한 불신이 씨스템 자체에 대한 불신으로 이어지는 것이다. 국회의원은 말할 필요도 없고 동사무소 말단 공무원에서부터 시민단체 활동가에 이르기까지 씨스템 안에 있는 사람들은 '말'을 묵살할 수 있는 권력을 지닌 사람들로 여겨진다. 사람들은 이들을 자기 이익을 위해 움직이지 주민들을 위하는 자들이 아니라고 생각한다. 그래서 누가 그 자리에 가더라도 일단 불신하며 그들의 일거수일투족을 이런 관점에서 해석한다.

우리가 근래 들어 더더욱 '말'을 신뢰하지 않게 된 이유가 바로 여기에 있다. 과거에는 말이 곧 폭력이었기 때문에 공포의 대상이었다면, 이제 말은 '사기'에 불과하다. 이전에는 말의 뜻을 새길 필요가 없었다면, 이제는 그것의 의도와 배후를 의심해야 한다. 또한 이전에는 권력자들이 우리로 하여금 말을 못하게 했다면, 이제는 그들이 우리의 말을 못 들은 척 묵살하고 있다고 생각한다. 이전에는 말을 못하게 하는 것이 가장 못 참는 일이었다면, 지금은 우리의 말을 듣지 않는 것이 가장 못 견디는 일이 되었다. 그리하여 '소통에 대한 요구'는 자연스럽게 말에 대한 요구가 아니라 존재에 대한 요구로 치환되었다. 소통은 권력·씨스템 바깥의 사람들이 그 안에 있는 사람들에게 휘두를 수 있는 유일한 '자해적' 권력의 도구가 되었다.

　이로써 씨스템 안과 밖의 소통은 근본적으로 불가능해진다. 한편에서 우리는 우리 스스로가 말할 권리를 가졌음에도 언제 어디서나 그 말이 무시당할 수 있다는 점을 체득해왔다. 권력을 못 가진 사람은 공론장을 끊임없이 요구하면서도 그 공론장을 신뢰하지 않는다. 아파트 입주자회의이건, 동네 반상회이건, 혹은 정당 내 투표나 선거 같은 국가적 사안이건 대다수 정치적 장에서 우리가 경험한 바가 바로 이것이다. 여기에 더해 사정을 더욱 악화시킨 것이 바로 소비자본주의의 급격한 성장이다.

소비자, 자해하는 '왕'

흥미로운 것은, 다른 한편에서는 우리의 말이 거슬릴 정도로 지나치게 경청되고 있다는 점이다. 소비자는 왕이기 때문이다. 고객센터나 혹은 관공서에 민원을 넣는 일이 있다고 하더라도 무시되는 일은 거의 없다. 내가 짜증내고 화내더라도 민원 접수인이 맞대응하는 일은 거의 없다. 내가 소리를 지르면 전화 받는 사람은 으레 "네네, 고객님. 많이 속상하시지요. 죄송합니다"라고 말하지 감히 내게 무례하다고 말하지 않는다. 아무리 무례하게 대해도 상대는 공손히 답한다. 이 과정에서 '소비자'로서의 우리는 거의 무제한적으로 말의 권력을 휘두른다. 바로 이 때문에 우리는 자신의 요구에 바로 응답이 오지 않으면 참질 못한다. '왕'인 소비자로서 우리가 바라는 것은 토론도 아니고 소통도 아니다. 다만 즉각적인 응답이다. 무엇을 문의하건 "빠른 답변 부탁합니다"라는 말을 꼭 덧붙인다.

많은 이들이 불편해하고 짜증스러워 하지만 "네네, 고객님"이라는 말은 결국 우리가 듣고 싶은 말 아닐까. 흔히 쓰이는 '힘없는 소비자'라는 말에 어쩌면 소통 붕괴의 답이 있을 것이다. 무력한 정치적 주체로서의 말과 무한대의 짜증을 부릴 수 있는 왕(소비자)의 말 사이의 분열과 간극에서 좀처럼 공론장이 열릴 틈은 없다.

'힘없는 소비자'에게 공론장이 열리지 않는 이유는 공론장이 지닌 근본적 특성 때문이다. 앞서 바우만을 인용하여 공론장이란 사회문제를 다루는 장이기만 한 것이 아니라 개인의 근심과 걱정을 공적 이슈로 전환하고 이를 새로운 언어로 해석하는 장이라고 말했다. 이를 위해서는 두가지가 필요하다. 하나는 자신을 드러내는 것이다. 사적인 근심걱정이 공적인 이야기가 되기 위해서는 반드시 자신을 드러내야 한다. 즉, 의견이 의견이기 위해서는 자신만의 고유함을 지녀야 한다. 따라서 공공적 공간이란 서로의 고유함이 담긴 이견들끼리 부딪치는 논쟁과 토론의 공간이다.

문제는 앞서 이야기한 것처럼 우리가 말을 불신한다는 데 있다. 특히 권력을 가진 자와 그렇지 않은 자 간의 소통 가능성에 대해서는 거의 신뢰하지 않는다. 이 장의 서두에서 이야기한 것처럼 교무실에서 교사들이 서로 이야기하지 않는 것, 특히 공적 토론에서 자신을 가급적 드러내지 않고 자기를 단속하려는 이유가 여기에 있다. 상황이 이렇다 보니 우리는 자기가 처한 삶의 현장에서는 절대 자신의 의견을 드러내거나 누군가에게 자신의 내밀한 이야기를 하는 것을 두려워하고 자기 스스로를 단속한다. 우선 무엇보다 우리는 '찍히는 것'을 두려워한다. 그것이 상대에 대한 사적인 문제 제기가 아니라 공적인 문제에 대한 이야기라 하더라도 상대는 자신에 대한 개인적인 공격으로 받아들이는 경우가 많다. 친밀한 관계에서도 "네가 나한테 어떻게 이럴 수 있냐"라며 섭섭해하거나 심할 경우에는 관계 자체를 끊어버리는 경우가 있다. 섣불리 조언했다가는 관계 자체를 망칠 수도 있기 때문에 아주 친한 친구관계가 아닌 다음에는 말을 아끼고 모른 척 넘어간다.

자신의 이야기를 그들에게 털어놓아 그들의 '심려'를 끼치는 것은 그들에게 폐를 끼치는 일로 여겨진다. 결국엔 미안한 마음에 속내를 털어놓지도 못한다. 겉으로는 서로 웃으면서 격려하고 잘 지내는 것 같지만 내면을 들여다보면 절대 서로 부딪칠 만한 일은 하지 않는다. 그렇다 보니 앞서 제1부에서 소개한 것처럼 한 교사는 학교에서 억장이 무너지는 일이 있을 때마다 동료 교사들이 아니라 '철학관'을 찾아가서 울며 호소한다. 자기가 상처받고 고통을 느끼는 공간은 학교인데 학교에서는 아무런 이야기도 못하고 자기 이야기를 들어줄 사람을 찾다보니 그게 '철학관'이더란 것이다.

친한 관계가 아니거나 위계적인 관계라고 한다면 문제는 더 심각해진다. '찍히면 곧 죽음'인 경우도 많다. 한 학생의 이야기가 인상적이다. 그 학생은 머리도 노랗게 염색하고 귀도 뚫은, 누가 봐도 '튀는' 학생이었다. 그런데 그 학생이 말하길, 삶에서 가장 중요한 것은 '튀지 않는 것'이란다. 주변 사람들이 어이없어 하자, 자기는 정말 튀지 않으려 노력한다고도 덧붙였다. 그 학생의 말에 따르면 튀면 밟히기 때문에 가급적 쥐 죽은듯 조용히 지내야 한다는 것이다. 겉으로는 요즘 젊은이들이 자기주장이 뚜렷하고 확실하다고 추켜세우지만 당사자가 자리를 뜨면 '역시 젊은 것들은 싸가지가 없다'라는 말이 나온다는 것을 그는 잘 알고 있다. 혹여나 문제제기라도 하면 삶이 아주 피곤해진다는 것이다.

얼핏 이 학생의 외모와 말은 완전히 모순되는 듯하다. 하지만 사실 이 학생은 세상을 아주 적절히 분할하여 대응해왔다. 외모에서 튀는 것은 개인의 취향일 뿐이다. 물론 우리 사회는 취향에 대해서도 대단히 억압적이지만 대체로 '문화적'인 현상으로 용인한다. 그러나 말은 다르다. 말은 문화가 아니라 정치 행위로 받아들여진다. 문화적으로는 다양성과 관용을 이야기하지만 정치적으로 튀는 것은 자기 스스로를 공적으로 드러내는 일로 꺼려진다. 이 학생은 사적인 공간에서는 튀지만 공적으로는 튀지 말아야 한다는 것을 어려서부터 터득한 셈이다.

우리 사회는 공적인 의견을 공공의 것으로 받아들이는 것이 아니라 자신의 인격에 대한 도전이라고 받아들여왔다. 부모나 노인들과 언쟁하다 보면 '어디 감히 부모에게'에서부터 '어디 나이든 사람에게'까지 지청구를 듣게 된다. 상대의 말을 의견으로서 듣는 것이 아니라 자신의 인격에 대한 모독으로 받아들인다. 회사나 학교에서도 마찬가지다. 후배의 의견에 대해 상사가 '무례'로 받아들이는 경우는 비일비재하다. 공공의 사안에 대해 공적으로 의견을 내놓은 것임에도 상사는 다른 모든 후배들 앞에서 자신의 권위에 도전하고 인격을 모독한 사건이라고 받아들인다. 대부분 그후에 상사가 자신을 바라보는 시선은 싸늘해지고, 회사를 다니는 것이 피곤해진다고 말한다.

그러다 보니 우리는 일상공간에서는 가급적 의견을 드러내지 않고 동료라 하더라도 조언과 충고를 삼간다. 삶의 공간과 이야기의 공간이 완전히 분리되어 있는 것이다. 요새 흔히 하는 말로 '멘붕(멘탈붕괴)'은 주로 삶의 공간에서 온다. 그런데 바로 그 공간에서 문제의 당사자와는 결코 얼굴을 마주하고 이야기를 나누질 못한다. 그랬다간 삶이 너무 피곤해진다는 것을 체득해왔기 때문이다. 그러니 자신이 이야기할 수 있는 다른 공간이 필요해진다. 이때 그 공간이 주어지면, 앞서 강연장에서 만난 청중처럼 우리는 그 공간을 독점하려 한다. 내 하소연을 들어주는 멍석이 깔리면 끝도 없이 푸념과 하소연을 펼쳐놓는 것이다.

구경거리 사회: 아무도 힐링되지 않는 힐링에 관하여

최근 '힐링' 열풍이 불면서 사람들이 폭발적으로 자기 이야기를 쏟아내고 있다. 이들의 말을 가만히 들어보면서 흥미로운 점을 발견했다. 그들의 말하기는 전혀 '초대의 말 걸기'가 아니다. 대학강사로 일하며 종종 이를 실감한다. 교사들을 대상으로 하는 어느 강의 때의 일이다. 자기주도학습의 문제점과 교사의 역할에 대해 논하는 자리였다. 강의가 끝나고 질의응답 시간이 되었지만 청중들은 그다지 적극적이지 않았다. 뒤이어 주최 측의 제안에 따라 뒤풀이가 열렸다. 그 자리에서야 비로소 참가자들은 입을 열고 이런저런 질문을 던졌다. 그러던 중에 한 참가자가 자기 하소연을 시작했다. 학부모와의 갈등에 대한 이야기였다. 자기가 한 학부모로부터 얼마나 지독하고 무례하게 스토킹을 당하고 있음에도 '수요자 중심 교육' 이후의 학교는 교사를 방어하는 데 너무나 무력하다는 이야기였다.

그 교사의 이야기는 지나치게 세세하고 길었다. 그의 이야기를 제지하는 사람도 없었지만, 듣고 있는 사람도 없었다. 하지만 내가 충격을 받은 것은, 내내 격정적으로 이야기하던 그 교사의 눈 때문이었다. 그는 삼십분 넘게 하소연하면서도 그동안 단 한번도 다른 이들을 쳐다보지 않았다. 자기감정에 도취되어 거의 눈을 감거나 천장을 바라보며 말하고 있었다. 그 앞에 누가 앉아 있는지는 전혀 중요하지 않았다. 내가 아니라 그 누가 앉아 있다 하더라도 그는 아마 같은 모습이었을 것이다. 상대와 눈을 마주치지 않고, 상대의 반응에 따라 바뀌지 않는 이야기, 그것을 대화라고 부를 수 있을까. 오로지 독백일 뿐이다.

얼마 전 어느 교육 관련 단체의 연수회 자리에서도 비슷한 일이 있었다. 자발적으로 모인 사람들이고 다른 모임에 비해 참가자들의 지적 열의가 비교적 높은 집단이었다. 그래서 주최 측에서는 연수를 준비하며 유명강사도 초빙하고 의견나눔의 시간도 만든다고 꽤 고심했다. 그런데 행사가 끝난 평가토론에서 참가자들의 불만이 제법 높았다. 참여와 소통을 중요하게 생각하는 단체의 강의가 주로 일방적으로 '가르치려 드는' 강으로만 채워진 반면 나눔의 시간은 상대적으로 너무 적었다는 것이다. 자신과 다른 이들의 이야기를 주고받으며 공감하는 것이 더 중요한데 그게 너무 적었다는 바람직한 불만으로 들릴 법하다.

내가 이 말을 흥미롭게 기억하는 이유는 그 모임에서 그들이 적지않게 이야기를 나누었던 것으로 알기 때문이다. 오히려 다른 한 참가자는 이 '나눔의 시간'이 지루하고 끔찍했다고 회상했다. 다들 돌아가면서 제 순서만 되었다 하면 '기다렸다는 듯이' 자기 하소연을 했지만 자기가 볼 때 그 이야기를 듣는 사람은 거의 없더라는 것이다. 다들 자기가 말할 차례를 기다리고만 있었지, 남의 이야기를 듣는 것 같진 않았다. 게다가 참가자들은 마치 그것이 새로운 주제인 것처럼 말했지만 자신이 보기엔 10년 전 이야기와 별로 다르지 않았단다. 나눔이라는 명목 아래 도돌이표처럼 같은 이야기가 반복되는데 도대체 무엇을 소통하고 있는 것인지 자기는 도저히 알 수가 없었다고 한다. 그래서 오히려 다른 참가자들이 말하는 그 '나눔'에서 자신은 절망감만을 느꼈다고 술회했다.

이 참가자의 말에서 우리는 소통이라는 것이 무엇이고 이야기를 나눈다는 것이 무엇인지에 대해 다시 생각해보게 된다. 흔히 '나눔의 시간'이라 하면 참가자들이 돌아가면서 제 이야기를 한마디씩 하는 것을 가리킨다. 그렇다면 이때 나누어지는 것은 무엇일까? 각자의 일상? 아니면 각자의 경험? 그렇다고 한다면 도대체 일상과 경험을 나눈다는 것은 무엇을 뜻할까? 일방적으로 한번 말해지고 마는 것, 그것을 경험의 나눔이라 할 수 있을까? 우리 사회에서 소통이 본연의 뜻을 잃고 난장판이 되고 마는 이유는 어쩌면 그 소통의 개념을 제대로 알지 못하기 때문 아닐까.

이들의 푸념과 징징거림에는 자기 말을 누가 듣는지에 대한 고려가 없다. 다만 자기 앞에 그 자리가 펼쳐졌기 때문에 상대가 누구인지와 상관없이 그저 자신의 말을 할 뿐이다. 하지만 상대를 고려하지 않는 말은 말이 아니다. 이는 이들의 '나눔'에 '나눔'이 없음을 보여줄 뿐이다. 말이 나눔이 되기 위해서는 자신의 근심과 걱정이 타자가 알아들을 수 있는 언어로 번역되어야 한다. 설사 그것이 사적인 투덜거림이라고 하더라도 자신이 겪고 있는 문제를 자신만이 아닌 모두의 이야기, 아니면 적어도 사회적 관심을 가질 만한 소재로 만들어내는 작업이 뒤따라야 한다. 내 이야기에 누군가 다른 이가 맞장구를 치며, 자신도 그렇다고 말할 수 있게 하는 것을 통해 사적인 근심과 걱정은 나 하나만의 문제가 아니라 모두의 문제가 될 수 있다. 이것이 바로 공적인 이야기를 만들어가는 과정이다. 사적인 투덜거림이나 징징거림을 그 자체로 나쁘다고만 할 순 없다. 다만 그 자체가 독백이 아니라 타인에 대한 말 걸기이며 자신의 경험을 나누기 위한 초대가 되어야 한다는 것이 관건이다.

이야기는 "전달하는 것"이 아니라 "나누는 것"이며 듣는 사람이 그 이야기에 "참여"할 때에만 계속 이어지고 풍부해질 수 있다.[7] 듣는 사람이 더이상 보탤 것이 없는 이야기는 이야기가 아니다. 이야기는 끊임없이 이어져야 한다. 이야기의 힘은 경험의 전승에서 나온다. 경험의 전승을 통해 개개인의 경험은 갱신되고 확장되며 연속성을 부여받으며 이로써 공동체는 지속 가능한 공간이 된다. 경험에 갱신이 일어나기 위해서는 그 경험이 이후의 경험을 이해하고 해석하는 틀이 되어야 한다. 이야기가 전승되면서 그 이야기가 우리 모두의 공동소유가 되는 것, 즉 듀이가 말한 "의사소통은 경험이 공동소유가 될 때까지 경험에 참여하는 과정"이 가리키는 바가 바로 이것이다.[8]

위로를 구매하는 시대에 살기

지금의 힐링 열풍에서는 다만 자기 이야기를 강박적으로 풀어놓아야 한다는 생각은 있을지언정 그것을 들릴 만한 이야기로 가공하는 수고와 노력을 엿볼 수 없다. 왜 그럴까? 그들은 돈을 주고 그들이 마음대로 떠들 수 있는 시간과 공간을 구매했다고 생각한다. 여기서 바로 우리는 공론장을 만들어 문제를 해결할 의지가 아니라 자신의 사적인 푸념을 일대일로만 풀어놓고 '힐링'하려는 소비자들을 만나게 된다. 대다수 사람들이 자신의 이야기에서 보편성을 발견하려 하기보다는 개별적인 상담만을 추구한다. 사적인 것을 공적인 것으로 전환하는 것이 아니라 사적인 것을 사적인 것으로 남겨놓은 채 개별적인 해결책만을 바란다. 그렇다면 이 '힐링과 다' 시대에 멘토란 뭘 하는 사람들일까. 그들은 개별적인 경험을 보편적인 것으로 이끌어내는 안내자가 아니라 어쩌면 개별적인 맞춤형 상담사에 불과한 것 아닐까. 이 시대의 멘토란 소비자가 구매한 세련된 시간제 점쟁이들에 다름없지 않을까.

'말로 하자'라는 근대의 이상은 이처럼 말에 대한 불신과 소비자주의에 의해 붕괴했다. 사실 말과 소통이 권력과 폭력을 대체할 수 있다고 생각한 것 자체가 어찌 보면 근대인들의 오만이고 착각이었는지 모른다. 말이야말로 폭력을 넘어서는 인간의 능력이라는 주장에 대해 슬라보예 지젝(Slavoj Žižek)은 바로 그 점 때문에 인간이 더 폭력적이라면 어쩔 것이냐고 응수했다. 사실 말이야말로 말할 수 있는 사람과 말할 수 없는 사람, 말로 인정받을 수 있는 말과 그렇지 않은 말이라는, 가장 근원적인 폭력 위에서만 폭력이 아닌 척할 수 있는 사악한 폭력일지도 모른다. 가까운 예를 들어보더라도 우리는 이미 학교에서 모범생의 또박또박한 말은 말로 취급되지만, 그렇지 않은 학생들의 말은 말로 취급되지 않으며 '제대로 말하란 말이야'라는 면박, 즉 폭력만 당한다는 것을 경험으로 알고 있다.

그러나 한국적 근대의 비극은 정작 다른 데 있다. 바로 '말이 곧 폭력'이라는 이 포스트모던한 깨달음을 우리가 소통을 거치지도 않고 곧바로 알아버렸다는 점이다. 따라서 우리는 말에 강박적으로 집착할수록 말에 대해 냉소한다. 그러면서도 말을 해달라는 요구가 얼마나 큰 권력인지는 소비자로서 또한 너무나 잘 알기 때문에 자해적으로 말을 활용한다. 그러나 이때, '힘없는 소비자'임을 강조하면서 듣지도 말하지도 않으면서 자신만을 바라봐줄 것을 요구할 때, 결국 칼 끝이 향하는 것은 그 자신이 아니라 말 그 자체일 것이다.

말이 폭력이라는 명제 또한 말을 해보고 나서야 그 한계를 깨달을 수 있다. 이를 깨달은 사회와 그렇지 않은 사회에는 큰 차이가 있을 것이 분명하다.

제3장

노동
타인의 고통을 외면하라

어린 시절부터 수애를 지켜봐왔지만, 그가 즐겁게 공부하는 것을 본 적은 한번도 없다. 다른 아이들보다 생각하는 속도가 약간 느리다는 이야기를 들어왔던 수애는 '빨리 빨리' 외우고 그 외운 것을 테스트하는 학교에서 살아남기에 부적합했다. 성적은 늘 하위권이었다. '나는 따라오는 놈만 가르친다'라는 지침을 공공연하게 드러내던 고등학교 담임교사에게 수애는 '버린 학생'이었다. 수애가 엎드려 자건 말건 상관하지 않았다. 사고만 치지 않으면 되었고 그런 학교생활에 수애는 적응해갔다. 전작『교사도 학교가 두렵다』의 표현대로 하자면 그는 교사들에게 "착한 학생"의 전형이었다. 교사를 보면 그저 배시시 웃으며 뒤로 물러났다. 교사들 역시 수애에게 다가오지 않았다.

수애는 학교가 나쁘다고 생각하지는 않았다. 중학교 때인가는 성적이 처진다는 것을 다른 동급생들이 안 뒤로 왕따를 당한 적도 있었지만 고등학교부터는 친구들과 노는 것이 즐거웠다. 학교에서는 친구를 만나거나 월요일마다 급식표를 체크하는 것이 일이었다. 물론 수업은 지겨웠다. 수업시간엔 늘 졸거나 거울을 보며 머리를 만졌다. 그렇게 학교 다니는 것이 지겨우면 그만두는 것은 어떻겠느냐고 물었더니 수애는 "노는 시간 10분을 위해서 수업시간 50분을 참는 법을 자기는 익혔다"라며 웃었다. 수애에게 "학교에서 배울 것은 다 배웠구나"라고 말해줬다.

아무도 노동자를 꿈꾸지 않는다

그러던 수애가 알바를 시작하더니 완전히 달라졌다. 집에서는 자기 옷도 빨지 않고 게으름만 부리고 공부라면 죽기보다 싫어하던 아이가 번개보다도 빠르게 움직이고 손님들에겐 누구보다 더 친절하고 싹싹했다. 수애 부모조차 놀랄 정도였으며 알바하는 곳마다 시급을 올려주겠으니 계속해달라는 부탁을 받았다. 편의점에서 알바하던 어느 날 새벽엔 본사에서 '암행어사'가 떴다고 한다. 새벽에 알바생들이 졸거나 손님에게 불친절한지 아닌지를 감시하는 것인데 수애의 근무태도를 보고서는 이 암행어사가 깜짝 놀랐단다. 그 새벽에도 활짝 웃으며 손님을 맞이하는데 그 태도가 어찌나 믿음직했던지, 암행어사가 "지금까지 근무하며 너 같은 알바생은 처음"이라며 "본사에 정규직으로 추천해줄 테니 지원해볼 생각이 없냐"라는 말까지 했다고 한다.

수애에게서 이 이야기를 전해들으며 혹시 일하는 것이 지겹지 않느냐고 물어봤다. 물론 고되고 지겹다고 한다. 그런데 자기는 공부하는 것보다 일하는 것이 훨씬 재미있고 무엇보다 돈 버는 것이 좋다고 말했다. 그 뒤로도 수애와 이야기를 나눌 때 "이런 것 한번 해보면 어때"라고 말하면 수애는 "난 돈 벌 건데요"라고 답했다. 뭘 하면서 돈 벌고 싶으냐고 물으면 꼭 하는 말이 있다. "장사." 그러면 무슨 장사를 할 건데라고 물으면 "돈이 되는 장사"라고 답한다. 하고 싶은 직종도 인터넷 쇼핑몰부터 '컵밥'을 파는 음식점까지 다양하다. 다른 지방 여성들은 질색하는 일이지만 아버지 소개로 그 지역 소재의 소규모 회사에 선뜻 들어가겠다고 하는 이유나 지금 알바를 하는 이유 모두 이후의 장사밑천을 만들기 위해서다. 노동자라는 지위는 장사로 가기 위한 '임시 거처'일 뿐 결코 노동자로 눌러앉고 싶은 생각은 없다고 했다.

폴 윌리스(Paul Willis)의 『학교와 계급재생산』은 영국의 어느 노동자 밀집 도시에 사는 청소년들의 하위문화를 다룬다. 노동계급의 자식들이 왜 학교와 학교가 제공하는 지식을 거부하고 '사나

이문화'라는 하위문화를 형성하며 다시 노동계급으로 재생산되는 지를 주목한다. 간단히 말하면 노동계급의 아이들은 교육을 통한 신분상승 같은 학교의 약속을 믿지 않는다. 또한 이론이라는 학교의 지식을 실질적이지 못하다고 평가절하하며 교사의 권위에 반항하는 것을 과시하는 '반학교문화'를 형성한다. 윌리스는 이에 대해 노동계급의 학생들이 그들의 문화적 자원을 학교가 아닌 주변의 '남성 육체노동자'들에게서 찾으며, 이런 반학교문화를 통해 학교가 제공하는 지식에 반하여 '노동'의 본질과 처지를 통찰하고 있다고 말한다.

이 책을 토대로 한국의 일진 같은 학생들의 하위문화를 다루다가 꽤 재밌는 사실을 발견했다. 한국 노동계급의 자녀들도 겉으로 보기에는 비슷한, 성차별적이며 학교에 반항하는 '사나이문화'를 형성하고 있다. 성차별적 요소나 반학교적인 부분, 선후배 사이의 절대적 위계와 규율 등 한국의 반학교문화는 학교에 대해서는 반권위주의적인 모습을 내비치지만 자신들 내부에서는 훨씬 더 위계적이고 권위적이다. 영국의 청소년 하위문화와 한국의 그것 간의 결정적 차이가 여기서 드러난다. 말하자면 이런 한국 학교의 '사나이문화'는 노동계급에서 온 문화적 자원이 아니다. 이 문화의 역할 모델은 '조폭'에 훨씬 가깝다.

학교의 지식을 평가절하하는 양상 또한 비슷하지만 앞으로 자신이 무엇이 될 것인가에 대한 밑그림에서도 영국의 경우와는 사뭇 다르다. 영국의 경우 자신이 노동계급이 될 것을 알고 그들의 문화를 미리 당겨와 부분적으로 선취하는 것이라면 한국 노동계급의 아이들은 수애처럼 자신들이 노동자가 될 것이라고는 추호도 생각하지 않는다. 특히 학교에 반항적이거나 수동적인 아이들의 경우, 앞으로 무엇을 하고 싶냐고 물으면 십중팔구 수애처럼 장사, 즉 '자영업'이라고 말한다. 여학생의 경우에는 인터넷 쇼핑몰을 하겠다는 이들이 제법 많으며, 남학생의 경우에도 작은 식당 운영에서부터 재벌이 되겠다는 야심찬 꿈까지 대개는 사업하겠다는 포부가 주를 이룬다. 자신의 미래가 노동자라고 생각하기는커녕 노동자가 되는 것에 대해서는 아예 생각해본 적도 없는 경우가 대부분이다.

한국에서는 대학 진학에서부터 취업에 이를 때까지 대부분 자신이 졸업하고 난 뒤 할 일의 구체적 면모가 무엇인지에 대해 생각해볼 기회가 거의 없다. 우리 사회가 노동을 어떻게 조직하는지, 그 조직된 노동에서 나의 지위와 역할은 무엇인지, 내 노동은 어떤 취급을 받게 되는지에 대해 어떤 감도 지니지 못한 채 노동의 세계에 진입하는 셈이다. 그러다 보니 어떤 경우에는 자신이 막연하게 생각하던 '자아실현=노동'과 실제 노동에서 커다란 괴리를 느끼는 경우가 많다. 그 탓에 노동자가 된 다음에 처음 내뱉는 가장 흔한 말이 "내가 이 일을 하러 여기 온 것이 아니다" 혹은 "이런 일을 하게 될 줄 몰랐다"라는 말이다. 그러다 회사의 부당한 처사를 맞닥뜨리면 '내가 그만두고 말지 뭐'라며 그만둬버린다.

수애도 마찬가지다. 새벽근무에도 웃음을 잃을 줄 모르더니 얼마 전 만났을 때엔 알바를 그만뒀다고 했다. 왜 그만뒀느냐고 물으니 같이 일하는 다른 알바생의 게으름과 업주의 부당한 대우에 '열받아' 그만뒀단다. 자기와 교대로 일하는 알바생이 있는데 도통 일을 하지 않고 모든 일을 자기에게 미루기만 하더란다. 그러면서 사장에게는 '살살 꼬리를 치는' 바람에 사장도 그 친구가 자기에게 일을 미루는 것을 눈감아준단다. 게다가 수애가 열심히 일하는 것을 처음에는 기특하게 여기더니 이제는 당연시하면서 초과근무를 당연히 여기고 알바비를 적정하게 지급하지 않았다. 사장에게 따져보지 그랬냐고 물었더니 "그런 건 더럽고 귀찮은 일"이라 "그냥 내가 그만두면 된다"라고 답했다. 다른 사람들도 수애보고 그냥 포기하라고 했다고 한다.

수애와 이야기를 나누면서 수애에게 노동은 '돈을 버는 수단'일 뿐 '노동자로서의 의식'은 희박하다는 것을 다시 한번 확인할 수 있었다. 여기에는 두가지 이유가 있다. 하나는 알바는 노동으로 취급되지 않는 풍토 때문이다. 알바생(arbeit生)이라는 말에서도 알수 있는 것처럼 알바하는 사람은 으레 '학생'이라고 여겨진다. 노동자이기보다는 학생이며, 따라서 그가 하는 노동 역시 노동으로 여겨지지 않는 경향이 강하다. 이런 이유로 노동을 착취하면서도 오히려 가난한 '학생'을 도와줬다는 식으로 생각하는 업주들이 많다. 돈이나 근무조건 등을 따지는 것도 '학생의 신분'으로서는 금기시되어야 한다는 투다.

두번째로는 학교의 문제다. 한국(뿐 아니라 전세계적으로 주류 경제학)의 교육현장의 교과서에서는 노동을 다루지 않는다. 경제학에서는 노동을 대단히 소극적으로 다룬다. 대신 경제는 생산과 소비로만 이루어진 세계로 묘사한다. 노동자는 없고 소비자만 등장한다. 노동은 "소득과 여가라는 두마리 토끼 사이에서 최적의 균형을 찾아내는 노동 공급자의 선택 과정의 부산물 또는 잔여항"으로만 취급된다.[1] 그 결과 노동자는 생산에서 필수적인 존재가 아니라 부수적인 것으로 취급되고 학교 교과서도 이에 관해서는 침묵으로 일관한다. 우리의 교과서들은 노동자가 될 학생들에게 "노동의 권리에 관해, 노동강도에 관해, 노동과 자본의 대립에 관해, 결국 노동 그 자체에 관해" 거의 아무 말도 안 하고 침묵한다. 그러다 보니 수애처럼 노동을 그저 돈 버는 수단 정도로만 생각하지 않을 수 없다. 대부분 노동에 대해 모르거나, 혹은 알바나 인턴을 하면서 몸으로 때우며 배우게 되는 것이다.

'빛나는 졸업장'의 속뜻

한국의 학교에서는 노동을 가르치지 않는 것만 아니라 오히려 노동을 징벌의 수단으로 삼고 있다. 2013년 순천의 한 고등학교 학생들이 노인요양시설에서 저지른 일이 대표적이다. 이들은 병상에 누워 있는 환자들에게 "여봐라. 네 이놈. 당장 일어나지 못할까" "꿇어라, 꿇어라. 이게 너와 눈높이다"라며 고함을 질렀다. 이 사건이 불거지고 처리되는 과정을 보면 학교에서 사회적 약자와 노동이 어떻게 취급받고 있는지가 적나라하게 드러난다. 이들이 노인요양시설에 가서 '봉사'하게 된 이유는 상습적으로 흡연하는 등 교칙을 어겼기 때문이다. 학교 당국은 치매노인이라는 사회적 약자를 위해 일하는 것을 징벌의 수단으로 썼다.

이들을 위한 노동이 '귀찮고 더럽고 힘들기' 때문에 누구나 '기피'하는 일이고 기피하는 일이기에 징벌로 택했으리라 짐작해본다. 또한 학교에서는 봉사를 징벌이 아닌 교육의 수단으로 썼다고 항변할 수도 있다. 어떤 교육적 효과일까? 내 경험에 비춰보면 학교가 생각하는 교육적 효과란 다음의 몇가지로 간추려진다. 1) 세상에 고통받는 사람이 얼마나 많은지를 알게 되었으며 2) 노동이 얼마나 힘든 것인지를 실감하게 되었고 3) 그들에 비해 (평소 노동하지 않고 사는) 자신이 얼마나 게으른지를 깨닫게 되었고 4) 그 결과 주변의 사람 특히 (자신을 위해 수고하는) 부모와 교사에게 감사하는 마음을 갖게 되었고 5) 좀더 부지런히 살아야 한다는 것을 깨우치게 된다. 바로 여기에 이 봉사가 전혀 교육적일 수 없는 이유가 있다. 이것은 사회적 약자와의 만남을 통해 얻는 깨달음이 아니라 노동의 '가혹함'을 통해 얻는 깨달음일 뿐이기 때문이다.

돌이켜보면 학교에서는 일상적으로 '노동'이 징벌로 사용되어 왔다. 지각하거나 숙제를 제때 못 냈을 때, 혹은 담배를 피우는 등 규정을 어겼을 때 벌로 청소를 시킨다. 더 심하면 이번 사건처럼 봉사노동을 하게 한다. 화장실 같이 '더러운' 장소를 청소하는 것은 누가 봐도 '징벌'로 보인다. 화장실을 청소하고 있으면 지나가던 교사가 "너 또 무슨 잘못했어?"라며 출석부로 머리를 때리기도 하고 다른 학생들의 비웃음을 사기도 한다. 청소 같은 노동은 다른 사람들에게 자신이 벌 받고 있음을 드러내는 것에 불과하다. 그 결과 우리는 학교 다닐 때부터 노동은 될 수 있는 한 피해야 하는 것이라고 훈련받게 된다.

앞의 사건을 자세히 들여다보면 아이러니하게도 노동을 신성하다고 가르치는 곳 또한 학교라는 것을 알 수 있다. 노동은 징벌인 동시에 신성하다. 왜냐하면 교육적 효과를 지니기 때문이다. 징벌을 통해 교육적 성과를 갖는 순간 노동은 신성해진다. 이것이 노인요양시설에서 하는 '노동'이 징벌인 동시에 교육일 수 있는 이유다. 다시 강조하지만, 학교에서 노동은 그 자체로 가르쳐지고 받아들여진 적이 한번도 없다. 다만 평소에는 아무리 기피되는 노동이라 하더라도 '교육'이라는 딱지만 붙이면 무조건 신성시한다. 노동만 그런 것이 아니다. 2013년 5명의 학생을 죽음으로 내몬 해병대 체험 같은 것도 같은 맥락에서 판단할 수 있다. 이처럼 노동은 천시하면서 교육은 무한정 신성시하다 보니, 학교 및 교육은 그야말로 본말이 전도된 도착적 사회의 축소판이 되었다.

노동이 징벌과 교육의 수단으로만 여겨지는 학교에서 대다수의 학생들은 노동에 대한 거부감을 갖고 있다가 '어느 날 갑자기' 노동자가 된다. 앞서 이야기한 것처럼 인문계 중·고등학생들에게 물어보면 자신이 노동자가 될 것이라고 생각하는 학생들은 거의 없다. 성적이 좋은 학생들은 자신들이 전문직이나 관리자가 될 것이라고 생각하지 노동자가 될 것이라고는 생각하지 않는다. 성적이 좋지 않거나 그것에 큰 의미를 부여하지 않는 학생들은 다들 자신이 '장사'할 것이라고 말하지 노동자가 될 것이라고는 말하지 않는다. 노동자가 되는 것은 인생의 징벌, 패배인 것처럼 여겨진다. 수애가 자신을 노동자라고 생각하지 못하는 것도 어찌 보면 당연한 결과다.

한국의 학교는 노동에 대해서는 가르치지 않았지만 노동자를 만들기 위한 충실한 훈육기관이기도 했다. 이들이 훈육하는 것은 '몸'이었다. 대량생산·대량소비 체제에 걸맞은 몸을 만드는 것이 학교의 가장 큰 기능이었다. 어떤 몸인가. 바로 "지루함을 견디는 몸"이다. 류동민은 전기 자본주의 혹은 산업화 자본주의 시대의 경제모델에서 필요로 한 노동자의 능력과 덕목은 지루함을 견디는 힘이라고 말한다. "공장이나 회사의 규격화된 노동에 적응을 잘 할 수 있는 능력"이 필요했고 이에 따라 "하나의 거대한 씨스템이 되어 지루함을 잘 참을 수 있도록 길들여진 노동력"을 만드는 곳이 학교였다는 말이다.[2] 학교에서 「관동별곡」을 외우게 하고 그 암기를 기준으로 성적을 매긴 것도 지루함을 견디는 힘을 측정하는 것이었을지 모른다고 류동민은 농담한다.

이런 점에서 본다면 수애에게 학교는 실패한 공간이 아니다. 보통 우리는 수애 같은 학생들을 보며 공교육의 위기를 말한다. 학생들이 수업에 집중하지 않고 학교 다니는 의미를 알지 못하고 그저 책상 위에 널브러져 있는 것을 보며 교육의 위기라고 문제시한다. 그러나 노동력을 양산한다는 관점에서 본다면 이야기가 전혀 달라진다. 수애에게 학교는 교육기관으로 실패한 것처럼 보이지만 노동력 양성기관으로서는 완벽하게 성공했다고 볼 수 있다. 앞서 수애가 말한 것처럼 "노는 시간 10분을 위해 수업 50분을 참는 힘"을 기르는 데에는 온전히 성공했기 때문이다. 컨베이어벨트의 육체노동자를 양산하기 위해서는 쉬는 시간 10분 동안 동료들과 어울리기 위해 50분 수업의 그 지루함을 참는 데 익숙해지도록 하는 것이 중요하다. 지식전달에 실패했다고 하여 학교가 실패했다고 말하는 것은 자본주의사회에서 학교의 가장 중요한 기능을 은폐하는 이야기인지도 모른다. 결국 졸업장은 "이 종이를 받은 사람은 50분 지루함을 참고 10분 숨을 돌리는 능력을 갖고 있음"을 보증하는 증명서다.

노동자들을 만나서 이야기를 나눠보면 다들 노동이 지루하다고 말한다. 〈모던 타임즈〉에 나오는 것처럼 컨베이어벨트 위의 노동자는 외롭다. 그는 말을 해서도 안 되며 말을 할 수도 없다. 하루종일 동일한 단순작업만 반복한다. 그 일에서 창의성이나 자율성이라고는 찾아볼 수 없다. 2013년 광주 기아자동차 강연에서 만난 노동자들은 이렇게 말했다. 이제 갓 입사해서 양복을 빼입고 신입사원 연수에 들어온 후배들을 보며 선배 노동자들은 연신 벙긋거렸다. "지금은 대기업에 들어왔다고 부모가 사준 양복 입고 한껏 부풀었겠지요. 하지만 컨베이어 한달만 타보세요. 저 살아 있는 눈이 동태눈깔 될 겁니다. 힘들고 지치고 지겹고. 내가 여기서 뭐하나. 지금은 세상 다 가진 것처럼 보이지만 이제 곧 쪼그라듭니다." 그 시간이 지나고 나면 그나마 내가 다른 데보다는 돈을 더 받으니 그걸로 됐다고 자위하면서 살게 된다는 것이다.

68혁명이 신자유주의를 불러왔다?

소비 특히 대량소비는 이 지겨운 노동에 대한 보상이었다. 이 체제의 기본방향은 자유무역을 통한 경제성장의 추구였지만 그 방법 면에서는 무정부적인 자유방임경제가 아닌 관리와 조절이 가미된 자유주의에 기반을 두고 있었다. 주로 서구에서는 자국 내에서 정부의 적극적인 재정지출과 개입에 기초하여 노동자들의 실질임금을 상승시키고 노동조합의 조직적 힘을 현실적으로 인정하여 체제내로 포섭하는 포디즘적 축적양식이 일반화되었다. 즉 유효수요 관리를 통해 투자가 끊임없이 일어나게 하여 실업을 없애고 성장을 도모하고자 했다. 이것이 곧 케인즈주의다. 이 케인즈주의를 토대로 세워진 복지국가에 따라 노동은 완전히 체제에 포섭되고 노동 영역에서의 불만은 임금의 문제만으로 국한되었다. 이에 사람들의 관심과 욕망, 정체성이 형성되는 공간은 소비로 넘어갔으며 사회적 갈등은 제도화되는 듯 보였다.

한국의 경우 복지국가로의 전환은 여전히 요원해 보인다. 하지만 1980년대 초고속 성장에 힘입어 90년대에 들어선 뒤로는 소비사회로 급속히 전환했다. 초기에 이를 선도한 것은 청(소)년들이었다. 그들의 구매력이 점차 높아졌으며 이에 따라 이들은 기업의 주요한 타깃이 되었다. 소비자본주의에 의해 청(소)년들은 "놀이하는 주체, 자신의 감성대로 움직이는 사적 주체로서의 자아를 실현하고자 하는 욕구"를 가진 이들로 성장했고 서태지와 아이들의 등장은 이들의 실체를 집약해냈다.[3] 소비주체로 뚜렷이 부상한 이 세대는 초기에는 압구정동 '오렌지족' 등으로 '일부' 중산층의 도덕적 타락의 상징처럼 보였지만 급속히 세를 넓히며 결국엔 주류 전반을 차지했다.

여기에는 전문직을 중심으로 한 사무직뿐 아니라 생산직 노동자들도 경제성장의 과실을 나눠먹으며 중산층에 대한 꿈을 비로소 꿀 수 있게 되었다는 점이 중요하다. 이를 대표적으로 보여주는 것이 조주은의『현대 가족 이야기』다. 이 책에서 저자는 한국에서 처음으로 생산직 노동자 '남편'의 월급만으로도 '가족'의 꿈을 가질 수 있었던 주부들의 일상이 어떻게 구성되었는지를 선명히 보여주었다. 그들은 가부장의 월급만으로도 자녀가 원하는 것을 어느 정도는 사줄 수 있으며, 또한 과외 등의 사교육을 비롯하여 자녀를 위한 소비를 충족시켜줄 수 있게 되었다. 또한 자동차와 레저 등의 소비를 통해 다른 사람들에게 스스로를 과시할 수 있게 되었다. 이를 단적으로 보여주는 것이 얼마 전 한국을 떠들썩하게 했던 청소년들의 '노페(노스페이스)' 붐과 중년들의 고가 아웃도어 경쟁이다. 이런 소비와 소비를 통한 과시는 곧 노동의 지겨움에 대한 보상이었다.

서구의 경우 이 노동의 지겨움, 소비를 통한 자기정체성 형성 및 과시에 대한 저항이 분명히 존재했다. 앞서 제2부 1장에서 설명한 것처럼 알렉산드르 코제브는 미국을 여행하며 대량생산·대량소비 사회에서 인간이 어떻게 '동물'이 되는지를 서술했다. 그는 인간과 동물을 각각 주체(the Subject)와 동물(given Being)로 나눴다. 주어진 현실에 맞서느냐 아니냐를 인간과 동물을 나누는 주요 기준으로 보았다.[4] 68혁명은 이런 동물화에 대한 저항의 성격을 띤다.

'프랑스 68혁명의 교과서'라고 불리는 라울 바네겜(Raoul Vaneigem)의『일상생활의 혁명』을 토대로 이를 다시 살펴보자. 68

혁명이 일어나기 1년 전에 쓰인 이 책에서 그는 "일상생활을 지배하던 권태와 그 원인을 고발"해야 한다고 주장한다.[5] 소비주의의 확산과 사회의 스펙터클화에 따라 세상이 안온한 무덤이 되어가는 것 같던 1960년대 후반에, 오히려 '삶에 대한 열정'과 소비에 대한 욕망이 이를 완전히 대체하고 박탈된 자유에 대한 불만이 부글부글 끓어올랐으며 '삶의 열정에 대한 관심'은 오히려 더 증가했다. 그리하여 터져나온 68혁명 당시의 언어는 "착취자에게 죽음을!"이 아니라 "무엇보다 우선 삶을!"이다.[6] 이것이야말로 68혁명이 무엇을 지향했는지를 정확하게 보여준다. 이들은 생존이 아니라 삶을 위하여 '사회 밖으로!'를 외쳤다.

바네겜은 "우리는 굶어죽지 않는다는 보장이 지켜워 죽을 위험과 교환되는 세계를 원하지 않는"다고 말하며 일상생활이 주된 걱정거리가 되었다고 말한다. 생존의 풍요로움이 곧 삶의 빈곤으로 이어졌다는 이야기다. 집단적 생존의 문명은 개인적 삶의 '죽은 시간'들을 늘리기만 했다. 따라서 아무리 스펙터클화가 만연해지고 소비상품이 넘쳐난다 하더라도, 그것들이 만들어내는 환상은 "신성한 것이든 통속화된 것이든, 집단적인 것이든 개인적인 것이든" 어떤 환상도 일상적 행위들의 빈곤함을 숨길 수 없는 상태가 되었다.[7] 바네겜은 사람들이 소비를 통해 자유를 마음껏 누릴 수 있으며 모든 욕망을 해소한 것처럼 보이지만 사실 소비사회는 소비와 스펙터클에 갇힌, 자유의 이름으로 자유를 감금하는 씨스템이라고 고발한다. 따라서 이들의 무기는 화염병만이 아니라 언어였다. 이들에게 문제가 되는 것은 창조성이며, 창조성의 존재양식인 자발성이었다.[8] 따라서 68혁명이 말과 구호, 아니 시(詩)의 축제인 것은 당연한 결과였다.

68혁명에 대한 평가는 엇갈린다. 누군가에게는 68혁명이 이미 모순에 처해 있던 자본주의가 울고 싶은데 뺨 때려준 것 같은, 자본주의의 새로운 돌파구를 마련해준 계기로 해석된다. 단순하게 정리하면 포디즘 체제의 축적양식이 위기에 처했으며 그 위기에 대응해 노동을 더욱 통제하는 방식이 아니라 '더 많은 자유'를 통해 새로운 축적양식이 출현했어야 할 때에 68혁명이 자본주의의 방향을 제시했다는 이야기다.

바네겜 역시 다른 혁명들과는 달리 수천년간의 비인간적 행위에 종지부를 찍었다고 볼 수 있는 유일한 혁명인 68혁명이 결국에는 억압적 폭력의 회오리 속에서 완성되지 못했다고 평가한다. 오히려 1968년 당시 경제는 자신의 "전성기와 전멸기의 매듭"을 지었다.[9] 자본주의는 생산보다 일반화된 소비에서 더 많은 이익을 얻는 상품체계로 전환되었다. 자본주의에 대한 비판 역시 스펙터클로 전환했다. 사회는 권위주의에서 시장의 유혹으로, 저축에서 낭비로, 청교도주의에서 쾌락으로, 땅과 인간을 볼모로 만드는 착취에서 환경의 영리적 재구성으로 그 모토를 탈바꿈해냈다. 무엇보다 사람에 대한 관점이 바뀌었다. 자본은 이제 사람과 사람의 창조력이 더 중요한 자본이라는 것을 깨달았다. 68혁명 이후의 자본주의는 '개인보다 소중한 자본'에서 '가장 소중한 자본으로서의 인간'으로 서둘러 넘어갔다. (동시에 인간은 가장 쓸모없는 쓰레기가되었다. 왜냐하면 가장 소중한 자본이 되지 못하는 인간은 쓰레기와 다를 바 없기 때문이다.) '더 많은 자유'와 '더 많은 상상력'이라는 68혁명의 구호가 자본주의의 구세주가 된 셈이다.

의자뺏기 게임은 계속된다

68혁명 이후 1970년대의 혼란기를 거쳐 신자유주의시대로 접어들면서 서구에서는 들뢰즈가 통제사회라고 부르는 사회가 출현했다. 이 사회는 자유의 박탈이라는 감금을 통해 움직이는 사회가 아니다. 이 사회는 사회 전체를 감옥으로, 학교로, 병원으로 개방한다. 감금하여 조사하고 훈련하던 그 판옵티콘의 시선이 도처에 자리한다. 모두가 평생교육이라는 이름으로 24시간 학교체제에서, 혹은 재택근무나 노동의 유연화라는 이름으로 24시간 노동체제에서 살아가는 사회가 되었다. 이 통제사회에서 인간의 자유는 자기관리문제로 전환된다. 이 자기관리에 성공하지 못한 자들에게 남는 것은 영원한 탈락이다.

이를 위해 자본주의가 만든 것이 경쟁의 '내부화'다. 과거 대공장의 노동자들은 자신이 내부에서 경쟁할 필요가 없었다. 경쟁은 개별 노동자가 하는 것이 아니라 회사가 하는 것이었다. 현대자동차 컨베이어벨트 위의 노동자는 단순작업만 하면 되었다. 회사가 그의 경쟁자라고 강조하는 삼성자동차는 회사 바깥에 있을 뿐이었다. 경쟁은 그 기업의 대표가 하는 것이었고 그 경쟁의 실패에 대한 책임도 적어도 논리적으로는 대표가 져야 했다. 그러나 지금의 노동세계를 보면 한 회사 내의 노동자들끼리 서로 경쟁시키는 구조가 등장해 어느새 안착했다. 한 회사에 같은 과업을 수행하는 여러 팀을 만들어 그 팀들끼리 경쟁을 시켜 성과를 낸 팀이나 사원에게는 성과급을 지급하지만 그렇지 못한 팀은 탈락시키는 구조다. 그리하여 이제는 우리 회사가 다른 어떤 회사와 경쟁하는지가 아니라 나 혹은 나의 팀이 다른 팀과 경쟁하여 이기는 것이 관건이 되었다.

  탈락에 대한 공포. 역설적이게도 이는 사목권력[10]이 장악한 현대사회에서 통치가 성공할 수 있는 가장 큰 보루다. 여기에 전자기술혁명이 초래한 생산효율의 극대화는, 모두를 돌보는 것처럼 보이는 사목권력의 한편, 즉 생산의 영역에서 사람을 점점 더 의미없는 존재로 만들어갔다. 한편에서는 노동의 유연화에 따라 훈육사회가 통제사회로 전환되었지만 다른 한편에서는 노동의 유연화에 속하지도 못하는 인간들이 대거 양산되기 시작한 것이다. 한편에서는 여전히 인간의 창의력이야말로 새로운 부의 원동력이었지만 다른 한편에서 인간의 노동력은 완전히 쓰레기로 전락했다.

인간 존재의 양극화는 이처럼 착착 진행되어왔다. 한편에서는 새로운 부재지주들이 다른 한편에서는 새로운 하인들이 만들어져 왔다. 근래 우리가 '잉여인간'이라 부르는 존재들이 곧 이 하인들 이다. 이 사회에 인간은 언제나 넘쳐나므로 노동력을 재생산하는 것은 더이상 통치의 핵심이 아니다. 오히려 누구를 노동의 세계에 서 제외할 것인가를 결정하는 것이 가장 중요한 일이 되었다.

바우만은 이것을 '의자뺏기 게임'이라고 부른다. 자리는 언제나 늘 모자라고 게임이 반복될 때마다 누군가는 탈락하고 추방되어야 한다. 마지막 한명이 남을 때까지 게임은 계속된다. 따라서 모두가 탈락의 공포에 시달린다. 최후의 승자라고 예외가 아니다. 승자가 되는 순간에도 게임은 시시포스의 돌처럼 무한반복의 형태로 재개 된다. 패자부활전도 없다. 탈락과 추방에 대한 끊임없는 공포로 인 해 인간들은 자발적으로 사회의 명령에 복종한다. 따라서 통치는 밖에서부터 강압적으로 부과될 필요조차 없다. 통치는 이제 인간 의 내면성으로부터 작동하게 된다. 돌보는 권력과 추방하는 권력 이 동시에 작동하는 셈이다.

이 과정에서 노동의 세계는 "이익은 위로, 위험은 아래로 쏠리 는" 형태로 변모했다. 류동민은 이것을 유흥주점형 경제모델이라 고 부른다.[11] 류동민 교수가 책에 든 사례를 다시 한번 살펴보자. 한국의 택배 씨스템이 노동자에게 가혹하다는 것은 잘 알려져 있다. 특히 당일택배 등의 서비스가 생김으로써 노동자들이 느끼는 강도는 살인적이라고 할 수 있다. 문제는 이 택배노동자가 형식적으로는 노동자가 아니라 자영업자라는 점이다. 택배 한건에 2500원이면 이때 노동자가 가져가는 수수료는 550원 꼴인데, 택배포장 위에 붙이는 운송장 비용 100원은 온전히 택배노동자 부담이다. 결국 그에게 택배 한건당 떨어지는 돈은 450원이며 이는 하루 150군데를 돌아다녀야 7만 5000원을 벌 수 있다는 뜻이다. 한달에 25일을 일하면 200만원이 소득이다. 하지만 택배노동자는 자기사업을 하는 사람이므로 기름값에서부터 감가상각, 나아가 '고객'이 운송장을 잘못 써서 다시 쓴다고 찢어버려 대체하는 비용까지도 자신이 감당해야 한다.[12]

　　노동에서 발생하는 비용이나 문제의 부담은 이처럼 아래의 노동자가 지고 이익은 위의 자본이 가져가는 것, 이것이 바로 류동민이 말하는 유흥주점식 경제모델이다. 노동자는 노동자가 아니라 "자발적으로 계약을 맺은 개인"이며 "물류는 물론 생산에 이르는 경제의 모든 영역을 위에서는 대자본 몇개가 장악하고 피라미드의 말단부는 이른바 유연한 형태의 노동, 자영업자의 외관을 띤 노동에게 맡기는 구조"다. 마치 유흥주점에서 "업주-웨이터-마담-접대부로 이루어지는 위계"가 "모두 고용-피고용 관계가 아니라 개인 간 거래관계라는 외형"을 띠는 것과 마찬가지라는 점에서 붙인 이름이다. 이런 피라미드 조직은 "각 단계마다 중간 고리에 해당하는 이들을 제외하면 서로가 서로를 직접 지배하지 않는 방식, 심지어는 서로 잘 알지도 못하는 방식"으로 위계화되어 있다.[13] 결국 직접 연계된 관계는 폭력적으로 격렬하게 부딪치며 서로를 쥐어짜내지만, 한 고리만 건너뛰면 서로 책임질 것 없는 사이가 된다.

내가 팔아먹을 수 있는 사람은 몇명인가

이런 피라미드형 경제구조가 어떻게 위험을 아래로 보내면서 사람의 삶과 관계를 결국 파국에 몰아넣는지는 이미 김애란이 그의 소설 「서른」에서 잘 다루지 않았던가. 소설의 주인공은 어느 날 헤어진 남자친구에게서 전화를 받고 설레는 마음으로 나간다. 그 자리에서 전 남친은 "살아보니 사람이 제일 큰 재산인 것 같더라"며 주인공을 다단계판매 회사로 끌어들인다.[14] 처음엔 이거 다단계 아니냐며 저항도 해보지만 대학을 졸업하고 변변한 일자리가 없던 주인공은 결국 그 회사에 들어간다. 2011년 우리 사회를 떠들썩하게 만든 '거마대학생 불법다단계 사건'에서 잘 알려진 것처럼 주인공은 휴대전화도 압수당하고 화장실도 같이 다니는 합숙생활을 하다 자기를 제법 따르던 이전 학원의 수강생 하나를 자기 대신 그 회사에 '밀어넣고' 나오게 된다. 그 뒤 그 학생은 주인공에게 몇번 문자를 보내 자신을 빼내달라고 하지만 주인공은 외면한다. 결국 그 학생은 다단계 때문에 지게 된 빚과 파탄 난 인간관계를 감당하지 못해 자살을 감행하게 되고 목숨을 건진 대신 식물인간이 되어 병실에 누워 있게 된다.

류동민이 말하는 유흥주점형 경제모델과 김애란의 「서른」은 이렇게 드라마틱하게 만난다. 우리는 이제 노동의 세계에 진입하기 위해 스스로 어떤 준비를 해야 하는지를 알게 된다. 앞서 설명한 '지루함을 견디는 힘'은 유흥주점형 경제모델에서는 크게 필요하지 않다. 오히려 「서른」의 주인공의 남친이 말하는 것처럼 '사람이 재산'임을 알아야 한다. 물론 이때의 재산은 그저 내가 활용할 수 있는 '사회적 자본'이라는 측면을 강조하는 말이 아니다. 문자 그대로 내가 '팔아먹을 수 있는 사람'이 얼마나 되는가이며, 이는 유흥주점형 경제모델에서 살아남는 핵심요건이 된다. 당신에게는 당신이 짊어져야 할 위험을 떠넘길 수 있는 사람이 얼마나 되는가. 기존 산업자본주의 모델에서 자본이 짊어져야 할 위험을 친구에게 떠넘기는 것이 연대보증 같은 '부수'적인 현상이었다면, 유흥주점형 경제모델은 아예 그것을 중심으로 경제를 운용하고 있는 셈이다.

그렇기에 이 유흥주점형 모델에서 노동자에게 요구되는 단 하나의 덕목은 타인의 고통을 외면하는 능력이다. 나아가 타인에게 자신의 고통을 전가하는 능력이다. 이런 점에서 본다면 학교는 지금 좌파와 우파 모두가 개탄하는 것처럼 '아무 짝에도 쓸모없는 공간'

이 된 것이 아니라 오히려 자본주의의 재생산을 위해 자신의 임무를 충실히 수행해내는 '잘 굴러가고 있는 공간'인지도 모른다. 왕따와 학교폭력이 벌어질 때마다 학생들이, 아니 학교 구성원 전체가 훈련하는 것이 바로 이 '타인의 고통을 외면하는 능력' 아닌가. 내 친구의 고통에 동참하는 순간 나도 왕따가 되어버릴 수도 있기 때문에 스스로 왕따가 되지 않기 위해서는 어제까지 친했던 친구라도 배신할 수 있어야 한다. 왕따가 된 친구의 고통을 외면하기 위해 '왕따는 나쁘지만 당한 친구도 원인을 제공했다'라며 피해자에게서 원인을 찾으며 자신의 침묵과 외면을 합리화해야 한다. 왕따와 학교폭력, 이것은 학교가 제 구실을 못해 벌어지는 문제가 아니다. 오히려 학교가 이 시대의 자본주의가 필요로 하는 노동력을 제공하는 제 구실을 수행하기 위해 반드시 필요한 일인지도 모른다. 학교가 제 구실을 못해 벌어지는 '부작용'이 아니라 오히려 씨스템에 의해서 만들어지는 '주작용'일지도 모른다는 말이다.

2012년 12월 21일 한진중공업의 노동자 최강서가 스스로 목숨을 끊었다. 대선 결과가 공표된 지 바로 다음 날이었다. 그날 아침 7시 출근선전전을 앞두고 다른 동료들이 나갈 때 그는 자고 있었다고 한다. 피곤해서 그러려니 해서 좀더 자도록 두고 다른 동료들이 선전전을 마치고 돌아왔을 때 그는 창문틀의 비상용 소방기구에 스카프로 목매 숨진 채 발견되었다.

노조 조직차장을 맡을 정도로 강인하고 열성적이었던 그를 죽음으로 몰아간 것은 무엇일까? 유서에는 바로 직전에 치러진 대선에서 그가 느꼈던 절망감이 고스란히 담겨 있다. "박근혜가 대통령이 되고 5년을…"이라며 자신이 무엇을 "어떻게 해야 할지 모르겠다"

라고 토로했다. 그러면서 그는 자신이 "자본 아니 가진 자들에게 졌다"라고 썼다.

그는 왜 '졌다'라고 썼을까? 그는 무엇에 진 것일까? 단지 박근혜가 대통령에 당선된 것 때문은 아닐 것이다. 그는 박근혜의 당선에서 적어도 다음 5년간은 노동자들의 삶을 발가벗기고 사회로부터 추방하는 자본과 권력의 탄압방식이 바뀌지 않을 것이며 그에 따라 더 많은 죽음이 양산될 수 있음을 직감했는지도 모른다. 그 방식이란 바로 민사소송과 손해배상이다. 최강서는 유서에서 "태어나 듣지도 보지도 못한 돈 158억"을 명시하며 "민주노조를 사수"하고 "손해배상을 철회"하라고 절규했다. 2011년 김진숙 지도위원의 크레인 고공농성과 희망버스 등의 사회적 연대투쟁을 통해 92명의 정리해고자들이 현장으로 돌아왔지만 그들이 복직되자마자 한진중공업은 다시 강제휴업을 실시했다. 또한 회사는 금속노조 한진중공업 지부를 상대로 158억의 손해배상을 청구했고 이에 따라 노조는 198일째 회사 정문 앞에서 농성해왔던 터다.

민주노총에 따르면 민사소송과 손해배상은 노동조합의 재정적 취약성을 이용하여 임단협(임금 및 단체협상)에서 사용주가 유리한 입지를 차지하는 데 활용되던 것을 넘어 노조를 무력화하는 장치로 쓰이고 있다. 나아가 손해배상 청구의 범위가 넓어져 조합원의 보증인인 가족에게까지 영향을 미치면서 개별 노조원들을 압박하는 수단이 되어간다. 가압류 범위도 노조의 조합비에서 임금·개인

통장·부동산으로 확대되어 사실상 정상적인 생활을 불가능하게 한다.[1]

『경향신문』에 따르면, 2003년 10월 35m 높이의 크레인 위에서 129일간 농성하다 자살한 한진중공업 김주익 지회장의 당시 급여명세서를 보자. "기본급 1백5만원에 수당을 포함, 1백60만원 급여 중 70여만원을 가압류당해 세금과 융자상환금 등을 제하고 남은 불과 13만원"으로 아이 셋을 키웠다. 어떤 노동자는 "13억원의 가압류가 떨어진 것도 모자라 입사 당시 신원보증을 섰던 아버지와 숙부의 집, 심지어 조모의 집과 선산까지 가압류"당했다. "시골 오빠 집, 고모의 과수원, 고등학교 은사의 집을 가압류"당한 사람도 있다.

민사소송과 손해배상은 이처럼 파업에 동참한 노동자들을 강제로 사회로부터 '격리'시키거나 그러리라 위협하는 것이 더이상의 목적이 아니다. 이제는 노조와 노동자를 경제적으로 파산시키는 것이 주 목적이다. 좀더 궁극적인 목적은 노동자들의 시장능력을 완전히 박탈함으로써 생계를 파괴하고 생계를 기반으로 묶인 가족과 친척 등 사회적 관계 역시 파탄으로 몰아가는 것이다. 2003년 두산중공업 노동자 배달호의 분신자살에서부터 2012년 최강서의 죽음까지 파업에 동참한 노동자들의 삶의 파괴는 이런 점을 일관되게 보여준다.

손해배상 청구소송을 당한 노동자들은 차라리 구속되었으면 좋겠다고 호소한다. 손해배상에 따른 심리적 위축은 물론이고 가족의 생계를 책임지지 못한다는 중압감과 그동안 모은 재산도 그 융통이 제한되거나 파괴되는 경험을 겪게 된다. 가족 내부의 갈등도 심화되고 직장을 중심으로 한 친구관계도 파괴된다. 자본주의사회에서 시장능력을 상실한다는 것은 곧 '쓸모없는 인간'으로 전락한다는 것을 의미한다. 손해배상에 따라 파업에 참여한 노동자들은 자신이 가족과 친구에게서 존재감을 상실한 채 '쓸모없는 존재'로, 나아가 '민폐를 끼치는 존재'로 되어감을 실감하게 된다.

더구나 한국사회는 이미 한번 탈락하면 재기가 불가능한 패자부활전이 없는 사회로 전환했다.[2) 바우만에 따르면 근대 자본주의는 언제나 본질적으로 잉여인간을 생산하고 관리한다.[3) 특히 노동의 기계화·전자화와 맞물린 신자유주의 세계화의 완성은 잉여인간을 단순히 일시적인 잉여인간이 아닌 영원히 쓸모없는 쓰레기로 전락시킨다. 이들은 생산과 소비의 영역 모두에서 경제적으로 아무런 효용가치를 갖지 못한다. 모두가 자신이 잉여인간이 될지 모른다는 탈락의 공포에 시달리게 된다. 이런 상황에서 파업에 대한 댓가로 해고된 노동자가 느낄 추방에 대한 공포는 상상을 초월한다.

격리, 내부의 적을 제거하는 통치술

격리는 국가가 그 사회에 존재하는 모순과 적대를 법의 이름으로 은폐하고 제거하는 고전적인 방법이다. 국가는 어떤 부류의 사람들을 질서를 위협하는 '무질서' 유발자로 여기고 이들을 사회로부터 도려내어 격리했을 때 질서가 지켜지고 안전을 도모할 수 있다고 판단한다. 파업에 대한 탄압에서부터 부랑자에 대한 처벌까지를 아우르는 논리가 바로 이 '질서'와 '무질서'의 대립이다. 이러한 논리는 대개의 시민들로 하여금 무질서가 사회 전체를 무너뜨릴지도 모른다는 공포를 갖게 한다. 이런 공포를 시민들이 내면화하게 되면 '질서'라는 이름으로 '무질서'를 처벌하는 것에 대한 광범위한 합의가 형성된다.

푸꼬에 따르면 중세까지만 하더라도 농민들이 저지르는 좀도둑질 같은 행위는 종종 포용되기도 했다.[4] 하지만 부르주아가 토지를 부분적으로 획득해가고 봉건제도에서 해방되자마자 부르주아의 소유권은 절대적인 소유권으로 취급받게 되었다. 당시에 무엇보다 용납되지 않은 것이 소유권 침탈 행위였다. 이 때문에 민중의 저항은 부르주아의 재산을 축내는 것으로 직결되어 인식되었다. 푸꼬에 따르면, 이에 따라 소유권이 문제가 될 경우에는 위법행위를 묵인하지 않게 되었으며, 과거엔 '권리를 침해한 위법행위'에 속하던 민중의 행위가 이제는 '재산에 관한 위법행위'로 전환되면서 이에 대한 엄중한 경계망의 설치 필요성이 강조되었다.[5] 민중들의 위법행위를 질서를 파괴하는 것으로 인식하기 시작한 것이다.

이에 따라 민중들의 위법행위를 분류하고 관리하며 차등적으로 적용하는 형벌제도의 필요성이 대두되었다. 또한 형벌제도는 위법행위를 근절하기 위해서가 아니라 차이에 따라 나누고 관리하기 위한 장치로 발달하게 되었다.[6] 그러나 이것은 한 개인의 의지 탓이 아니었다. 푸꼬는 이러한 "범죄"들이 "어느 특정한 사회계급이 거의 배타적으로 자행하는 행위"였다고 말한다. 이에 따라 범죄에 대한 재판과 처벌이란 "사회 전체가 사회 구성원들 가운데 한 사람을 재판하는 것이 아니라 질서를 담당하는 하나의 사회적 부류가 무질서에 빠져 있는 어떤 사회적 부류를 제재하는 것"으로 재해석된다.[7] 범죄에 대한 처벌은 범죄를 저지른 한 개인이 아니라 무질서에 빠져 있다고 규정된 어떤 '부류'에 대한 집단적인 처벌의 성격을 갖게 되었다.

다른 나라에서도 그렇지만 한국의 경우 특히 이렇게 무질서한 존재로 지목되는 대표적인 존재가 부랑자·노숙자다. 국가가 부랑자들을 질서라는 이름으로 어떻게 격리했으며, 그 격리된 부랑자들의 삶이 또 어떻게 역설적으로 국가 '밖'에서 무질서한 폭력에 벌거벗겨졌는지를 보여주는 대표적인 사례는 바로 1987년 부산 형제복지원 사건이다.[8] 이 사건은 당시 원생 1명이 구타로 사망하고

35명이 탈출하면서 세상에 알려졌다. 형제복지원은 주민등록증이 없던 부랑자들을 강제로 감금·수용하여 강제노역을 시키고 구타·학대했는데 12년간 531명이 사망하고 그 시신은 암매장되거나 의과대학에 300~500만원에 팔아넘겨졌다.

이 사건에 대한 당시 대법원 판결을 보면[9] 국가가 단지 가해자를 봐준 것만이 아니라는 점을 알 수 있다. 대법원은 형제복지원 측이 '부랑자들'이 작업장 바깥으로 도망가지 못하도록 경비경계를 철저히 했을 뿐 아니라 "철창시설이 되어 있는 숙소에 가두어 취침"시키고 "취침시간인 밤 10시부터 이튿날 아침 6시까지 출입문을 밖에서 시정한 행위"까지도 감금죄에 해당하지 않는 적합한 행위라고 판결했다. 한마디로 '부랑자들'을 감금하고 강제 노동시킨 것은 법에 의거하고 부산시 등의 행정기관에 의해 승인된 행위이기 때문에 처벌할 수 없다는 것이다. 무법천지라는 '법'의 예외지역이 법에 의해 만들어진 것이다.

일제시대부터 '부랑자'에 대한 탄압이 있었지만 본격적으로 그들에 대한 추방과 격리를 제도화한 것은 박정희정권 때였다. 박정희정권의 '근대화'는 단지 산업화만을 의미하지 않았다. 국민들의 생활을 '근대적'으로 뜯어고치고 그에 부적합한 사람들을 사회악으로 간주하여 갱생을 명목으로 가혹하게 격리했다. 이에 따라 가출청소년, 걸인, 노숙인, 나아가 전/반근대적인 미신을 퍼트린다는 이유로 무속인까지 탄압의 대상으로 삼았다.

이런 제도화의 정점에 있는 조치는 1975년 발표된 '내무부 훈령 410호'다.[10] 이 훈령은 거리를 배회하며 구걸하거나 "사회에 나쁜 영향을 주는" 모든 사람들을 부랑인으로 여기고 지역관리 책임자나 심지어 주변의 상인을 지정하여 부랑자를 신고하도록 의무화했다. 판결문에서 알 수 있듯이 그들을 감금하고 강제노역시키는 것도 법으로 정해지고 행정당국에 의해 보장되었다. 이런 점에서 형제복지원 사건은 부패하고 잔인한 가해자들 개인이 저지른 예외적인 사건이 아니다. 오히려 국가가 범죄를 만들어내고, 법으로 국민을 법의 예외지역으로 추방해버린 국가범죄라 할 수 있다. 무질서와 범죄에 대해 국가가 무능력하게 방치한 것이 아니라, 국가가 바로 그 무질서한 예외지역을 만들고 그 공간에서의 폭력을 허용한 것이다.[11]

고립, 내부를 파괴하는 또다른 방식

무질서한 부류를 격리하고 저항을 잠재우기 위한 통치권력의 두번째 전략은 외부와 내부를 가르는 것이다. 동성애자나 이주노동자들을 적으로 지목하는 것은 그다지 어렵지 않다. 하지만 그렇지 않은 사람들의 저항의 경우는 다르다. 제주 강정마을 해군기지나 밀양 송전탑을 둘러싼 갈등이 가까운 예다. 이들의 투쟁은 대부분 자기들이 살던 마을을 그대로 지키겠다는 취지의 행동이며 이들 스스로가 마을의 원주민들이므로 국가가 '내부의 적'으로 돌리기가 쉽지 않다. 이들이 지키겠다는 것이 '지금 여기'라는 자신들의 삶의 터전, 즉 실존의 문제이기 때문에 그들의 희생을 '국익'이라는 이름으로 손쉽게 정당화할 수 없는 것이다.

밀양의 송전탑 관련하여 마을 주민분들이 쓴 탄원서에는 다음과 같은 말이 나온다. "송전탑이 들어서면 조상님에게 죄가 되는 짓 같아 아주 죽고 싶은 마음입니다" "우리는 요대로만 살고 싶습니다" "온식구 배 곯아가며 손바닥만 한 땅 평생 일궈 영감 할멈 이제 맘 편히 살아보려 했는데…… 지금 남편은 병이 들어 어디로 가서 살 데도 없습니다". 그중에서도 탄원서에 하나같이 등장하는 말은 '옛날처럼 이대로만 살고 싶다' '조용히 살고 싶다'이다. 한 할머니는 심지어 송전탑문제가 해결되면 자신은 "농사도 안 지으면서 조용히 살고 싶다"라고까지 했다. '여기'가 없다면 자기들도 없다는 절박한 호소다.

에드워드 렐프(Edward Relph)가 쓴 『장소와 장소상실』에는 이런 이야기가 나온다. 나치 독일에 의해 파괴된 체코의 한 마을의 여성 이야기다. 이 여성은 전쟁 탓에 남편도 죽고 아이들과도 사별했다. 하지만 그녀가 받은 가장 큰 충격은 전쟁 뒤에 언덕에 올라가서 보게 된, 폐허조차 남지 않은 마을 풍경이었다. 자신이 평생 살아온 장소의 파괴는 곧 존재의 말살이다. 렐프의 말을 따른다면 송전탑은 마을주민들에게 "인생에서 가장 의미있는 경험이 발생하는 곳"인 '여기'를 앗아간다.[12] 평생을 '여기'에서 살아왔는데 '여기'를 버리고 다른 데로 가라는 것은 주민들의 '평생'을 말살하는 일이다. 내가 평생을 산 '여기'를 잃고서도 사람이 살아갈 수 있는가?

이처럼 내부의 적으로 지목된 사람들이 아닌 내부의 사람, '여기'의 사람을 추방하기 위해 통치권력이 선택하는 이데올로기 전술은 바로 '고립'이다. 통치권력은 그들의 투쟁과 저항의 정당성과 불가피성은 인정할지언정 그 '순수성'이 외부에 의해 오염되었다는 주장은 굽히지 않는다. 이를 통해 통치권력이 노리는 것은 내부와 외부의 단절이며, 그로 인한 내부의 '고립'이다. 앞서 부랑자 같은 내부의 적이 사회안전을 위해 추방되어야 하는 존재라면, 이들은 내부에서 고립되어 서서히 고사되어야 할 존재들이다. 국가는 그들이 아니라 그들의 말을 들으러 오는 사람들을 불순한 존재로 지목하여 저항의 정당성을 훼손하고 주민들을 고립시킨다. 이를 통해 아무도 그들의 고통에 대해 듣지 못하게 하고, 주민들이 자신의 고통에 대해 아무에게도 호소하지 못하게 한다.

아마도 이 고통은 말로 할 수 있는 고통이 아닐 것이다. 이계삼 밀양송전탑대책위 사무국장은 나와 주고받은 이메일에서 자신에게 이 싸움을 왜 하냐고 묻는다면 "그저, 우리가 빠지면 쌍용차처럼 어르신들이 계속 집단우울에 빠져 세상을 버릴 것 같다는 공포 때문"이라고 말했다. 세상에서 가장 고통스러운 것은 고통 자체라 기보다는 그 고통을 함께 겪거나 공유하는 사람들이 없을 때다. 주민들의 탄원서만 보더라도 말할 수 없다는 고통과 몸부림이 느껴진다. 누구도 내 고통에 귀 기울이지 않고, 누구에게도 내 고통을 말로 표현할 수 없을 때 사람은 '죽는다'고들 한다. 사람에게 고립과 외로움이란 곧 세계의 파괴이며 그 결과는 죽음이다. 이미 이것은 현재진행형이다. 2013년 7월 국제엠네스티 등으로 구성된 인권 침해조사단은 밀양 주민의 40퍼센트 이상이 이미 심각한 수준의 불안·공포·우울을 경험하고 있으며 자칫하면 파국적 감정 결과를 초래할 수 있다고 경고했다.[13]

동의, 국익과 안전이라는 합의

이런 국가폭력이 행사되기 위해 반드시 필요한 것이 있다. 국민들의 광범위한 동의다. 그런 자들을 제거하지 않으면 우리 사회가 무너질지 모른다는 불안감이 확산되지 않는다면 불안을 통한 통치는 성공할 수 없다. 또한 국익을 위해 소수의 희생은 불가피하다는 인식이 내면화되어야 한다. 그렇기 때문에 부랑자에 대한 것이든 파업에 대한 것이든, 원전과 송전탑에 대한 것이든 국가가 세심하게 신경쓰는 것이 있다. 바로 국민 대다수로 하여금 자신은 주류

질서의 범주에 속해 있으며 우리 사회 안의 몇몇 '부류'만이 무질서를 확산하고 사회를 위험에 빠뜨리고 있다는 불안을 느끼게 하는 것이다. 무질서에 대한 불안이야말로 국가가 자기 정당성을 확보할 수 있는 유일한 자원으로 다시 태어났다.

동의는 하나의 지배 이데올로기가 지배적 위치를 차지하는 데 가장 핵심적인 과정이다. 따라서 이를 획득하기 위해 각 사회에서 이데올로기는 다양한 형태로 다른 가치들과 접합을 시도한다. 미국에서는 신자유주의가 중산층의 이상과 기독교 근본주의와 결합하면서 신보수주의로 전환했다. 아이와 옹(Aihwa Ong)에 따르면 "미국의 시민권은 영토화"되는 반면에 "중산층의 직업은 탈영토화"되고 있다.[14] 시민권의 국가주의화·민족주의화는 점점 더 심해지는 반면 아이러니하게도 중산층들이 이를 통해 지키고자 하는 일자리는 아웃소싱이나 공장의 재배치를 통해 탈영토화한다. 결국 '경제'가 탈규제화하여 벌어지는 일자리의 위기를 이주노동자들의 탓으로 돌리면서 인종차별주의가 득세하는 것이다. 또한 이 과정에서 종교근본주의와 연합하여 사회적 불만을 페미니스트들과 성소수자들의 평등권 주장에 대한 공격으로 뒤바꾸는 데 성공했다. 가족이야말로 가장 숭고한 가치인데 이것을 페미니즘과 성소수자 운동이 파괴하고 있다고 공격했으며 이것이 보수층을 결집시키는 데 성공한 것이다.[15]

무질서에 대한 불안이 어떻게 국가폭력의 광범위한 허용에 대한 동의가 되었는지를 잘 보여주는 사례는 영국의 마거릿 새처 (Margaret Thatcher) 정권이다. 영국의 문화연구자인 스튜어트 홀 (Stuart Hall)은 경제위기의 국면에서 대의제 의회민주주의가 쇠퇴하고 그것이 국익정부로 대체되었다는 데 주목한다.[16] 파업은 국익에 반하는 것으로 도덕적으로 지탄받게 되었다. 대의민주주의는 '노동귀족'을 중심으로 한 기득권 세력의 야합으로, 또한 좌파는 이도저도 제대로 선택을 하지 못한 채 우왕좌왕하는 세력으로 각각 비판받았다. 결국 대중들 사이에서 국익을 중시하는 새로운 질서가 출현해야 한다는 목소리가 높아졌다. 노동자든 부랑자든 국익이라는 질서에 반하는 자들은 모두 사회의 적으로 여겨지게 된 것이다.

내부의 적을 발견하다

이 과정을 좀더 자세히 살펴보자. 이후 영국의 상층계급이 이전의 방식을 더이상 유지할 수 없고 하층계급은 이전의 방식을 원하지 않게 되는 계기가 발생했다. 이때 일이 옛날 방식대로 진전될 수 없다는 것을 깨달은 쪽은 급진적 우파였으며 이들은 '민주적 포퓰리즘'이라는 카드로 승부수를 던졌다. 이에 반해 좌파들의 대응은 무능했으며 심지어 우파가 집권할 수 있는 길을 미리 닦아주는 역할까지 수행했다. 역설적이게도 위기의 국면에서 집권한 노동당 정부가 전략적으로 내세운 적대 패러다임은 '국민' 대 '계급', '소비자' 대 '생산자', 노동자의 '분파이익' 대 '국익'이라는 고전적인 대립이었다.[17]

노동당을 비롯한 집권좌파는 자본의 대표와 노동의 대표, 그리고 정부의 대표 사이의 '동반관계'를 자본의 논리와 한계 안에서 확립하려는 시도를 고수했다. 문제는 이 정책이 형식적으로는 대의제적인 형태를 띠었지만 실질적으로는 대의적 측면에서 매우 허술했다는 점이다. 단적으로 말해 노동조합으로 조직화된 노동자들의 이해관계는 노조와 노조 지도자들을 통해 대변될 수 있지만 노조에 속하지 못한 사람들의 그것은 이런 협조주의에서 설 땅이 없었다. 좌파들은 노동자들을 광범위하게 정치의 영역으로 이끌어내는 일에 무능했고, 그렇다고 노동자들의 이해보다 자본가들의 그것을 우선하기에는 지나치게 노동조합의 눈치를 보았다. 그 결과 대중들에게 좌파정부는 일단의 노동귀족 손아귀에 든 무리로서만 인식되기에 충분했다. 덩달아 영국 국내에서는 자본투자의 회피가 정당화되고 해외의 외환딜러들은 두려움을 느꼈다.[18]

이 과정에서 우파는 조직되지 않은 대중들의 불만을 활용하여 사회민주주의가 자리잡고 있는 조합주의를 반국가주의·반집단주의 등의 테제를 통해 비판했다.[19] 우파들은 도덕적 타락과 사회적 붕괴를 범죄의 증가와 연결시키며 법치주의에 대한 동의를 확산시켰다. 시위나 파업, 범죄가 늘면서 기업경영을 비롯해 급기야 사회와 국가 자체가 위기에 빠졌다는 씨나리오가 광범위하게 대중들에게 먹혀들어갔다.

제1부 1장에서 언급한 것처럼, 국가는 본래 제약 없이 행사되는 시장의 힘에 의해 초래된 손실과 피해를 제한하고, 약자들을 지나치게 고통스러운 재난으로부터 보호하고, 불안한 지위의 하층민들을 자유경쟁이 필연적으로 수반하는 위험으로부터 보호하겠다고 약속함으로써 정당성을 획득할 수 있었다.[20] 그러나 신자유주의로 전환되는 과정에서 국가의 가장 주된 임무가 시장으로부터 국민을 보호하는 게 아니라 그 역이 되면서 자신의 정당성의 근거를 경제적인 영역이 아니라 비경제적인 영역에서 다시 찾아야 했다. 이러다 보니 범죄에 대한 불안감 속에서 무능한 좌파를 대신하여 강력한 법질서 회복을 주장하는 우파가 통치의 영역으로 다시 강하게 불러들여진 것이다. 이에 따라 대중들 밑으로부터 규율과 위로부터의 강제력을 요구하는 우파의 작업이 한결 용이해졌다.

이를 통해 포퓰리즘식 '법과 질서' 운동이 형성되었다. 위로부터의 강제력은 노사협조주의가 제대로 작동하지 않은 뒤부터 좌파정부가 이미 일상적으로 사용하던 통치방식이었다. 정치집단과 개인에 대한 경찰의 권한과 감시가 확대되었고, 사회적 갈등의 영역이 자율적으로 조율되는 것이 아니라 경찰과 범죄예방기구의 동원으로 해결되었다. 더불어 경제와 산업 분야의 계급투쟁을 저지하는

데 공권력이 나서는 횟수가 늘었고 시위와 파업을 법적으로 제한한 노사관계법 같은 새로운 사법적 수단의 동원이 잦아지는 상황이 되었다. 역설적이게도 급진적 우파들의 권위주의적인 통치수단의 대부분은 이미 좌파가 닦아놓은 셈이다. 그 결과 우파들은 한편에서는 사회적 불안을 이용하여 집권의 도덕적 정당성을, 다른 한편에서는 강력한 통제수단을 획득할 수 있었다. 이를 정당화한 우파의 담론이 바로 '법과 질서 중심의 사회', 즉 법치주의다.[21]

이런 점에서 신자유주의의 법치는 도덕적 성격을 강하게 띤다. 신자유주의 법치 이념의 확산 자체가 애초에 대중들의 도덕적 공황에서부터 비롯된 것이며, 그 안에서 강화된 것이기 때문이다. 대중들은 노사협조주의와 복지국가를, 벌지도 못한 부를 함부로 써버리고 일반인의 자립을 해치며 건강한 시민의 생활의지를 꺾어버리는 도덕적으로 부패한 체제로 인식했다.[22]

이 체제에 기생하며 사회를 '좀먹는' 사람들로 백안시된 것이 바로 이주노동자 같은 타자들이다. 사회에 대한 위협세력은 이뿐 아니다. 앞서 언급했듯이 동성애자와 여성운동은 가족이라는 전통적 가치에 대한 위협으로, 마약과 포르노의 확산은 건전한 정신과 노동윤리에 대한 위협으로 여겨진다. 여기에 더해 이 모든 위협세력들은 결국 하나의 얼굴을 하고 있으며 같은 가족에 속해 있다는 씨나리오가 동의를 얻게 된다. 즉 악마의 발견, 민중적 악당의 설정, 도덕캠페인의 전개, 고발과 통제로 이어지는 도덕적 공황의 사이

클이 바로 우파의 헤게모니가 확립되는 과정인 것이다.[23]

이 도덕적 공황이 정치적 해결이 아니라 사법적 해결로 이어지는 이유는 무엇일까. 바로 이 타자들의 한결같은 목적이 내부로부터 국가를 전복하는 것이므로, 국가가 '문제를 바로잡도록' 아주 폭넓은 권한을 이양해야만 효과를 거둘 수 있다는 주장이 설득력 있게 받아들여졌기 때문이다.[24]

그 결과 노동자들의 파업을 법질서 내부로 끌어들이려던 계획은 실패로 끝나고 대신 그 자리를 신자유주의적 법치주의가 차지하게 되었다. 이 신자유주의 아래의 노동자들에 대한 적대적 정책은 노동자들의 파업을 국익에 반하고 자신들의 사적 이익만을 추구하는 반도덕적인 행위이자 사회파괴행위로 낙인 찍었다. 노동자는 이기적이고 무질서한 '부류'로 재분류되었다. 신자유주의는 법질서 바깥의 것에 대해 정치적 해결을 시도하는 것이 아니라 엄격한 사법적 규율과 통제로서 통치하려는 시도다. 이에 따라 법질서 바깥의 것이 정치적 과정을 통해 법질서 안으로 들어오는 것은 허용되지 않는다.

랑시에르의 개념에 따르면 이는 법질서에 의해 셈되지 않던 사람들이 셈해달라고 요구하는 것에서 출발하는 본래적 의미의 정치의 원천적 봉쇄다. 또한 이미 법질서 내부에 포함된 세력들 간 분쟁이라 하더라도 정치적 타협에 의해 해결을 시도하기보다는 사법적 판단에 의한 일방적 해결을 선호한다는 의미에서 사회의 불화를 조정하는 차원의 정치 또한 설 여지를 좁힌다. 따라서 신자유주의 법치 아래서 허용되는 것은 정치가 아니라 단지 치안일 뿐이다. 정권의 통치에 반대하는 민중의 저항 역시 더이상 정치문제로 다뤄지지 않고 치안 차원의 문제로 엄격하게 축소되었다. 민중들의 저항은 다시 법 바깥의 폭력으로 자리잡게 되었다.

3

고통에 대면하기
사회에 저항하기

제1장

성장은 가능한가

　"아이에게 거짓말을 하라고 해야 하나요, 아님 교사와 싸워야 하나요?" 중학교 2학년 딸을 둔 후배가 난감해하며 전화로 물었다. 그 아이 학교에서 학생들에게 미래의 꿈이 무엇인지를 묻는 설문조사를 했다. 초등학교 때부터 꿈은 천천히 가져도 된다고 부모로부터 들어왔던 터라 아이는 설문지에 솔직하게 "꿈이 아직 없다"라고 쓴 모양이다. 다른 학생들은 거짓말로라도 칸을 채우는데 이 아이만 "없다"라고 쓰자 교사가 당황한 모양이다. 교사는 아이를 불러 "어떻게 꿈이 없을 수 있냐"라면서 "꿈을 갖지 않는 것은 나쁜 것"이라고 말했다. 아이가 당황해하며 "진짜 없어요"라고 하자 "너 지금 나한테 반항하냐"라며 "꿈을 쓰든지, 부모님 모시고 오라"며 윽박질렀고 아이는 울면서 집으로 돌아왔다는 내용이었다. 아이에게 거짓말하라 할 수도 없고 그렇다고 자기가 교사와 싸울 수도 없어 어떻게 해야 할지 모르겠다는 푸념이었다.

얼마 뒤에 들은 이야기는 더 가관이었다. 아이에게 거짓말하라고 할 수는 없어 다시 담임에게 아직 꿈이 없고 천천히 찾겠다고 말하라고 했다. 그후 득달같이 담임에게서 이 아이만 꿈이 없다고 한다며 큰일났다고 전화가 왔다. 후배는 담임교사가 알아들을 수 있도록 아이가 자라온 과정을 설명하고 부모인 자신들도 그게 그리 문제라고 생각지 않는다고 말했다. 그러자 전화기 너머로 담임교사의 싸늘한 목소리가 들려왔다. "이제야 아이가 왜 그런지를 알 수 있을 것 같군요. 수업에도 잘 집중하지 않고 공부에 흥미가 없는 것이 어머니 때문이었군요." 그러더니 교사 자신은 이제 책임질 수 없으니 부모가 알아서 하라며 전화를 끊었단다.

초조함은 영혼을 잠식한다

이 후배의 이야기는 앞서 제1부와 2부에서 말한 다름에 대한 차단과 동일성에 대한 강요가 극단화된 한국사회의 모습을 단적으로 보여준다. 후배는 이 사건을 통해 한국에서 아이를 다르게 키운다는 것은 불가능함을 뼈저리게 느꼈다고 한다. 후배뿐만이 아니다.

특히 중산층들이 밀집되어 사는 강남이나 목동, 혹은 강북의 상암동 등의 중대형 평수 아파트단지에 가면 이런 현상은 극명하게 드러난다. 이곳들은 아파트단지를 중심으로 '명문'입시학원이 즐비하다. 거주민들은 서로의 운명을 같이하며 폐쇄적인 그들만의 공간, 즉 '빗장 건 사회'를 형성하고 있다. 극단적으로 말하면 아파트단지라는 성채 안에 들어가는 순간 내 아이는 좀더 자유롭고 다르게 키울 그런 자유 따위는 없다. 아예 아파트단지와 무관하게 살아가면 모를까, 그렇지 않고 조금이라도 교류를 하자면 '다른 생각'을 하는 순간 이웃으로부터 유무형의 압력이 들어오기 시작한다.

아파트단지 커피숍에 들어가면 '어머니'들이 모여 시종일관 학교 흉과 학원 정보를 나누느라 여념이 없다. 이들은 자신들이 만든 게임의 장에 들어오지 않는 '이웃'을 용서할 수 없다. 특히 그들이 집요하게 파고드는 것은 이념과 상관없이 중산층들이 대체로 지닌 학교에 대한 불신이다. 한 시사프로그램에 나온 것처럼 그들은 학교가 아이들을 그저 잘 봐주기만 하면 된다고 생각한다. 대신 성적을 올리는 것은 자신들이 알아서 할 수 있다는 것이다. 주변의 '조언'과 '걱정'을 들으며 학교에 대한 불신과 내 아이만 뒤쳐지는 것 같은 불안이 증폭되고 결국은 너도나도 항복을 한다. 그 '무리' 속에 있을 때에만 안심할 수 있다.

이 '빗장 건 사회'에서 사람은 초조할 수밖에 없다. 자신만이 동떨어지고 뒤떨어지는 것 같다는 불안감이 늘 초조함을 부추긴다.

정해진 길을 걸어가는 데는 주저함이나 멈춤이 있을 수 없다. 앞의 제1부 2장에서 이야기한 것처럼 러닝머신 위에서 달리는 사람에게는 분명한 목표가 있으며 그 목표가 지금 얼마나 성취되었는지를 지표화해주는 기구가 있다. 러닝머신 위에서의 초조함이란 제 시간에 자기가 설정한 목표를 달성하지 못하는 것에 대한, 시간과의 싸움에서 오는 불안함이다. 그렇기 때문에 러닝머신 위에서는 아무도 멈추지 않고 멈출 필요도 없다. 시간을 효율적으로 사용하도록 최적화된 프로그램에 따라 맹목적으로 달리는 것이 곧 러닝머신이다. 그 위를 뛰는 사람은 자신이 그것을 자신의 체격과 조건에 맞게 최적화했다고 착각하지만 말이다.

그러나 자신이 제대로 가고 있는지 아닌지를 점검하기 위해서는 멈추어야 하고 뒤를 돌아봐야 한다. '점검하는 삶'은 멈추는 것을 통해서만 가능하다. 점검하는 삶에서 '멈춘다'는 것은 곧 주저함을 의미한다. 자신이 틀릴 수도 있다는 가능성을 열어놓는 것이다. '안다'라는 확신에 속는 것이 아니라, 소크라테스가 했던 것처럼 자신이 모르고 있는 것이 무엇인지를 발견하는 것이야말로 자신에 대한 진정한 배려다. 내가 맞다고 생각하는 것이 틀릴 수도 있기 때문에 다른 길을 가는 사람의 의견에 귀기울여야 한다. 내가 맞을 확률을 더 높여줄 수도 있고, 나에게 다른 가능성을 열어주기 때문이다. 이처럼 점검하는 삶은 자신의 확신을 괄호로 묶고 타인의 말을 경청하는 삶이다. 배움에 주저함이 없는 삶, 배움을 위해 타자와의 만남에 주저함이 없는 삶이 바로 이 '점검하는 삶'이다.

초조함은 이런 점검하는 삶을 불가능하게 한다. 그러나 이때의 초조함이란 개인의 감정상태가 아니다. 오히려 이 초조함이란 우리가 살아가는 이 시대의 체제에 의해 체계적으로 생산·관리되는 통치의 효과라 할 수 있다. 즉 앞서 제1부 2장에서 말한 '탈락에 대한 공포'와 맞닿아 있다. 다만 무엇보다 초조함은 지금까지 이야기한 것처럼 자신의 삶을 총체적으로 점검하는 것 자체를 불가능하게 한다. 삶의 목표와 방향에 대한 총체적 점검에서 초조함을 대체한 것이 '관리'다. 내 삶 그 자체에 대해서는 돌아보지 않는 대신 이미 설정된 목표와 방향 내에서 제대로 과업이 수행되는지 아닌지를 감시·관리하는 일만이 남게 된다. 이 자기 감시와 관리의 기술이 발달하고 이에 충실할수록 정해진 트랙 바깥으로 내려오거나 트랙의 바깥을 상상하는 것을 불가능하게 하는 것이 통치의 전략이다.

두번째로 통치는 개인이 이 초조함을 자신의 개인적인 감정상태로 받아들이게 함으로써 초조함의 원인으로 자신의 부족을 탓하게끔 조장한다. 사람들은 만성적인 초조함의 상태에 있으면서도 왜 자신뿐만 아니라 거의 모든 사람이 초조해하는지를 돌아보지 못한다. 그 문제가 한 사람만의 것이라면 개인사라 할 수 있다. 두 사람의 공통된 문제라면 사회과학적으로 의심해볼 필요가 있으며 만약 적어도 세 사람 이상이 동일한 문제를 겪고 있다면 이는 사적인 것을 넘어 공공의 문제라 할 수 있다. 하지만 초조함이 자신의 바깥을 돌아보는 것을 불가능하게 하면서 사람들은 그 감정을 자신'만'의 문제로 생각하게 된다. 자기'만' 불안하고, 자기'만' 초조하다고 여기게 된다. 더 나아가 이것은 여유를 갖지 못하는 개인의 성격문제, 즉 심리적 결격으로 받아들여진다. 개인이 자신의 문제를 사회적인 것으로 보편화하지 못하고 자기의 문제로 환원시키는 것, 이또한 통치전략 중 하나다.

이에 대한 강의가 끝난 어느 날 한 학생은 자신을 괴롭히던 마음이 무엇인지를 알 것 같다고 말했다. "친구들이 취업하고 '실속'의 세계"로 나가는 데 반해 자신은 늘 "어정쩡하게 휴학을 반복하며 학교에 남아 '헛짓'을 하는 것에 대해 불편함"을 느껴왔다는 것이다. 소신을 갖고 세계에서 살아가며 자기를 실현하는 것이 행복한 삶이라고 배웠고 또 그렇게 믿고 있으며 이를 위해서는 자신을 "괴롭히는 조급함만 이기면 된다고 생각했는데, 그 조급함을 이기는 게 생각보다 너무 힘들어 가끔씩 막 깜짝깜짝 놀랐다"라는 것이다. 왜 그렇게 힘든지 알 수 없었는데, 나의 강의를 통해 초조함이 체제에 의해 생산되는 통치의 전략이며 따라서 초조함에 맞서는 것이 체제에 저항하는 어마어마한 일임을 알게 되었다. 그러고나니 "역설적으로 위안"이 되며 "어마어마한 일을 하려고 하는 거니까 힘든 것이니 힘내서 계속 저항해야지"라는 마음을 먹게 되었단다. 초조함이 개인의 감정이 아니라 체제에 의해 생산되는 것이라고 해서 절망하고 포기하는 게 아니다. 그보다는 이에 맞서는 게 힘든 일일 수밖에 없음을 받아들임으로써 오히려 초조함에서 벗어나 맞설 수 있게 된다.

이질공포증: 성장과 차단된 사회

초조함이 지배적인 감정상태가 된 사회에서 개인들은 자신을 멈추게 하는 다름/차이와 철저히 차단하려 한다. 이런 사회의 특징은 한마디로 '이질공포증'이다. 이질공포증 사회에서는 외부의 낯설고 모르는 것의 침입만을 두려워하는 것이 아니라 내부에서 공동체에 활기를 불러넣을 수 있는 문제 제기도 귀찮아 한다. 이런 문제 제기는 생동적이고 활기는 있지만 동요를 일으키기도 한다. 이질공포증은 이런 "귀찮은 상호작용에서도 물러나 틀어박히겠다"라는 것이다. 그 결과 (앞서 언급한 것처럼) "다르고 낯선 외래의 '타자'를 멀찍이 거리 두려는 노력, 소통하고 조정하고 상호간 충실할 필요를 사전에 없애는 결정"이 사회를 지배한다.[1]

이질공포증의 사회에서는 나와 같지 않은 것에 대해 불온하다고 생각하며 그것이 자신들이 기껏 구축한 질서를 무너뜨리지 않을까 경계하고 그 차이를 추방하기 위해 온 힘을 다한다. 이 장의 초반부에서 내 후배가 경험한 것처럼 '다른 교육'이란 곧 누군가의 교육방식에 대한 위협으로 비쳐진다. 그것은 학급의 다른 학생들을 동요하게 하고 급기야 교사의 교육방침에 대해 학생들이 의문을 품고 질문하게끔 부추긴다. 질문을 던지는 것이야말로 성장의 출발이지만 이들은 이것이 질서가 붕괴하는 시발점이라고 생각한다. 따라서 자신들이 이제까지 만나보지 못한 다른 것, 낯선 것은 내가 질서라고 알던 질서 바깥에 더 큰 질서가 있다는 것을 알려주는 '기쁜 소식'이 아니라 내 질서를 무너뜨리러온 적, 반드시 물리쳐야만 하는 적으로 여겨진다. 그러니 자신이 질서라고 믿는 좁은 질서를 철벽처럼 지키면서 그밖으로 나올 생각은 아예 하지 못한다. 이런 사회에서 사람은 절대 성장할 수가 없다.

사람은 자신이 질서라고 믿는 한계 바깥에 더 큰 질서가 있다는 것을 알고 그 '낯선/모르는 것'과의 만남을 통해 성장할 수 있다. 자연수의 세계만이 수의 세계라고 믿던 사람들이 '0'을 처음 배우게 되면 혼란을 느끼지 않을 수 없다. 자연수의 세계에서 0은 낯선 숫자이기 때문이다. 그 0을 이해하고 배우게 됨으로써 사람들은 비로소 자연수 바깥이 '혼란'이 아니라 '정수'라는 더 큰 질서라는 사실을 알게 된다. 이 과정에서 어떤 이는 정수라는 테두리 바깥에서 어떤 새로운 세계가 펼쳐질지에 대해 흥미를 품게 된다. 그러다 보면 정수에서 유리수로, 유리수에서 무리수로, 허수로, 미적분으로 '질서'를 넓혀가게 된다. 다른 말로 하면 이런 배움의 과정은 끊임없이 새로운 타자를 만나고, 그 타자를 통해 자신의 세계를 넓혀가는 과정이다. 여기서의 원칙은 단 하나다. 내가 질서라고 알던 질서의 바깥에 무질서가 아닌 더 크고 아름다운 질서가 있다고 여기고 그 새로운 질서에 흥미를 가지는 것이다.

수학의 역사에서는 이처럼 모르는 것을 봉쇄해버린 이야기가 전설처럼 전해온다. 무리수의 발견 이전의 이야기다. 피타고라스 학파는 세계가 '수'로 이루어졌다고 믿었다. 문제는 그 수가 유리수였다는 것이다. 피타고라스는 자연수의 비례로 표현되지 않는 것이 없다고 믿었고 그들에게 무리수는 존재하지 않는 수였다. 아니 존재할 수 없는 수였으며, 존재해서는 안 되는 수였다. 그러던 어느 날, 피타고라스의 제자였던 히파수스가 직각 이등변 삼각형의 대변의 길이가 유리수로 표시되지 않는다는 사실을 발견했다. 다른 이들은 혼란에 빠졌고, 이 발견이 전체 수의 질서를 무너뜨린다고 생각했다. 그들은 히파수스에게 이 '발견'을 말하지 말 것을 강요했고 히파수스가 거부하자 그를 물에 빠뜨려 죽여버렸다. 믿거나 말거나 식의 전설이지만 배움의 목적이 새로운 것의 발견이 아니라 기존 질서의 확인에 불과하다고 믿는 자들이 저지를 수 있는 어리석음을 잘 보여주는 일화가 아닐 수 없다.

이 에피소드에서도 알 수 있는 것처럼 배움을 통한 성장은 기존의 질서를 확인하는 것이 아니라 모르던 질서를 발견하는 것에서 출발한다. 이런 점에서 사람이 배움을 통해 성장하는 과정은 여행과 비슷하다. 앞서 제2부에서 설명했듯이, 여행은 새로운 것을 '발견'하는 과정이다. 자신이 이제까지 모르던 것과 대면하기 위해 아예 낯선 땅으로 떠나는 것도 여행이고, 자신에게 익숙한 주변에서 의외의 것을 발견하는 것도 여행이다. 사람의 일상 자체가 여행일 수 있는 이유가 여기에 있다. 단적으로 말해 여행의 재미는 발견의 재미다.

타자와의 만남과 성장

성장이란 낯선 환경을 만나 여러 방법을 시도해보면서 재적응해가는 과정이다. 낯선 환경이란 사물뿐 아니라 사람을 둘러싼 관계 전반을 일컫는다. 학교에서 학생들은 주변환경이나 교사, 다른 학생들과 만나고 부딪치는 상호작용(interaction) 혹은 교호작용(transaction)의 과정을 통해 자신의 경험을 갱신하고 확장해간다.[2] 학생에게 특히 교사는 가장 낯선 사람이다. 자신이 지금까지 몰랐던 것을 가르치는 사람이기 때문이다. 그는 배움을 위해서는 이 낯선 존재에게 의지해야 하고 이 낯선 존재의 말을 이해해야 한다.

듀이는 인간의 성장에 두가지 조건이 필수적이라고 말한다. 첫번째는 미성숙이다. 우리는 미성숙을 부정적으로 보지만 듀이는 이런 미성숙이야말로 인간이 성장할 수 있는 첫번째 조건이라고 주장한다. "환경을 통제하여 그것을 인간의 목적에 맞게 활용하는 힘"을 부여하는 습관을 갖지 못한 것을 듀이는 미성숙이라고 부른다.[3] 그러나 이 미성숙은 부정되어야 하는 것이 아니라 오히려 성장의 발판으로서 긍정되어야 하는 것이다. 듀이가 보기에 자신의 미성숙을 받아들이고 성장하려 하는 아이는 스스로 이미 성숙했다고 생각하며 성장하기를 멈춘 어른보다 더 긍정적인 존재다.

듀이에게 미성숙이 긍정적인 이유는 의존성과 가소성 때문이다. 그가 말하는 가소성(plasticity)이란 "경험을 통하여 학습하는 능력"이다. 우리는 경험을 통해 "이전의 경험 요소를 잘 명심했다가 나중의 활동"에 활용한다. 이를 통해 인간은 "학습의 습관", 즉 "학습하는 방법을 학습"하게 된다.[4] 이처럼 듀이에게 경험은 인간의 삶과 성장에서 결정적이다.[5]

성장을 위한 두번째 근거는 의존성이다. 듀이는 인간이 다른 사람의 도움이 필요없을 정도로 완전히 독립한 자율적 존재가 되면 더이상 성장할 이유가 없다고 본다. 오히려 "개인이 점점 더 독립적인 상태로 되어간다는 것은 그만큼 사회적 능력의 감소를 초래할 위험"이 있다고 경고한다.[6] 이런 상태에서 "개인은 흔히 다른 사람들과 관계에 냉담하게 되고, 마침내 문자 그대로 혼자 서서 혼자 행동할 수 있다는 착각"에 빠지게 된다.[7] 아도르노 역시 "다른 사람과 함께하지 않는 사람에게는 자신이 다른 사람보다 우월하다고 여기며 사회에 대한 자신의 비판을 사적 이익을 위한 이데올로기로 악용할 위험"이 있다고 말한다.[8] 듀이에게 의존성이란 인간의 사회성을 보존하고 사회적 능력을 성장시키는 토대가 된다.

듀이의 이야기는 앞서 제1부 2장에서 이야기한 상호의존의 문화로서의 '환대'와, 독자생존의 문화로서의 '예의바름'에 대해 다시 생각하게 한다. 우리는 될 수 있는 한 남에게 의지하지 말고 가급적 혼자 모든 일을 해결해가라는 명령에 익숙하다. 이렇게 혼자 해결하는 것을 성숙과 성장의 지표로 여긴다. 학교에서도 집에서도 일을 처리할 때 될 수 있는 한 혼자서 하려고 최대한 시도하다 마지막에 부모나 교사에게 물어보는 식이다. 혼자 해결하려 하지 않고 일이 생기자마자 남에게 물어보면 게으르다고 지적하며 주의를 준다. 교사들은 학생들에게 '충분히 생각해봤는지' '새로운 어떤 것을 시도해봤는지' 등등을 물어본 뒤에 마지막까지 최선을 다했다고 생각하면 그때서야 자기에게 의존하는 것을 '허락'한다. 이처럼 독립은 인간의 성장과 성숙의 지표로 여겨진다.

과연 현대사회는 다른 사람에게 민폐를 끼치지 않는 독립적 존재를 낳았는가. 실은 다른 존재의 노동과 활동에 의존한다는 사실을 망각한 채 자기 안으로 쪼그라든 '파편화되고 고립된 개인'만을 만들어낸 것은 아닐까. 개개인의 삶이 파편화된 것은 성장하는 존재여야만 자기 삶에 연속성을 보장할 수 있기 때문이다.

듀이가 인간의 성장에서 가장 강조하는 것이 바로 '연속성'이다. 우리가 무엇인가를 경험하면 그 경험은 다음에 일어날 일을 미리 예측하거나 대비하는 데 다시 쓰여야 한다. 그럴 때야만 인간의 경험은 연속적이라고 말할 수 있으며 이런 경험의 연속성이 바로 성장의 주요 에너지원으로 다시 활용된다. 그런데 스스로 성장했다고 생각하는 주체는 더이상 자기 경험을 확장하지 않는다. 성장이 중단되었기 때문에 그의 삶은 그때그때 벌어지는 일들의 단편과 파편으로만 이루어지게 된다. 이런 점에서 성장이란 자기 삶을 연속적으로 흐르는 하나의 이야기로 만들려는 의지와 그것이 의미있고 가능할 때에만 이뤄진다. 파편적인 삶에 성장이란 있을 수 없다.

자기 삶을 하나의 연속적 성장과정, 즉 장구한 서사로 만들어낸 인물의 원형은 그리스신화의 오디세우스다. 그는 자신이 지금껏 알지 못했던 것과 끊임없이 만나며 새로운 것을 발견한다. 고대 그리스의 장편 서사시『오디세이』는 주인공 오디세우스가 자신의 집에서 출발하여 집으로 돌아가는 이야기다. 아이가 태어나서 출가하기 전까지 머무르는 집은 '내 집'이기보다는 아버지의 집이다. 그 집의 주권자는 아버지이며 그리하여 아이의 운명은 아버지에게 달려 있고 아버지의 법에 종속된다. 아버지의 법을 따르는 한 그 아이는 결코 주체적이라고 할 수 없다. 자유 대신 아버지의 집에서 그가 누릴 수 있는 것은 안전이다. 안전을 위해 집에 틀어박히는 것은 자유인에게는 수치였다. 그렇기 때문에 자유롭게 된다는 것은 자신이 주권자가 되는 집을 가진다는 것을 의미했다. 그러기 위해 아이는 일단 아버지의 집을 나와야 한다. 집을 나와 세계와 부딪쳐야 한다.

   집을 나와 세계와 부딪친다는 것은 그저 세계를 주유하는 것이 아니다. 그것은 곧 타자와의 만남이다. 만남이 없는 여행은 여행이 아니라 그저 구경하는 관광에 불과하다. 중국 명나라 때의 계몽사상가인 고염무(顧炎武)는 "만권의 책을 읽고, 만리 길을 다녀라(讀書萬卷 行萬里路)"라고 이야기했다. 역사학자인 김영수는 이것을 "만리 길을 걷다보면 만명의 사람을 만나게 될 것"이며 "그들과의 대화도 중요시하라는 이야기"라고 해석했다.[9] 만리를 다닐 때 비로소 고향에서는 만날 수 없었던 사람들을 만나고 그들의 이야기를 들으며 그들이 자신의 인생에서 축적한, 내가 경험하지 못한 이야기를 들을 수 있다. 이런 만남을 통해서만 사람은 자신이 모르는 것이 무엇인지를 발견할 수 있다.

   이런 만남의 관점에서 볼 때 성장이란 내적 성숙만을 의미하는 것이 아니라 관계의 확장을 의미하게 된다.[10] 만남이란 끊임없는 '너'의 확장을 의미한다. 만남을 "존재의 시원이요, 원리"[11]로 생각할 때 우리는 "자기의 기억과 욕구를 너에게 강요하지도 않을 뿐 아니라 나의 기억과 욕구를 너의 기억과 욕구 속에서 잃어버리거나 빼앗기지"[12] 않게 된다. 나아가 너의 기억과 나의 기억이 만나 우리가 될 수 있다. 성장이란 이 '우리'라는 관계의 끊임없는 확장을 의미한다. 그렇다고 이 '우리'의 추구가 '나'를 부정하는 것은 아니다. 오히려 "나와 너의 만남 속에서 나의 기억과 너의 기억 그리고 나의 동경과 너의 동경은 서로 얽히고, 이런 나와 너의 만남과 얽힘 속에서 비로소 나는 내가" 되는 것이라고 할 수 있다.[13] 우리는 나와 너가 없어지고 공동주체성으로서의 '우리'만 남는 과정으로서의 존재가 아니라 '나'와 '너'가 만나는 장소라고 할 수 있다. 관계의 확장이란 결국 '남'이 '너'가 되는 과정의 연속이다.

이러한 연속성은 개인의 삶뿐 아니라 사회의 지속과 존속을 위해서도 중요하다. 경험의 연속성은 전승의 형태로 나타나며 이때 사회 또한 연속적으로 존속할 수 있게 되기 때문이다. 듀이의 연속성에 대해 류명걸은 "사회는 전수에 '의해서', 의사소통에 '의해서' 존속할 뿐만 아니라 보다 정확하게 말하면 전수 '속에서', 의사소통 '속에서' 존속한다고 말할 수 있다"고 단언한다.[14] 송도선 역시 "개인경험에만 한정되는 것이 아니고 공동경험에서도 마찬가지로 적용"된다면서 "연속성으로 인해서 개인은 공동의 문화에서 자료를 취하고, 또 그것은 인류의 공동경험에 일조를 하게 됨으로써 개인의 경험도 역사성"을 갖게 된다고 말한다.[15] 즉, 개인의 경험은 매개된다. 내가 나인 이유는 내가 겪은 경험이 다른 누구의 것이 아닌 바로 나의 것이기 때문이다. 즉, 나는 "특정한 한 주체로서 존재하게 되는 것"이지만 이 "나의 경험은 언제나 너의 경험과 매개"되어 있다.[16] 이 매개가 끊어지면 나의 경험은 그저 나의 사적인 그것에 불과해진다.

제2장

무엇이 우정을 가로막는가

　만남은 자동적으로 성장으로 이어지지 않는다. 오히려 만남을 거치며 어리석은 사람들은 '자족'에 이르게 된다. 타자의 세계를 통해 자신의 세계의 협소함을 깨닫는 것이 아니라 자기 세계의 즐거움만이 즐거움의 전부인 것으로 착각하고 안주한다. 장자가 「소요유(逍遙遊)」에서 대붕과 참새를 내세운 것도 이런 이유가 아닐까 싶다. 대붕은 날아오르기 위해서는 커다란 바람을 필요로 하지만 한번 날아오르면 구만리를 오른다. 이를 보고 참새는 비웃는다. 뭐하러 그런 수고를 하느냐며 가지와 가지 사이를 날아다니는 자신의 즐거움에 만족한다. 이처럼 자신의 세계에 갇힌 자는 바깥의 세계를 상상조차 하지 않으며 바깥과의 만남에서 자신의 세계에 대해 만족하게 되는 것이다. 즉, 나르시시즘이다.

타자와의 만남을 차단하고 그 만남을 구경으로 전환하며 자신의 세계에 만족하고 안도할 때 만남은 나르시시즘으로 포획된다. 타자는 나에게 내 세계의 협소함을 깨닫게 해줄 뿐 아니라 내 세계의 안온함을 일깨워주는 존재다. 사실 한국의 교육은 타자, 특히 사회적 약자와의 만남을 철저하게 나르시시즘으로 귀결시키는 방식으로 짜여 있다. 앞서 언급한 사례 중에 학교에서 문제를 일으킨 학생들에게 '봉사'를 시키는 것이 대표적이다. 사회적 약자에 대한 봉사를 통해 학교가 기대하는 효과란 뻔하다. 세계에 남의 도움을 필요로 하는 사람이 얼마나 많은지를 알게 한 다음, 그들에 비해 자신들이 얼마나 가진 것이 많은지를 깨닫게 하고, 부모와 교사에게 감사하는 마음을 갖고, 지금까지의 나태한 삶을 반성하고 좀더 부지런히 살아야 한다고 다짐케 하는 것이 그 최대치인 것이다. 나르시시즘이라는 삶의 태도에서 타자에 대해 사람이 가질 수 있는 마음의 최대치는 '동감-연민'(sympathy)에 불과하다.

물론 연민으로부터 타자 혹은 사회적 약자와의 만남을 시작할 수도 있다. 사람은 자기보다 불쌍한 사람을 만났을 때 가슴 아픔을 느끼고 그 사람을 도와주고 싶은 선한 마음을 품게 될 수 있다. 불쌍한 사람을 보았을 때 연민에 빠지는 것은 일시적으로 내가 그 사람에게 감정이입되어 그 사람의 처지가 되어선 그것이 얼마나 고달프고 힘든 것인지를 느끼기 때문이다. 그러나 이런 감정이입에는 치명적인 위험이 숨어 있다. 내가 일시적으로 그 사람과 하나가 되긴 하지만 그 바닥에는 나와 그 사람의 처지는 다르고 '공통된 것'(the common)이 없다는 인식이 깔려 있다. 내가 그 사람을 보고 불쌍함을 느끼는 것은 역설적으로 나는 그와 같은 상태가 아니기 때문이다. 그러다 보니 일시적인 감정이입과 '빙의'가 끝나고 나면 우리는 다시 각자의 자리로 돌아간다. 그 사람의 처지에서 벗어나 내 자리로 돌아왔을 때 느끼게 되는 감정은 바로 나는 그렇지 않다는 데서 오는 감사와 안도감이다. 대개 우리가 사회적 약자를 보며 느끼는 연민은 나는 그렇지 않다는 안도감과 쌍을 이룬다. 연민의 결과가 나르시시즘으로 귀결되는 이유가 바로 여기에 있다.

나르시시즘에 빠진 사람은 타자에 대해 아무리 강한 연민을 느끼더라도 타자와 자신을 우정을 나눌 수 있는 평등한 관계로 보지 않는다. 평등은 우정의 가장 중요한 전제다. 평등하지 않은 자들끼리는 우정을 나눌 수 없다. 아렌트에 따르면 평등이란 "공동의 세계에서 동등한 파트너가 된다는 것"을 의미한다.[1] 같은 장소에 귀속되고 그 장소에 대해 책임감을 공유하는 사람들끼리만 우정을 나눌 수 있다는 말이다. 예를 들어 학교를 자기 삶의 장소로 생각하는 정규직 교사와 1년 단위로 매해 계약을 갱신해야 하는 떠돌이 신세인 비정규직 교사가 우정을 나누기란 '거의' 불가능하다. 전자는 학교라는 장소에 귀속된 사람이지만 후자는 잠시 머무르는 사람에 불과하기 때문이다. 따라서 정규직 교사는 비정규직 교사의 처지를 불쌍하게 여길 수는 있을지언정 동등한 파트너가 될 수는 없다. 평등한 사람이 가진 권리를 이소노미아(isonomia), 즉 법 앞의 평등이라고 하는데 이 둘에게는 다른 법이 적용되기 때문이다.

반대의 경우도 있다. 폐허가 된 지역 혹은 난민촌을 방문하는 사람들은 일시적으로 난민들에게 강한 연민을 느끼게 된다. 대부분 난민촌을 방문한 사람들은 그 생활여건의 열악함에 경악하며 자신들이 무엇을 할 수 있는지를 묻는다. 그 자리에서 호주머니를 터는 사람들도 있으며 자신의 거처(나라)로 돌아간 다음 지원할 것을 약속하기도 한다. 그러나 한 다큐프로그램에 나온 것처럼 이렇게 말한 약속 중에 지켜진 약속은 거의 없다. 돌아가는 순간 '방문객'들의 마음에서 연민은 지워진다. 그들은 그 장소에 속한 사람들이 아니기 때문이다. 따라서 그 장소의 비참함은 그 자리에 머무는 동안의 일시적인 연민의 근거는 될 수 있지만 떠나는 순간 방문객과 그들 사이에는 아무런 '공통의 것'이 없다. 같은 장소에 속하지 않은 사람들이 우정을 나누는 것은 이처럼 거의 불가능하다.

이 두 이야기는 근대 서구가 주목해왔던 주체의 성장과정이 왜 기본적으로 타자를 도구화하는 나르시시즘인지를 설명해준다. 근대 서구가 말하는 '주체의 성장과정'의 핵심 중 하나는 세계와 만나는 것을 피해서는 안 되지만 또한 그 만남에서 자신을 잃어버려서는 안 된다는 것이다. 낯선 것은 매혹적이다. 그것은 나를 홀리고 나를 잃어버리게 만든다. 따라서 낯선 것과 만나 자신의 한계와 가능성을 파악하되, 절대 그 매혹에 휩쓸려서는 안 된다. 휩쓸리면 자아를 잃어버리게 되는 것이다.

멘붕: 나르시시즘의 필연적 귀결

낯선 것과 대면하여 그 매혹에만 휩쓸려버릴 때, 우리는 모든 것을 자기 자신의 관점에서만 바라보게 된다. 이처럼 상황판단을 전혀 내리지 못하고 자기 자신에 도취하면 결국 자아의 상실로 치닫게 되지만 우리는 한사코 자신이 문제를 해결해냈으며 전혀 문제가 없다고 여기게 된다. 그런 점에서 나르시시즘의 가장 큰 무기는 바로 '정신승리'라고 할 수 있다.

문학에서 정신승리를 가장 잘 보여주는 것이 루 쉰의 『아큐정전(阿Q正傳)』이다. 청나라 말기를 시대적 배경으로 하는 이 소설의 주인공 아큐는 동네의 가장 밑바닥인생인 동시에 바보에 가까운 인물이다. 그런데 그는 늘 자신이 이겼다고 생각한다. 아큐는 동네 건달들이 자기를 때리면 자기가 벌레라고 생각한다. 그놈들은 자기를 때렸다고 의기양양하겠지만 아큐가 자신을 벌레라고 생각하는 한 그들은 그저 벌레를 때린 것에 불과하기 때문이다. 그래서 자기가 이겼다는 식이다. 아큐는 자기를 첫번째로 경멸할 수 있는 이는 자기뿐이라고 말한다. '어쨌든' 첫번째이기 때문에 또 기분이 좋아진다. 도박판에서 은화를 몽땅 도둑맞고서는 자기가 자기 뺨을 때리면서 때린 사람이 자기라고 말한다. 그러고는 기분이 좋아진다. 누구에게 맞으면 자기가 그 사람의 주먹을 때렸다고 말한다. 그러니 아큐는 동네 사람들에게서 무슨 모욕을 당하더라도 끄떡없다. 늘 자신이 이겼다고 생각하기 때문이다. 어찌 보면 강철의 정신인 것처럼 보인다.

아큐의 정신승리법이 얼마나 허약한 것인지는 그의 최후의 어이없음에서 여지없이 드러난다. 도둑으로 몰려 형장에 끌려가면서도 아큐는 자신에게 무슨 일이 일어나고 있는지를 제대로 판단하지 못한다. 목이 잘리러 가면서도 그게 뭔지를 모르다가 비로소 자기가 형장으로 끌려가고 있다는 것을 안다. 그러고는 살다보면 목이 잘릴 수도 있다고 생각한다. 조리돌림이 무엇인지도 모르고 그것을 당하지만 작가는 그가 조리돌림이 뭔지를 알았더라도 아마 '살다보면 그것을 당할 수도 있지'라고 생각할 것이라고 말한다. 자기 죽을 자리에 서명하면서도 아큐가 생각하는 것은 동그라미가 제대로 그려지지 않았다는 것이고 그것이 자기 인생의 오점이라고 생각한다.

아큐는 늘 자기 세계에만 머무른다. 세계 속에 자신이 있는 것이 아니라 자기가 만든 세계에서만 존재한다. 그러니 세계에서는 백전백패이지만 자신만의 세계에서는 백전백승이다. 물론 자신의 세계는 그저 외부의 세계를 거꾸로 뒤집은 것에 불과하다. 현실을 직면하는 것이 아니라 현실을 마주 바라보지 못할 때 내 세계 속에서 세계는 뒤집혀버린다. 그러니 자기 세계에서의 백전백승은 세계를 바꾸는 데 눈곱만 한 도움도 되지 못한다. 오히려 아큐의 종말에서처럼 자기만의 세계와 세계 전체 간의 경계가 무너지고 세계가 자기 세계에 침투하여 그것을 무너뜨릴 때 그가 할 수 있는 것이라곤 아무것도 없다.

이런 아큐의 정신승리를 우리는 곳곳에서 만난다. 근래에 당혹스럽게 이를 경험한 것은 대안학교를 주제로 한 어느 토론회 자리에서였다. 토론회에 가니 학부모들이 모여 대안교육에 대해 열띠게 토론하고 있었다. 한 학생이 손을 들더니 자신은 대안학교 출신이라면서 대안학교에 대해 솔직하게 비판했다. 대안학교를 다니는 동안 자신은 "세계가 다 그럴 줄 알았는데" 대학에 들어와보니 자신은 우물 안 개구리였고, 이 세계에 대해 아는 것은 아무것도 없고 할 줄 아는 것도 없었다는 것이다. 대학에서 교수들은 자기에게 현실을 직시하라며 가혹하게 굴었는데 그것이 더 필요한 교육이었다면서 어쩌면 자기를 망친 것은 대안교육 아니겠냐며 목소리를 높였다. 정신승리는 이때 일어났다. 이 학생의 말을 들은 한 학부모가 이렇게 말했다. "말 잘한다. 똑똑하다. 저게 대안교육의 힘이지." 자기가 욕먹고 있는 동안에도 그 욕이 자기네 성과라고 생각하는 것, 그것이 정신승리가 아니라면 무엇이겠는가?

자신이 구축한 세계가 '바깥' 세계와의 만남을 통해 붕괴했을 때, 더이상 다른 종교적 정신승리가 가능하지 않을 때, 택할 수 있는 길은 둘 중 하나다. 하나는 세계에 대해 테러를 가하는 것이고, 다른 하나는 자기 세계의 몰락을 무력하게 지켜보는 것이다. 전자의 대표적인 예를 우리는 일본의 전공투나 옴진리교 같은 컬트종교들, 혹은 한국의 몇몇 컬트화된 운동권 집단들에서 볼 수 있다. 그들은 자신의 세계가 무너지는 것을 세계의 종말이 도래한 것이자 자신들이 겪어야 할 최후의 시련이고 고난이라고 생각한다. 그래서 그 세계를 무너뜨리는 최후의 일격을 가해야 하고 그런 숭고한 희생을 통해 정결한 다른 세계로 넘어가야 한다고 말한다. 최후의 정신승리인 셈이다.

그렇다면 후자, 즉 테러도 더이상 가능하지 않은 상태에서 정신승리가 무너지는 순간을 일컫는 말은 바로 '멘붕'이다. 멘붕이란 멘탈붕괴의 줄임말로 일종의 정신적 공황상태를 가리킨다. 자신이 생각조차 못했거나 자신이 감당하지 못할 일이 벌어졌을 때 멘붕에 빠지게 된다. 사람은 자신이 생각하는 범위 내에서 어떤 일이 벌어질 것이라고 예상한다. 그런 예측이 가능할 때 자신의 삶을 조정하고 기획하는 일도 가능해진다. 그런데 이런 예측이 다소 틀리는 정도가 아니라 전혀 엉뚱한 방향으로 전개되고 예상치도 못한 결과가 도출될 때 우리는 '멘붕한다'. 앞의 대안학교 학부모의 정신승리가 바로 멘붕의 짝패인 이유가 여기에 있다. 그 학부모는 대안교육을 통해 아이들이 공교육을 다닌 아이들보다 '표현력'이 늘어날 것이라고 기대했다. 그 학생의 말이 품은 내용은 그가 기대한 것이 아니었지만 그는 그 순간조차 그가 보기로 기대한 것만을 본 것이다.

예를 들어 늘 고분고분하고 말을 잘 들을 것 같았던 자식이 어느 날 갑자기 반항할 때, 혹은 당연히 최소한 B+ 이상은 받을 거라고 생각했던 학점이 C-로 나왔을 때 멘붕에 빠지게 된다. 자식을 이해하기 위해 이런저런 책을 찾아보고 교육 분야에서 이름이 알려진 강사들의 강연을 찾아다닌다. 때로는 자기가 자식을 너무 진부하게 이해했다는 반성이 일기도 하여 다른 방향에서 접근해보려고도 하지만 대부분 실패한다. 이런 실패와 함께 멘붕은 연쇄적으로 일어나기도 한다. 이해하지 못할 일이 벌어지면 사태를 파악하고 자신의 세계로 끌어들이려고 시도하지만, 정작 그런 시도가 알려주는 것은 자신이 감당할 수 없는 일이 일어났다는 사실뿐이다.

그렇다면 '멘붕'이라는 말은 왜 인터넷에서 청(소)년들에게서 처음 이야기되기 시작했을까? 한윤형의 책에서 그 단초를 발견할 수 있다. 한국의 자본주의는 미래를 생각하지 않는다. "장년세대는 자신들이 이룩한 산업화의 성과에 뿌듯함을 느끼며, 자식세대가 그것을 무한히 존경해주길" 바라지만 현실에서는 "자녀들이 자식 갖기를 꿈꾸지 못하는 '출산 파업'"이 벌어지는 것이 그 단적인 예다.[2] 지금의 청년세대들은 본인들이 자식을 갖기에는 미래가 너무 불안하고 여차하면 자신이 감당하지 못할 일이 벌어질 수 있다는 점을 간파했다. 이처럼 삶의 예측가능성과 기획가능성이 눈에 띄게 낮아진 것을 청년세대들은 일찌감치 깨우쳤다. 그들은 자신이 기대하고 예상한 대로 일이 진행되지 않는 것을 일상에서 반복적으로 경험해왔다. 따라서 이들로부터 그런 심리상태를 드러내는 말, 즉 '멘붕'이 만들어진 것은 당연한 귀결일 테다.

이런 삶의 예측불가능성과 기획불가능성이 젊은층만의 문제일까. 우리는 이미 이 문제가 한줌의 사람들을 제외한 모두의 것임을 알고 있다. 한윤형의 책에서 청년세대에 대한 이야기 바로 뒤에 나오는 쌍용자동차 사례는 이를 극명하게 드러내준다.[3] 쌍용자동차에서 처음 비정규직을 해고했을 때 정규직 노조는 이에 '침묵'했다고 한다. 대신 그들은 고용을 보장받는 '확약서'를 받았지만 결국 그것은 휴짓조각이 되었다. 자신들마저 내쳐질 것이라고는 전혀 생각지 못하다가 완벽히 '배반'당한 것이다. 멘붕이란 이처럼 상황으로부터 완벽히 배신당하는 것이며 이것을 한국사람들은 일상적으로 경험해왔다.

더구나 여기에서 한윤형은 '멘붕'이 그저 심리적 상태를 가리키는 말이 아님을 보여주는 매우 중요한 말을 꺼낸다. 쌍용자동차 사태에서 정규직 노조가 할 수 있는 일이 거의 없었다는 진단이다. "노동조합에 소속된 정규직 노동자들은 해고과정에서 큰 '삶의 낙차'를 경험"하지만 "노동조합의 잘잘못과는 무관하게 진행된 이 해고과정에서 노동조합이 할 수 있는 일은 거의 없었"다는 말이다.[4] 정규직에서 해고자로 지위가 급강하는 것은 결코 예상하지 못했던 결과다. 이 경우 노동자들의 의지할 곳은 노조밖에 없는데 노조 역시 할 수 있는 일이 없다. 멘붕이 '공황상태'로 직결되는 이유는 문제를 해결할 수 있는 씨스템 전체가 붕괴하기 때문이다. 해법이 없다. 제도적 장치를 통한 공적인 해법도 없으며 요행수를 바랄 수도 없다. 자기가 지금까지 경험으로 터득한 개인적 돌파구마저 통하지 않게 된다. 멘붕이란 이처럼 문제에 접근할 수 있는 모든 통로와 해법이 막혀버린 '총체적 붕괴' 상태를 말한다.

멘붕은 개인의 심리가 붕괴된 것을 일컫지만 실제로 붕괴된 것은 사회 전체다. 멘붕을 개인적 차원이 아닌 사회적 기준에서 바라보아야 하는 이유가 여기에 있다. 바우만의 저술들은 사회적 차원에서 붕괴가 연이어지고 삶의 예측가능성이 현저히 떨어져버린 상황을 잘 보여준다. 그는 서구 복지국가의 사례를 들어 근대의 국가가 하는 일이 잉여·배제·폐기 같은 삶의 불확실성에 맞서 시민들을 보호하고 삶의 안정성을 높이는 것이었다고 말한다.[5] 근대 국가의 야심은 노동의 안정성을 확보함으로써 미래를 더욱 확실하게 하고 삶을 기획 가능하게 하는 것이었다. 그러나 2000년대 들어 국가의 가장 큰 역할은 시민이 아니라 시장을 보호하는 것으로 탈바꿈했다. 잉여를 시민을 위해 재활용하는 것이 아니라 시민도 잉여로 만드는 것이 국가의 일이 되었다. 근대 시민의 삶을 받쳐주던 씨스템 전반이 붕괴한 것이다. 이렇게 씨스템이 붕괴하고 개인적 돌파구마저 봉쇄되면 멘붕은 개인들이 미리 예방할 수 있는 것이 아니게 된다. 피할 수도 없다. 다만 모두에게 찾아오는 멘붕이 다행히 아직 나에게만 오지 않았다는 것에만 감사해할 수 있을 뿐이다.

학생이 교사에게 욱해서 폭언·폭행을 휘두르는 것이 그 대표적인 예다. 학생들과 친하고 그들을 잘 다룬다고 소문이 난 어느 교사는 언젠가 자신에게도 그런 일이 벌어질 것이라고 담담히 말한다. 그는 과거에 그런 일이 벌어지면 그 이유가 평상시에 억압적이며 돌발상황에 대처할 줄 모르는 교사의 잘못이라고 생각했다. 그러나 여러 사건을 경험하면서 자기가 잘해서 그런 상황을 피한 것이 아니라 다만 재수가 좋아서 그런 일이 벌어지지 않았다는 것을 알게 되었다고 한다. 이처럼 멘붕은 어느 날 번개처럼 '도래하는 것'이며 개인들은 그 멘붕을 '맞이하는 것'만이 가능하다. 따라서 멘붕에 대처하는 유일한 방법은 그것을 어떻게 맞이할 것인지를 미리 고민하는 것이다. 멘붕이 왔을 때 많은 사람들이 '올 것이 왔다'라는 심정으로 맞이하는 이유가 무엇일지를 생각해볼 필요가 있다.

앞의 교사의 사례는 왜 이런 '붕괴'를 지칭하는 말이 씨스템이나 사회의 붕괴가 아니라 '멘탈'의 붕괴인지를 설명해준다. 씨스템이란 개인과 개인 사이의 매트리스 같은 것이다. 차사고가 났을 때 보험회사와 경찰이 나를 대신하여 문제를 해결한다고 생각하면 상대방과 그 자리에서 주먹다짐을 할 이유가 없다. 씨스템은 이처럼 어떤 문제에 대해 당사자들이 시공간적으로 직접 대면하지 않고 거리를 두게 하고 그 거리 사이에 개입하여 조정하는 매개체 같은 것이다. 근대사회는 인간의 삶 전반에 이 매개체가 개입하여 개인과 개인 사이의 직접적인 충돌을 방지하는 체제였다고도 할 수 있다. 이 씨스템이 붕괴하거나 혹은 사람들이 이 씨스템을 믿지 않게 되면 '주먹이 바로 날아간다'. 언제 누군가가 혹은 무엇이 나에게 주먹을 날릴지 모르는 상황, 그 상황이 언제고 나에게 도래할 수 있음을 우리는 경험으로 알고 있다. 멘붕이 되었을 때 우리가 허탈하게 혹은 히죽히죽 헛웃음을 지으며 말할 수 있는 이유가 여기 있지 않을까.

다른 각도에서 보면, 씨스템의 붕괴가 멘탈의 붕괴로 이야기되는 것은 그만큼 세계가 '자아' 혹은 '개인의 멘탈' 수준으로 쪼그라들었다는 것을 뜻한다. 우리는 자아가 곧 세계인 시대를 살고 있다. "사회라는 것은 없습니다. 개개인의 남자와 여자, 가족이 있을 뿐입니다"라는 새처의 유명한 말 ⁶⁾처럼 신자유주의는 개인을 세계 그 자체로 만들었다. 성공도 개인의 노력 덕분이며 실패도 역시 개인의 게으름 탓이 된다. 사람은 남을 돌보거나 더불어 협력하지 말고 순전히 자기 자신과 그 자신을 계발하는 일에만 몰두해야 한다. 이런 시대에 세계는 나와 남 '사이'에서 만들어지는 것이 아니다. 세계가 남과 나 사이에 만들어지는 (혹은 그렇다고 알고 있는) 시대에는 나의 붕괴가 곧 세계의 붕괴를 의미하지 않았다. 내가 붕괴되더라도 여전히 내가 책임져야 할 남이 남아 있기 때문이다. 그러나 이제 '사이'의 세계는 해체되고 한 개인이 자신의 내부에서 자아에 몰두하는 것으로 대체되었다. 따라서 개인이 곧 세계이며 개인의 정신이 붕괴한 것은 그 개인에게는 당연히 세계의 붕괴일 수밖에 없다.

따라서 멘붕된 사람은 무책임해질 수 있는 '권리'가 있다. 멘붕의 당사자는 멘붕에 대해 대처할 방법이 없다. 또한 자아가 곧 세계가 됨으로써 애초부터 타인에 대해 책임감을 가질 필요가 없다. 따라서 멘붕에 맞닥뜨린 사람들은 종종 '잠수'를 탄다. 잠수란 한시적으로 자신이 할 수 있는 일이 하나도 없음을 공공연하게 알리는 '상황의 모라토리엄'이다. 주변 사람들은 이 '잠수'를 그저 받아들이는 수밖에 없다. 이 역시 그들이 통제할 수 있는 일이 아니며 일상에서 반복적으로 벌어지는 일이다. 우리 모두가 나 또한 언제 그렇게 멘붕되어 잠수탈지 모른다는 것을 알고 있기 때문이다. 타인의 멘붕과 잠수, 그것이 자신의 삶에 미치는 영향에 대해 화가 나더라도 담담히 받아들이는 것, 그것이 또한 '멘탈붕괴' 시대를 살아가는 한가지 혹은 유일한 해법인 셈이다.

친구에서 개새끼로

자기 세계에 빠진 사람은 다른 모든 사람의 이야기를 자기 세계에 맞춰 이해하고 듣는다. 그렇기 때문에 그는 그 어떤 타자를 만나더라도 자기가 듣고 싶은 말만 듣고, 다른 말도 자기가 듣고 싶은 말로 바꿔 듣는다. 앞의 대안학교 학부모처럼 말이다. 이처럼 타자로부터 타자성을 제거하고 자기가 듣고 싶은 말만 들을 때 우리는 그 타자의 친구가 되는 것이 아니라 '개새끼'가 된다.

한 전문계 고교에 근무하던 교사가 들려준 이야기다. 어느 날 수업하러 교실에 들어갔더니 교실에 먼지가 자욱했다. 평소에 친하게 지내던 학생 둘 사이에 싸움이 난 거였다. 평소에 학생들 사이에서 일어날 수 있는 그런 수준의 싸움이 아니었다. 학생 하나는 코피를 흘리고 있고 다른 한 학생은 다리를 절뚝거리고 있었다. 피를 보고 난 다음이라 두 학생보고 보건실 가서 응급처치를 받게끔 했다. 그 교사는 학생들에게 이런 일이 있는데 수업하는 게 무슨 의미가 있겠느냐, 오늘 이 친구들에게 무슨 일이 있었는지를 나 같이 알아보고 생각해보자고 제안했다.

싸운 학생들에게 누가 먼저 때렸는지, 그리고 왜 때렸는지를 물었다. 그러자 다소 엉뚱한 대답이 나왔다. "저 새끼가 나보고 개새끼라고 하잖아요." 평소에 욕을 입에 달고 사는 학생들이었다. 조사를 빼고는 다 쌍욕이라고 봐도 될 정도였다. 사실 그중에서 '개새끼'는 욕 같지도 않은 그런 일상용어였다. 그러자 맞은 학생이 항변하듯이 말했다. "쌤, 그거 평소에 늘 하던 말이잖아요!" 그래서 교사가 그 학생의 말에 수긍하면서 때린 학생에게 그건 늘 쓰던 말인데 왜 오늘은 다르게 반응했느냐 물었더니 학생은 아침에 엄마와 크게 '한판' 했다면서, 그래서 기분이 아주 안 좋았는데 친구라는 녀석이 옆에서 자꾸 "개새끼, 개새끼" 하니까 그만 열 받아서 주먹이 나갔다고 말했다.

"아, 평소에는 괜찮았는데 오늘따라 화가 많이 났겠네. 그럼 그렇게 하지 말라고 한번 말해보지 그랬냐"라고 물었더니 그 학생은 울컥하며 "쌤, 쌤이 시키는 대로 말로 했는데도 자꾸만 계속하잖아요"라고 답했다. 그러자 맞은 학생이 "쌤, 전 하지 말라는데 그게 그냥 장난인 줄 알았어요"라며 억울하다는 듯이 말했다.

교사는 자리를 정리하고 그 반 학생들에게 '말이란 그런 것'이라고 운을 뗐다. 평소대로 늘 쓰던 뜻없는 말이라도 상대의 기분과 상태에 따라 의미가 완전히 달라지기도 하는 것이라고 말이다. 하던 대로 하다가 주먹을 맞은 친구도 억울한 면이 있지만 때린 학생도 동무라는 녀석이 자기 기분을 헤아리고 존중하지 않았으니 그것이 "개새끼"라는 말보다 더 기분 나쁘지 않았겠느냐고 말했다. 학생들이 고개를 끄덕거리면서 다들 뭔가를 생각하는 눈치였단다.

이 에피소드는 친구가 어떻게 한순간에 개새끼가 될 수 있는지를 명료하게 보여준다. 철학자 김영민은 친구를 "듣지 않는 관계"

라고 정의한다. 친구란 '구태여 공들여 듣지 않아도 아는' 관계다. 그에 따르면 친구란 "'남'이 아니라는, 흐릿하지만 결코 혼동하지 못할 정서적 결속감, 그 결속감이 퇴화되면서 생긴 반성찰적 습관, 그 습관의 체계와 구별되지 않는 삶의 양식에 대한 사후적, 퇴폐적, 노스탤지어적 추인에 의해서 재생산되고 확산"되는 관계다.[7] 이 관계에서는 남이 없으면, 즉 남이 없음으로 인해 나도 없다. 앞서 제1부 3장에서도 말했듯이 "우리는 '남'이 되어 보지 못했으므로 '나'가 되지 못한 채, 공동의 침체를 도덕이라 부르고, 공동의 나태를 평화라고 부르며, 공동의 타락을 질서"라고 착각하게 된다.[8] '개새끼'가 보여주는 게 바로 이러한 친구의 말이다. 그건 평소에 늘 쓰던 말이었고 서로의 친분을 과시하는 말이었다. 바로 그런 언어였기 때문에 상대방을 헤아리고 듣는 것을 놓쳤다. 다 아는데 뭘 듣고 말고 할 것이 있겠는가. 프랑스 속담대로라면 우리는 '아는 것에 대해서는 생각하지 않는다'. 이렇게 듣지 않고 헤아리지 않았기 때문에 졸지에 친구는 '개새끼'가 된 것이다.

우리는 이처럼 듣지 않았으면서도 다 아는, 그래서 관계를 망치는 대화를 종종 본다. 당장 부모와 자식 간의 말다툼을 보라. 부모가 자식에게 뭐라고 말하려 하면 자식은 곧 '엄마가 무슨 말 하려는지를 잘 알거든. 그러니 내 말 들어봐'라며 자기 말을 속사포처럼 쏟아낸다. 그러면 곧 엄마도 자식의 말을 중간에 자르고 '나도 네가 하는 말이 무슨 말인지 다 알아. 그러니 엄마 말을 들어'라고 말한다. 듣지 않고도 서로 다 안다고 주장한다. 신기하지 않은가. 말하지도 않았는데 우린 어떻게 다 알고 있을까. 다 안다고 생각할 때, 그래서 우리가 듣지 않고 생각하기를 멈출 때 우리는 또다른 나인줄 알았던 친구에서 적대하는 남인 '개새끼'가 된다. 친구와 개새끼는 한끗 차이다. 여기에 '너'가 들어설 여지는 없다.

제3장

경청이란 무엇인가

지금까지 이 책에서 살펴본 것처럼 우리가 살아가는 이 사회는 타인의 안녕을 돌아볼 수 있는 곳이 아니다. 자기 자신이나 돌보고 살아야지 주제넘게 다른 사람의 안녕에 신경을 쓰다가는 자신도 탈락할 수 있다는 공포가 지배하는 사회다. 이에 따라 타인의 고통을 외면하는 능력이 이 사회에서 살아가기 위해 무엇보다 필요한 덕목이 되었다. 학교에서 친구가 왕따를 당하더라도 못 본 척해야 하고 직장에서 동료가 '집단적으로' 부당하게 해고당하더라도 내가 살아남기 위해서는 그 고통을 외면해야 한다.

대신 자신이 안녕하지 못하다는 것을 호소하는, 고통에 관한 '자기 이야기'는 넘쳐난다. 어디를 가나 자기 이야기를 들어달라는 사람들이 줄을 잇는다. 이 시대에 고통에 대한 이야기는 '자기'라는 문턱을 넘지 못한다. 빙 둘러앉아 서로의 삶을 토로하는 자리를 찾아가더라도 대개의 경우 자기 힘든 이야기를 풀어놓는 것에 심취할 뿐 다른 사람의 고통에 대해서는 잘 듣지 않는다. 고통을 피하기 위해 남의 고통을 듣지 않다 보니 어느새 내 곁에는 이야기를 들어줄 사람이 없어졌다. 그러다 보니 이들은 자신의 이야기를 하고 치유를 받기 위해 기꺼이 돈을 지불한다. 여기에 들어선 것이 '힐링'이다.

힐링의 문제는 효과가 없거나 혹은 마약처럼 짧게 효과를 내고 더 강한 처방을 필요로 하며 사람을 중독시키는 데 있지 않다. 주변의 경험을 보더라도 힐링은 확실히 효과가 있다. 내가 아는 한 분은 남편의 외도와 무관심에 큰 상처를 받고 죽음을 결심하기까지 했다. 그러던 그녀가 한 수행단체에 들어가 법문을 듣고 수행하면서 고통을 이겨내는 법을 배웠다. 대중강연을 듣거나 상담을 하면서 자아를 강하게 단련하는 것은 모두에게는 아니겠지만 분명 효과를 나타낸다. 이런 것을 두고 냉소적으로 말할 필요는 없다.

힐링이 지닌 진정한 문제는 출발도 '나'고 도착점도 '나'라는 점이다. 문제의 근원도 '나'고 문제의 해결점도 '나'다. 회피하지 말아야 하는 것도 '나'다. 여기에는 도무지 내가 지금 경험하는 고통을 다른 누군가의 고통과 연결지을 여지, 즉 고통의 사회성을 발견할 틈이 없다. 그렇기 때문에 그는 누군가의 이야기를 듣고 누군가에게 이야기하는 것이 아니라 오직 힐링의 마스터 한 사람의 이야기만 듣고 한 사람을 향해서만 말한다. 그 마스터가 차지하는 자리는 앞서 이야기한 것처럼 신의 자리 혹은 정신분석가의 자리다. 그래서 역설적으로 '자기의 주인이 되라'는 마스터의 말을 듣고 그 말에 복종하면 할수록 나는 나의 주인이 되는 것이 아니라 마스터에게 복종하는 노예가 된다. 단 한 사람의 말만 말로 받아들이고 그 말만을 따르는 노예 말이다.

이처럼 힐링에서는 오직 한 사람의 말만 말이다. 다른 사람의 말은 말이 아니기 때문에 들을 가치가 없다. 다른 사람의 이야기를 듣는 것조차 그것을 통해 마스터가 어떤 해법을 전하는지를 알기 위해 들을 뿐이다. 타인의 고통은 마스터의 말을 전해 듣기 위한 도구에 지나지 않는다. 이로써 타자의 고통은 온전히 타자화된다. 이 타자화는 고통을 겪는 사람이 말을 통해 자신의 고통을 타자의 그것과 연결지으며 자신의 고통이 지닌 사회성을 발견할 수 있도록 다른 이들과 둥글게 모여 앉는 것을 방해한다. 결국 힐링에서는 한 사람만 말하고 한 사람만 듣는다. 힐링은 성찬식이다. 서로 빵을 쪼개고 나눠먹는 성찬식이 아니라 단 한 사람의 말만 듣는 성찬식 말이다. "한 말씀만 하소서. 내 영혼이 곧 나으리다."

여기서 한걸음 더 나아가면 힐링은 사람들의 고통을 '해결해야 하는 문제'로만 여기지 그 고통의 경험을 다른 사람에게 들려줄 만한 이야기로 여기지 않는다고 말할 수 있다. 사실 누군가의 고통은 다른 사람에게 참조가 되긴 한다. 마스터의 영험함을 전달해주는 사례로서 말이다. 고통은 다른 사람에게도 유용한 경험이 될 때가 아니라 마스터의 영험함을 전달해줄 때에만 유용한 것으로 완전히 도구화되었다. 이야기의 주인공은 여전히 마스터다. 그러다 보니 힐링이 유행할수록 내가 다른 사람의 경험을 참조하고 내 경험이 또다른 사람의 참조점이 될 여지는 줄어드는 역설에 빠지게 된다. 둥글게 모여 앉을 때조차 서로의 이야기를 듣고 서로에게 참조점이 되기 위해 귀 기울이지 않는다. 그저 마스터의 한 말씀을 듣고 새기기 위해 모일 때 우리는 힐링의 노예가 될 뿐이다.

경청: 타자성에 주목하기

경청이란 남의 이야기를 듣는 행위다. 그것도 건성으로 듣는 것이 아니라 끝까지 듣는 것이며 자신이 모르는 것, 알아 들을 수 없는 소리를 듣는 것을 말한다. 타자의 말에 귀 기울이는 것을 넘어 타자의 말이 지닌 '타자성'에 귀 기울이는 것이다. 내가 모르는 것, 아직 만나보지 못한 이야기, 내가 알 수 없는 말로 전달되는 이야기에 귀 기울이는 것이야말로 경청이라 할 수 있다. 듀이에 따르면 "의사를 전달받는다는 것은 곧 경험이 확대되고 변화된다는 뜻"이다.[1] 내가 경험하지 못한 것, 내가 생각해보지 못한 이야기를 듣는 것, 그 과정에서 서로 배우는 것이 경청이다.

얼핏 생각하면 힐링이 말하는 관계도 이처럼 말하기와 경청, 그를 통한 깨달음과 맥이 닿는 듯하다. 특히 내가 외면하던 내 안의 타자성을 발견하게 한다는 점에서 그렇다. 그러나 이런 힐링의 관계는 '아는 자'와 '모르는 자'의 비대칭적 관계다. 마스터는 모든 것을 알고 있다. 그래서 가끔 그는 끝까지 들을 필요가 없다고 생각하는 듯하다. 힐링의 마스터는 말하는 이의 말을 '제대로 대접'하지 않는다. 그는 그 말을 무시하고 그 말 뒤에 있는 본질로 직행한다. 말하는 너가 외면하고 있는 것이 무엇인지를 말해주며 그 무엇을 직시하라고 지적한다. 말하는 자가 할 일은 그것을 직시하는 것뿐이다. 여기서 '서로' 배우는 것은 없다. 한쪽은 가르치고 한쪽은 배울 뿐이다. 마스터와 노예의 관계는 평등한 우정이 아니라 일방적인 지배와 복종으로 이뤄질 뿐이다.

그에 반해 경청은 우정의 소산이다. 평등한 자들만이 우정을 나눌 수 있다. 김영민은 "듣기가 없으면 인정이 없고, 인정이 없으면 인식도 없으며, 인식이 없다면 나시 듣기는 원천무효"이기 때문에 동무들 사이에서 일어나는 경청이란 "그 말이 제대로 대접받을 수 있도록 배려하는 간절한 침묵"이라고 말한다.[2] 경청이 중요한 이유는 "단적으로 그것이 그간 은폐되거나 억압된 것, 놓쳤거나 흘린 것들까지 집요하고 부드럽게 말하게 하는 현실적 계기와 동력을 부여"하기 때문이다.[3] 중요한 것은 그 말을 제대로 대접하는 것이고 말하는 이가 그저 듣는 게 아니라 자신의 말을 통해 그간 놓쳐 왔고 미처 알지 못했던 것까지 말할 수 있도록 어떤 계기를 마련해 주는 것이다.

경청을 통해 우리는 무엇을 깨닫게 되는 것일까? 그것은 자기도 모르던 자기의 삶, 즉 자기 삶에 내재되어 있는 타자성이다. 그 타자성을 깨달음으로써 나와 너는 그 타자성을 공유한 사람으로서 공통의 운명이 된다. 앞서 제1부 2장에서 이야기한 환대의 논리가 바로 이 공통의 운명으로서의 타자성을 잘 보여준다. 우리는 환대를 주인이 손님을 맞이하고 호의를 베푸는 것이라고 여긴다. 그럼 왜 주인은 손님에게 호의를 베푸는 것일까? 가진 것이 많아서일까? 아니다. 주인은 자기 집에 손님이 도래함으로써 비로소 한가지를 깨닫게 된다. 그건 주인임을 자처하는 자신이 사실은 태초부터 주인이 아니라 그 집 혹은 그 땅의 첫번째 손님에 불과하다는 사실이다. 첫번째 손님이었다는 자신의 타자성을 타자와의 만남을 통해 비로소 깨닫게 되는 것이다. 따라서 환대는 주인이 손님에게 베푸는 호의가 아니라 주인이 자신의 타자성을 깨닫게 헤준 손님에게 드리는 감사의 표시라 할 수 있다.

자신의 타자성을 발견하는 데서 오는 환대와, 자신의 타자성을 부정하고 싶을 때 나타나는 적의가 동일한 어원을 갖는 것은 특히 의미심장하다. 환대는 'hospitality'이고 적의는 'hostility'다. 이 두 가지 말은 'host'라는 같은 어원을 지니며 여기서 host는 '주인'이

자 '손님'이라는 뜻을 동시에 지닌다.[4] 즉, 자신의 타자성을 발견하는 두가지 태도에서 정반대의 행동이 나타날 수 있다. 환대는 자신의 타자성을 깨닫게 해준 것에 대해 감사해하며 첫번째 손님이라는 위치로 돌아올 때 발생한다. 반면 적의는 내가 주인노릇 잘하고 있는데 괜히 나의 타자성을 발견하게끔 하고 대면하게 하는 상대방을 제거하여 그 사실을 영원히 감추고 싶을 때 생겨난다.

박사논문을 쓰는 동안에 만났던 한 교사의 이야기는 자신이 이해할 수 없었던 한 학생의 행동에서 자신의 타자성을 발견한 좋은 사례다.[5] 사실 학교현장의 많은 교사들은 꿈도 희망도 없이 교실에 무기력하게 널브러진 학생들을 이해하지 못한다. 대다수의 교사들이 모범생 출신이거나 학창 시절에 불편한 경험을 겪지 못했기 때문이다. 수업을 땡땡이쳐본 적이 거의 없으니 시험이 끝나고는 방과후학습이나 자율학습에서 '도망'치는 것을 당연하게 생각하는 학생들을 이해할 수가 없다.

이 교사가 담임을 맡은 반에 한 학생이 시험이 끝나기만 하면 '도망'을 갔다. 멀리 가는 것도 아니다. 늘 학교 근처의 피시방으로 도망간다. 겨우 찾아 데리고 온 다음 왜 도망갔느냐고 물으면 '그냥요'라고 대답한다. 교사나 부모의 꼭지를 돌아버리게 하는 말이 바로 이 '그냥요'다. 교사나 부모는 그들이 왜 그렇게 하는지 그 이유만 알아도 용서가 되겠다고 말한다. 그런데 이 '그냥요'는 그 자체로 아무것도 설명해내지 못하고 나아가 말하기 싫다는 단절의 표시처럼 여겨진다. 그러니 묻는 사람이 '꼭지가 돌' 수밖에 없다. 그래도 마음을 진정하고 공부가 그렇게 하기 싫으냐라고 물으면 '아니요'라고 말한다('아니요'는 두번째로 꼭지를 돌게 만드는 말이다). 그럼 왜 그러냐고 다시 물으면 돌아오는 대답은 뻔하다. "그냥요."

이 교사도 다람쥐 쳇바퀴 도는 것 같은 이 "왜 그렇게 했느냐"라는 말과 "그냥요/아니요" 사이에서 서서히 지쳐갔다. 그러던 어느 날 또 이 학생을 피시방에서 잡아오다가 문득 자기가 무슨 짓을 하고 있는지 생각하게 되었다. 실은 교사 자신도 오늘 아침에 그냥 학교에 왔고 그냥 밥을 먹었으며 그냥 수업에 들어가고 심지어 이 학생을 잡아오는 것도 그냥 하고 있는 것인데 왜 이 학생에게는 모든 것에 이유가 있어야 한다고 생각했을까 스스로도 알 도리가 없었다. 그러자 이 학생의 '그냥요'가 대답을 회피하기 위한 말이 아니라 진짜 '그냥'일 수도 있다는 것에 생각이 미쳤다. 어찌 보면 입밖으로 내놓은 말, 그 자체에서 출발하지 않으면서 소통을 끊은 것은 학생이 아니라 자신 아니었을까라는 데까지 생각이 미쳤다.

그날 학생과 앉은 자리에서 학생이 다시 "그냥요"라고 답하자 피식 웃음이 나왔다고 한다. 그래서 학생에게 "선생님도 그냥 산다. 너하고 똑같다. 가봐라"라고 했단다. 그러자 놀란 것은 학생이었다. 그동안 어느 교사에게서도 들어본 적이 없는 말이었기 때문이다. 당황한 학생이 교사에게 이렇게 물었다고 한다. "샘. 진짜 그냥 가도 됩니까?"이 말을 들으면서 교사는 배꼽이 빠지는 줄 알았다고 한다. 늘 그냥이라고 말하더니 진짜 '그냥이 그냥이 되자' 그 학생도 당황한 것이다. 그래서 "그래, 그냥 가봐라"라며 웃어줬단다. 이 이야기를 전해주며 교사는 어느 순간부터 "그냥요"라고 말하는 학생들의 모습에서 자신의 모습, 아니 나아가 인간의 '삶'이 보였다고 했다. "우리 모두는 사실 그냥 살잖아요. 무의미를 견디면서요. 그런데 왜 우리는 유독 학생들에게는 의미를 강요할까요?"

이 교사는 학생의 '그냥요'를 통해 삶의 타자성인 '무의미'를 만났다. 이 말을 만나고 이 말로 인해 괴롭지 않았다면 자신의 삶에 내재된 타자성을 결코 발견하지 못했을 것이다. 그러나 여기서 발견된 타자성은 그저 자기 안에 내재된 것뿐 아니라 나아가 그 학생과 공유한 타자성이기도 하다. 타자성을 발견하고 그것에 기초할 때 비로소 너와 내가 공유한 '공통의 것'으로부터 출발하여 너와 이야기를 나눌 수 있게 된다. 나르시시스트들처럼 타자의 타자성을 주체의 동일성으로 회수하지 않고서도 말이다. 이렇게 공통의 것을 공유했을 때 타자는 비로소 '남'에서 '너'로 바뀌며, 타자와 나의 만남은 서로 공유하는 그 무엇이 있는 우리가 될 수 있다. 무의미를 공유하며 우리 인간 삶에 공통된 운명에 대해 서로 자각하는 것보다 더 크고 강한 배움과 결속이 어디 있겠는가.

말 걸기로서의 경청: 고통에 귀 기울이기

경청이란 이처럼 타자의 타자성에 귀 기울이는 것이고 동시에 그를 통해 나의 타자성에 문을 여는 것이다. 말을 하는 것보다 듣는 것이 더 중요하다고 하면 대부분의 사람은 고개를 끄덕인다. 그러면서 자기가 할 수 있는 일은 그저 들어주는 것일 뿐 다른 것은 없다고 짐짓 겸손하게 말한다. 말은 그럴 듯하지만 실로 교만하기 짝이 없는 이야기다. 왜냐하면 자기는 그저 들을 뿐이라는 말에는 무엇보다 말을 듣는 자는 무엇을 깨닫고 배우는가라는 질문에 대한 답이 빠져 있다. 세계에서 아무런 관여 없이 그저 들을 수 있는 사람은 '신' 밖에 없다. 들어주는 사람과 말하는 사람의 관계는 단순히 나와 너의 관계가 아니다. 겸손하게 자신은 뒤에서 들어줄 뿐이라고 말하는 사람은 어쩌면 은연중에 자신을 신이나 정신분석학자의 위치, 즉 전지적 위치에 두는 것이다. 이런 사람 앞에서 말문을 열 수 있는 사람은 거의 없다. 작정하고 정신분석학자에게 치료를 받으러 가거나 신에게 용서를 구하러 간 사람이 아니라면 말이다. 그는 스스로를 말하는 사람의 삶에 연루된 참여자가 아니라 관찰자로 자리매김한다.

두번째로 이 '들어줄 뿐'이라는 말은 경청이 지닌 좀더 적극적인 의미를 쓸모없게 만든다. 경청이란 말하는 것을 그저 열심히 들어주는 것이 아니다. 그것은 수동적인 청취일 뿐이다. 그 대신 경청이란 "말하게 하는 현실적 계기와 동력을 부여"해야 한다.[6] 즉 말하지 못하던 것, 말하지 않은 것, 말할 수 없었던 것을 말할 수 있도록 이끄는 것이 경청이다. 경청이란 타자의 타자성에 귀 기울이는 것이지만 그 타자성이 말문을 열게 하는 것이기도 하다. 이처럼 경청은 '듣다'라는 수동성을 넘어 지금까지 침묵하던 사람에게 말을 걸고 그가 말할 수 있도록 한다는 좀더 적극적인 의미를 지닌다. 경청이야말로 하나의 말 걸기인 셈이다.

이런 점 때문에 듀이는 무엇보다 경청이 중요한 것은 경청을 통해 우리가 관찰자에서 참여자로 위치를 전환하고 말하는 사람과 관계를 맺게 된다는 것이라고 말한다.[7] 이 때문에 경청은 그저 들어주는 것이 아니라 타자가 자신의 타자성을 드러낼 수 있는 용기를 북돋는 능동적이고 창조적인 말 걸기다.

여기에서 경청이 단지 사적인 관계에서 서로가 행해야 하는 정성 같은 도덕적 행위규범이 아니라 사회적·정치적 행위라는 점이 도출된다. 경청은 상대의 말이 늘을 만한 가치가 있음을 인정하는 행위다. 그의 말에 가치가 있다고 인정하는 것은 그의 경험과 견해를 사회적 가치를 지닌 것으로 받아들이는 것이다. 누군가의 말이 경청될 때 그는 청자와 자신 간의 사적인 관계를 넘어 그 스스로의 사회적 존재감을 회복할 수 있다. 따라서 남의 말을 듣지 않겠다는 말은 타자의 사회적 가치를 인정하지 않겠다는 말이다. 그가 가진 경험과 견해의 사회적 가치를 인정받지 못할 때 그는 정치의 장에서 추방된다.

특히 주변화된 소수자들의 고통과 경험은 배제되거나 개별적 특수사례로만 이야기된다. 이들의 경험과 고통에서는 '보편성'이 무시되거나 아예 제거된다. 그래서 우리가 그들을 주목하는 순간조차도 그것은 나와는 무관한, 단지 그들만의 고통으로만 여겨진다. 그 고통은 우리가 들을 만한 이야기가 아니라 하루빨리 해결해야 하는 과제일 뿐이다. 그들에게 '말'이 아닌 '해결책', 즉 밥이라거나 약이라거나 돈 같은 방안만 제시해주면 된다고 여긴다. 따라서 그들의 문제는 '정치'의 문제가 아니라 '정책' 혹은 '치안'의 문제로 환원된다.

우리에게 미처 도달하지 못한 사람들의 고통이 사회적으로 인정받는 고통이 되기 위해서는 항상 '수의 정치'를 넘어서야 한다. 대표적인 것이 에이즈 감염인의 목소리다. 얼마 전 한 에이즈 감염인의 억울한 죽음을 호소하던 어느 활동가로부터 이와 관련된 이야기를 들었다. 한 에이즈 감염인이 병원 측의 무성의와 질병관리본부의 관리감독 소홀로 안타깝게 죽었음에도 불구하고 그 사실을 알리는 활동가에게 언론과 정치권이 요구한 것은 '더 많은 사례와 더 심한 증거'였다. 한 사람의 죽음은 그 자체로 정치적 가치가 없는 개별적인 사안이라는 것이다. 통계학적으로 의미심장한 숫자가 될 때에만 그 죽음은 정치적으로 의미를 갖게 된다. 어느 정도의 규모로 집계될 때에만 그들의 말은 말로 들리는 것이고 비로소 그들에게 말 걸기를 시도한다. 따라서 규모의 문턱을 넘기 이전에는 소수자들의 의제는 결코 정치의 탁자 위에 오르지 못한다.

아직 들리지 못한 사람들의 목소리, 특히 고통에 관한 '소리'를 듣는 행위가 한편으로는 고통의 당사자에게 사회적 존재감을 돌려주는 것이면서 다른 한편 사회적으로는 '여기 사람이 있다'라는 사실을 환기하는 일종의 저항행위인 이유가 여기에 있다. 즉 경청은 이 사회가 누구를 배제하며 누구의 경험을 빼고 이야기하는지를 드러내는 지극히 정치적인 행위다. 이 책의 프롤로그에서 말한 것처럼 가족이 짐이 된 관계를 고려하지 않고 관계의 단절을 이야기하는 것은 과연 누구의 경험만을 '보편적인 것'으로 둔갑시키고 또다른 누구의 경험은 배제하는 말일 뿐이다.

말하는 이의 입장에서 고통을 해석해보면 자신의 경험과 견해가 이렇게 경청됨으로써 비로소 자신의 경험을 사적인 것에서 공적인 이슈로 전환할 수 있게 된다. 이 책에서 여러차례 언급한 바우만의 말처럼 공적인 공간은 "사적인 문제들이 공적인 이슈들을 다루는 언어로 새롭게 해석되고 사적인 곤란들에 대하여 공공의 해결책이 모색되고 조정되며 합의"되는 곳을 가리킨다.[8] 이 공적인 공간에 참여하는 것을 통해 사람들은 자신의 경험과 견해를 사적인 것을 넘어 사회적인 것으로 인식하고 자신에게 '말하는 힘'이 있다는 것을 발견할 수 있다.

말 걸기와 경청을 통해 비로소 남은 '너'가 된다. 그의 고통에 찬 얼굴을 보고 고통이 밴 목소리를 들을 때 우리는 그를 외면할 수 없다. 나와 남 사이에는 '거리'만 있지만 나와 너 사이에는 '관계'가 있다. 관계를 맺었기 때문에 나는 너의 고통을 외면할 수 없고 다시 안녕을 서로 묻지 않을 수 없게 된다. 레비나스가 말한 것처럼 고통받는 얼굴을 대면할 때 우리는 응답(response)하지 않을 수 없다.[9] 외면할 수 없게 된 목소리, 배제할 수 없게 된 얼굴로 떠오른 남, 그 남이 '너'가 아닌가. 이렇게 남이 '너'가 될 때 이 '너'는 다른 무엇으로도 환원되지 않고 대체되지 않는다. 환원되지 않는 존재, 대체되지 않는 관계. 이것이야말로 모든 것을 대체 가능하게 만드는 '수의 정치'에 맞서는 일이 아니겠는가? 따라서 말 걸기와 경청은 사회적 배제와 맞서는 정치적 행위다. 고통에 귀 기울이고 말을 거는 행위인 경청은 배제의 정치, 수의 정치에 맞서는 삶의 정치가 된다.

누구에게 말을 걸 것인가

이 책 전반에 걸쳐 나는 우리가 경험해온 관계 단절의 정체와 그 효과에 대해 다루었다. 무엇보다 우리가 지금 맞닥뜨리고 있는 단절은 인간 모두가 겪고 있는 실존적인 측면으로는 제대로 설명할 수 없으며 오히려 그런 설명이야말로 단절의 정치적·사회적 성격을 은폐하는 효과를 지닌다고 비판했다. 누군가가 우리의 경험을 지나치게 추상화하여 '인간'이나 '역사' 등 거대 범주로 환원하려 할 때 우리는 반드시 그 진의를 의심해봐야 한다. 지배자들의 언어는 우리 경험 속에 존재하는 차이를 은폐하고 제거하는 방식으로, 우리의 경험과 존재를 억압하고 배제하는 방식으로 작동해왔기 때문이다.

분명 관계의 단절은 실존적 측면이 있다. 남녀노소 계급계층을 가리지 않고 모두가 외롭다고 아우성을 치는 것을 보면 알 수 있다. 그러나 이 책에서 나는 관계의 단절을 실존적 측면으로만 보는 것은 관계 단절의 본질을 파악하지 못한 채 막강한 지배자들의 언어에 스스로 동화되는 결과를 초래한다고 주장했다. 그 같은 분석 외에도 우리가 경험해온 가장 심각한 단절은 누군가의 경험이 나에게 이어지고, 나의 경험이 누군가에게 참조사항이 되면서 우리를 사회적 존재로 엮어내는 그런 관계의 단절임을 말하고자 했다. 이 단절은 경험의 전승을 통해 존속해온 사회를 위태롭게 하고 서로의 지혜를 모으기 위해 둥그렇게 둘러앉아 타인의 이야기를 듣는 정치 또한 불가능하게 한다. 그 결과 개개인의 삶도 연속적으로 이어지는 서사가 아니라 파편화된 에피소드들의 연속에 지나지 않게 되었다.

　우리의 삶이 연속적이지 못하다는 것은 결국 이 사회에서 성장을 꿈꾸는 것은 불가능하다는 말이 된다. 성장이란 그 자체가 연속적으로 이어지는 것을 말하기 때문이다. 듀이는 인간의 성장이란 경험의 연속이라고 말했다. 이전에 한 경험이 바탕이 되어 앞으로 올 경험의 참조지점이 된다. 이전에 이미 일어난 경험을 참조할 때 우리는 슬기롭게 미래의 위험과 불안함을 극복할 수 있다. 그것이 나의 경험이 아니라 다른 사람의 것이라고 하더라도 마찬가지다. 참조할 경험이 있다는 것, 그리고 내가 경험한 것이 누군가에게 참

조가 되는 것을 통해 나라는 개인도 사회도 존속하고 성장해나갈 수 있는 것이다.[1]

　하지만 서구의 근대는 그 초기부터 성장에 대한 정반대의 시선을 주입해왔다. 서구 근대가 바란 근대적 주체, 즉 개인은 바로 타자에 끊임없이 의지하되 그 타자를 부정해야만 하는 존재, 그것을 '성장'으로 이해하는 존재였다. 서구의 근대는 바로 그러한 개인의 전형을 불멸의 고전 속에서 부활시켰다. 그 주인공은 오디세우스다. 그는 자기 삶을 통틀어 타자와 만나고 동시에 타자를 부정하며 성장하는 인물이다. 서구 문학의 원형으로 꼽히는 호메로스의 『오디세이』는 주인공 오디세우스가 트로이전쟁 후 10여년간 자신의 고향 이타케로 향하는 여정에서 겪는 모험을 그리고 있다. 이 대서사시의 주인공 오디세우스는 중세 스토아 학파 철학자들이 말한 것처럼 "현인(賢人)의 전형"으로 칭송받으면서 뒤이은 서구 근대의 대표적 인간형으로 자연스럽게 자리매김했다.[2] 그는 자신이 지금껏 알지 못했던 것과 끊임없이 만나며 새로운 것을 발견하며 성장해간다. 이런 점에서 『오디세이』는 근대사회에 태동한 '개인' '시민'의 전형을 구현해냈다는 점에서 다각도로 평가받아왔다.[3] 한마디로 근대사회는 개인화 과정과 동시에 출현했다. 이 사회에서 사람들은 오디세우스처럼 다른 누구도 아닌 '나'가 되어야 했다. 과거에 이 '다른 누구도 아닌 나'가 되는 것은 영웅들이나 하는 것이었지만 근대에 들어서 이는 우리 모두의 과제가 되었다.

근대사회는 오디세우스 같은 개인이라는 독특한 인간의 존재 양식을 두루 퍼뜨렸다. 개인이란 다른 누구도 아닌 ‘나’를 말한다. ‘나’가 되기 위해서는 자신의 생활을 지금까지 존재하던 전통이나 습관에 그저 맞추고 따라해서는 안 된다. 따라서 근대적 개인에게 성찰성은 필수적이다. 성찰성이란 “새로운 정보나 지식에 비추어 이루어지는 항상적인 수정”을 의미한다.[4] 개인의 자아정체성은 바로 ‘성찰하는 자아’로서 규정된다. 여기서 개인의 삶의 연속성은 집단에 의해 주어지는 것이 아니라 개인이 수행해야 하는 과제이며 자아실현이라는 이름으로 완성된다. 자아실현이란 “진정한 자아의 성취물인 개인의 온전함”을, “삶의 경험을 자아발전의 서사 안에서 통합하는 것”을 말한다.[5] 여기서 우리는 개인이 자신의 삶을 전기적으로 구성하는 데 중요한 두가지 지표가 연속성과 온전함이라는 것을 알 수 있다.

　그렇다면 과연 모든 인간이 사회적 사슬로부터 해방되어 자신의 삶을 스스로 기획하는 서사적 주체가 되었을까. 오히려 우리는 사회가 붕괴함과 동시에 개인도 붕괴하는 역설을 맞이했다. 살아가며 자신이 참조할 만한 준거 자체가 소멸해버렸고 공중에 무중력 상태로 흩뿌려졌다. 모든 것을 이제 네가 다시 창조해야 한다는 말은 결국 네 손에 쥐어진 것은 하나도 없다는 말과 다르지 않다. 근대 자본주의 초기에 농노가 땅으로부터 ‘해방’된 것이 오히려 ‘굶어죽을 자유’를 의미했던 것처럼 모든 사회적 관계에서 해방된 개인에게 주어진 것은 '아무것도 아닌 존재'가 될 자유밖에 없다. 사회가 붕괴함과 동시에 절대 다수의 사람들은 썸바디(somebody)가 아니라 노바디(nobody)로 전락한 것이다.[6]

　일이 이 지경이 된 데에는 무엇보다 경험의 가치가 땅바닥에 떨어졌기 때문이다. 우리는 "경험의 연속성이 중요한 것이 아니라 다양한 과제나 주제를 이리저리 옮겨다니며 잘 처리해낼 수 있는" 능력이 더 중요한 시대를 살아가고 있다.[7] 우리가 성장을 위해 참조하는 것은 앞서 말한 것처럼 내가 과거에 했던 경험이나 남의 경험이다. 그 경험을 통해 우리는 앞으로 나아갈 수 있다. 하지만 경험이 아무런 참조점이 되지 않는 시대가 되었다면 우리는 사회적 관계에서도, 그 관계가 맺어지는 시간 속에서도 무중력 상태로 내던져질 수밖에 없다. 아무것도 참조할 수 없고 지금 내가 공들이는 일마저도 이내 누구도 참조할 리 없는 '아무것도 아닌' 게 될 것이기 때문이다. 삶의 허망함이란 이처럼 경험이 쓰레기가 될 때 필연적으로 나타난다.[8]

　경험이 폐기됨으로써 우리는 일체의 참조점을 상실했다.[9] 더이상 참조를 위해 애써 새로운 경험을 치를 필요도 없고 내가 경험한 것을 남에게 들려줄 만한 이야기로 만들기 위해 노력할 필요도 없다. 그저 머릿속에서 씨뮬레이션만을 해보면 된다. 성과가 무엇이고 그 성과를 내기 위해 효율적으로 동원해야 하는 것이 무엇인지가 중요하지, 과정으로 존재하는 경험 자체는 중요하지 않다. 근대가 야심차게 모델로 내세웠던 '모험의 왕' 오디세우스는 이처럼 그 스스로가 만든 사회에 의해 폐기처분되었다.

지금 사회 일각에서 좌파와 우파를 가리지 않고 청년들에게 권장하고 있는 창업이나 창업가정신에 대한 강조는 이런 점에서 기만적이다. 한마디로 말해 방구석에 처박혀 있지만 말고 오디세우스처럼 다시 모험정신을 품고 세상에 나와 타자와 만나고 부딪치며 성장하라는 메시지다. 창업을 통해 돈을 번 사람들은 놀라울 만큼 재빨리 책을 내고 강의를 하며 멘토로 등극한다. 그가 겪은 경험이 무엇이든지 간에 자신을 어떤 가능성의 모델로 내세운다. 그렇게 멘토가 되어 자신의 성공을 근거로 '하면 된다'를 외치며 모든 문제가 다 '너 안에 있다'라며 윽박지른다.

그런데 좀 우습지 않은가? 그렇게 모두가 자기를 따라한다면 성공할 수 있다고 주장하면서 왜 정작 그들 모두는 해오던 일은 제쳐놓고 책을 내고 강의하면서 돈을 벌까? 그것은 흔히 그들이 말하는 '블루오션'이 이미 자신들이 성공한 그곳에 있는 것이 아니라 아직 그 시장에 들어서지 못했거나 탈락한, 그래서 그 시장에 들어가는 것 자체가 소원인 광범위한 '예비군-잉여' 속에 있기 때문이다. '거기'가 아니라 '여기'가 블루오션이었다. 저성장·고실업시대에 이 시장은 앞으로 늘어나면 늘어났지 줄어들 일은 없다. 이처럼 이 '창업가정신'에 대한 강조는 오디세우스가 더이상 가능하지 않고 지배세력 누구도 이를 바라지 않는다는 것을 은폐하고 그 책임을 방구석에 처박힌 개인의 무능으로 돌리며 '컨설팅시장/교육시장'을 만들어내 그들을 착취하는 가장 악질의 이데올로기라 할 수 있다.

오디세우스, 말 걸줄 모르는 자

여기서 우리는 오디세우스가 가능하지 않은 것만 아니라 과연 바람직한 모델인지에 대해 다시 생각해볼 필요가 있다. 무엇보다 지금까지 이 책의 핵심적인 개념인 '말 걸기'라는 관점에서 본다면 오디세우스는 누군가의 말을 듣고 그에게 말을 거는 자가 아니다. 앞에서 누차 강조한 것처럼 말을 걸고 경청하는 것은 그를 대화의 파트너로 여기는 것이다. 하지만 오디세우스는 자아실현을 위해 다른 모든 존재를 도구화한다. 그는 타자를 착취하여 소진케 하고 결국엔 버린다. 그는 근본적으로 타자를 불신하며 거리를 두고 바라볼 뿐 관계를 맺지는 않는다. 이것이 가장 잘 나타난 에피소드가 세이렌(세이레네스)의 이야기다.

세이렌의 노래는 매혹적이다. 그 노래는 듣는 이의 모든 것, 즉 과거의 모든 기억은 물론 현재의 자기 자신까지 잊게 할 만큼 황홀하다. 설령 그 끝에 죽음이 기다리고 있다고 할지라도 말이다. 그렇다면 이 노래를 듣되 자기 자신을 잃어버리지 않는 방법은 무엇일까? 오디세우스는 여기서 꾀를 냈다. 배를 젓는 선원들의 귀는 틀어막고 자신을 돛대에 묶어 세이렌의 바다를 통과한 것이다. 그 매혹적인 노래를 들으면서도 자신을 잃어버리지 않기 위한 묘책이었다. 세이렌으로부터 노래만 취하고 세이렌은 버린다. 근대의 '자아'라는 주체가 철저히 타자를 도구화한 것의 전형이 여기서 등장한다.

오디세우스는 이런 점에서 외로운 주체다. 그는 세이렌의 노래를 혼자서 향유한다. 오디세우스의 향유를 위해 그전까지 그의 '동료'였던 선원들은 귀를 막고 오로지 그를 위해 노를 저을 뿐이다. 그들은 오디세우스의 향유를 위한 도구 혹은 노예에 불과하다. 오디세우스는 그들의 노동에 의존하고 있지만 이 의존은 상호의존이 아니라 일방적인 착취다. 그는 세이렌의 노래를 홀로 들으며 선원들에게는 자신을 위해 봉사할 것을 요구한다. 평등하지 않은 존재인 셈이다. 한쪽은 향유하는 존재, 다른 한쪽은 그 향유하는 자를 위해 봉사하고 노동을 제공해야 하는 존재다. 오디세우스의 향유는 동료들의 노동이 없으면 성립할 수 없지만 동료들의 노동은 소외되어 있다. 향유를 위해 동료를 도구로 만들고 그들의 노동을 착취하는 오디세우스는 외로운 주체일 수밖에 없다.

세이렌과의 만남 역시 외로운 만남이라고 할 수 있다. 마르틴 부버가 말한 방식대로 하자면, 오디세우스와 세이렌의 만남은 나와 너의 만남이 아니라 "나와 그것"의 만남이다. '그것'은 오로지 나의 향유와 성장을 위해 도구로 존재하는 것이지 결코 인격적으로 만나지 않는다. 부버는 만남이란 '나-그것'이라는 비인격적 관계가 우위를 차지하는 기계화시대에 '나-너'라는 인격적 만남을 통해 인간의 존엄성을 회복하려는 시도라고 말한다.[10] 이 책 제3부 말미에도 적었지만, 나-그것의 사이가 그저 '거리'에 불과한 것이라면 나-너의 사이는 관계라 부를 수 있다. 관계를 통해서만, 인간은 이런 타자와의 진정한 관계를 통해서만 전인적 인간이 될 수 있다는 것이 부버의 주장이다. 그러나 기둥에 묶인 채 세이렌의 노래를 듣는 오디세우스가 유지하려고 한 것이 바로 이 '거리'다. 이 거리가 소멸하면 오디세우스도 소멸한다. 오디세우스와 세이렌 사이에는 관계라는 것이 없다. 동료건 세이렌이건 자신의 향유를 위해 도구화하고 거리를 유지하며 남을 '나의 너'로 만드는 관계를 맺지 않는 오디세우스는 결국 외로운 주체가 될 수밖에 없다.

오디세우스가 타자에게 말 걸기를 거부하는 외로운 주체라는 것을 적나라하게 보여주는 것이 프란츠 카프카에 의해 다시 쓰인 「사이렌의 침묵」이다.[11] 이 단편에서 카프카는 이야기를 살짝 바꾸어 오디세우스가 동료 선원들의 귀만 밀랍으로 막은 것이 아니라 자기 귀도 밀랍으로 막았다고 쓴다. 또한 세이렌은 이렇게 귀를 막은 오디세우스를 노래로 유혹한 것이 아니라 침묵으로 응수했다는 것이 카프카의 해석이다. 세이렌의 노래를 듣고 싶었지만 그 노래에 유혹되는 것을 막기 위해 밀랍으로 자기 귀를 틀어막은 오디세우스는 그렇다면 무슨 노래를 들은 것일까? 귀를 틀어막았으니 필시 아무 소리도 못 들었을 테다. 그럼에도 오디세우스는 돛대에 몸을 묶고는 그 몸을 뒤틀며 소리를 지른다. 세이렌들은 아무 노래도 부르지 않고 있음에도 오디세우스는 그들이 노래를 부른다고 착각하며 그 자신의 상상에 취해 몸을 비튼다. 오디세우스는 세이렌의 노래가 아니라 자신의 환상에 취해 흥분한 상태다. 그러니 사실 오디세우스는 자기 귀를 밀랍으로 막을 필요도 없었다. 귀를 열어놓았더라도 그는 바깥으로부터 들려오는 소리를 듣는 것이 아니라 자기 안에서 들려오는 노래만 들을 것이기 때문이다. 그에게는 밖에서 들려오는 '낯선 소리'를 들을 귀가 없다. 한번도 들어보지 못한 말/노래를 듣는 것이 아니라 자기가 이미 매혹적이라고 알고 있는 그 '익숙한 노래'를 들을 뿐이다. 즉, 그의 환청에서 들리는 세이렌의 노래에는 '타자성'이 제거되어 있다.

세이렌, 누구에게 말을 걸 것인가?

카프카의 이야기를 이 책의 맥락으로 가져와보면 침묵하는 세이렌이야말로 말을 걸고 환대하며 타자를 살려주는 존재다. 카프카에 따르면 오디세우스가 그 바다를 무사히 건넌 것은 선원들의 귀를 막은 그의 잔꾀, 즉 이성의 힘 덕분이 아니었다. 오디세우스는 그가 계책을 써서 세이렌을 이겼다고 의기양양할지 모르겠지만 그가 살아난 것은 세이렌이 침묵을 지켰기 때문이다. 그들이 귀를 막고 도망치듯 질주하는 오디세우스를 보고 침묵한 것은 역설적으로 그들이야말로 말을 건네는 자들이라는 뜻이 된다. 말을 건넬 줄 아는 자들이었기 때문에 그들은 침묵할 수 있었다.[12]

그러나 우리는 여기서 한걸음 더 나아갈 필요가 있다. 카프카의 이야기에서 주체성은 오디세우스에서 세이렌으로 전환되지만 여전히 세이렌은 오디세우스에게 말을 건다. 오디세우스와 세이렌 사이의 힘은 역전되지만 이야기의 중심이 되는 관계는 여전히 세이렌과 오디세우스다. 여기서 아직 주체로 진입하지 못하고 침묵하고 있는 존재들이 있다. 바로 선원들이다. 이들은 카프카의 이야기에서도 아무런 말을 하지 않는다. 세이렌들도 그들에게 말을 걸지 않는다. 그들의 몫은 침묵하는 가운데 오로지 열심히 노를 젓는 것뿐이다.

혹시 이것이 오디세우스가 의도하고 노린 것이 아니었을까? 애초부터 오디세우스가 목적으로 한 것은 세이렌의 노래를 듣는 것도, 듣지 않는 것도 아니라 그의 선원들이 노를 젓게끔 하는 것 아니었을까? 오디세우스의 관심은 세이렌의 노래를 듣는 것도, 그런 타자와의 만남을 통해(심지어 그것이 도구화라고 하더라도) 자신의 성장을 꿈꾸는 것이 아니었다. 그의 궁극적인 관심은 어떻게 하면 선원들이 자신을 위해 쉬지 않고 노를 젓게 하는가였다.

어떤 이야기를 읽더라도 오디세우스와 동료 선원들의 관계는 나와 너의 관계가 아니라 오디세우스가 일방적으로 착취하는 도구적 관계일 뿐이다. 원래 호메로스의 이야기대로 오디세우스가 자기 혼자만 세이렌의 노래를 들었다면 그는 결코 자기 동료들과 함께 그 노래에 대해 이야기를 나눌 수 없다. 그가 세이렌의 노래에 대해 뭐라고 이야기하건 동료들은 이해할 수 없으니 말이다. 그저 혼자 그 노래를 듣기 위해 동료들의 귓구멍을 틀어막았기 때문이다.

카프카의 이야기를 놓고 보더라도 오디세우스는 마찬가지로 동료들과 나눌 이야기가 없다. 그가 동료들과 나눌 수 있는 유일한 이야기는 자기도 귀를 막았다는 솔직한 고백에서부터 시작되어야 할 것이다. 그러나 그는 그렇게 할 수도 없고 그리하지도 않는다. 그것은 그의 비겁함을 보여주는 것이고 그렇다면 동료들은 그를 신뢰하지 않을 것이기 때문이다. 그래서 그는 자신이 들었다고 연기해야 한다. 귀를 틀어막고 돛대에 묶여 고래고래 소리를 지르는 오디세우스는 사실 알고 있었을 것이다. 세이렌들이 침묵하고 있음을 말이다. 그래도 그는 그렇게 연기해야 했다. 그래야 선원들이 세이렌의 바다에서 도망치기 위해 필사적으로 노를 저을 것이기 때문이다. 그가 기만한 것은 세이렌이 아니라 동료 선원들이었다. 그가 막고 싶었던 것은 자신과 세이렌의 만남이 아니라 세이렌과 선원들의 만남이었을 것이다.

그렇다면 만나야 하는 것은 오디세우스와 세이렌이 아니라 세이렌과 선원들일 것이다. 세이렌들이 노래로 유혹해야 하는 이는 자기 귀를 틀어막고 위험을 연기하는 오디세우스가 아니라 오디세우스에 의해 귀가 막혀버린 선원들일 것이다. 저 배는 오디세우스가 세이렌에 매혹될 때 멈추는 것이 아니라 선원들이 세이렌을 만나 그들의 노래를 들을 때 멈출 것이기 때문이다. 그것이 오디세우스의 가장 궁극적인 공포일 것이다. 배가 멈추는 것 말이다.

그렇다면 세이렌들이여, 지금 해야 할 일이 무엇인지 분명하지 않는가? 우리는 누구를 만나야 하고 누구에게 말을 걸어야 하는가? 선원들을 향해 날아오르자. 선원들의 어깨에 앉아 오디세우스가 그들의 귀에 틀어막아놓은 밀랍을 빼내자. 그리고 그들에게 말을 걸고 노래 부르자. 그리하여 저 배를 멈추자.

주석

프롤로그

1) 김영민 『동무론: 인문연대의 미래형식』, 한겨레출판 2008, 195~217면 참조.
2) 지그문트 바우만 『액체근대』, 이일수 옮김, 강 2009a, 64면. 물론 바우만이 말하는 '사적인 문제들을 공적인 이슈로 만든다'라는 것을 사적인 것을 공개적으로 말하는 것으로 오해해서는 안 된다. 오히려 바우만은 사적인 이슈들이 공적 공간을 '식민화'하는 상황을 우려하고 있다. "그들의 사적인 문제들, 그와 비슷한 내 자신의 문제들은 공적으로 토론을 하기에 적합하다. 그렇다고 그 문제들이 공적 이슈가 되는 것은 아니다. 그 문제들은 정확히 사적 이슈라는 테두리 안에서 토론된다." 지그문트 바우만, 같은 책 112면. 자세한 것은 지그문트 바우만, 같은 책 112~13면을 참조.

제1부 악몽이 된 곁, 말 걸지 않는 사회

제1장 정치공동체의 파괴: 폭로하고 매장한다

1) 하승우 『민주주의에 反하다』, 낮은산 2012, 40면.
2) 소안도 토지계쟁사건과 관련된 이하의 인용은 하승우, 앞의 책 38~45면에서 발

췌한 것이다.

3) 부안 핵폐기물처리장 반대투쟁에 관해서는 하승우, 앞의 책 119~23면을 참조.

4) 하승우, 앞의 책 123면.

5) 같은 책 43, 322면.

6) 야만인(barbarian)의 어원에 관해서는 http://en.wikipedia.org/wiki/Barbarian 을 참조.

7) 한나 아렌트『정치의 약속』, 김선욱 옮김, 푸른숲 2007, 132면.

8) 같은 책 65면.

9) 같은 책 43면.

10) 리차드 세네트『현대의 침몰: 현대자본주의의 해부』, 김영일 옮김, 일월서각 1982, 31~34면 참조.

11) 지그문트 바우만, 앞의 책(2009a) 272면.

12) 지그문트 바우만『쓰레기가 되는 삶들: 모더니티와 그 추방자들』, 정일준 옮김, 새물결 2008, 164~67면 참조.

13) 같은 책 126~27면 참조.

14) 지그문트 바우만, 앞의 책(2009a) 174면.

15) 같은 책 176면.

16) 지그문트 바우만『모두스 비벤디: 유동하는 세계의 지옥과 유토피아』, 한상석 옮김, 후마니타스 2010, 119~20면.

17) 리차드 세네트, 앞의 책 463면.

제2장 단속사회의 출현: 타자와 차단하고 표정까지 감춘다

1) 지그문트 바우만『유동하는 공포』, 함규진 옮김, 산책자 2009b, 119면.

2) 지그문트 바우만, 앞의 책(2009a) 262면 참조.

3) 같은 책 260면.

4) 같은 책 259~60면. 강조는 원문.

5) 주은우「지구적 자본주의 시대 미국과 한국 TV」, 한국콘텐츠진흥원 2005. 이하의 인용은 이 글에서 발췌.

6) 여기서는 대표적인 저서로 다음의 두가지를 소개하겠다. 서동진『자유의 의지 자기계발의 의지: 신자유주의 한국사회에서 자기계발하는 주체의 탄생』, 돌베개 2009; 김홍중『마음의 사회학』, 문학동네 2009.

7) 몽골의 운전기사가 말한 "차가 없다"라는 말의 뜻이 무엇인지에 대해서는 같이

여행한 사람들 사이에서도 의견이 달랐다. 길을 가늠할 다른 차가 없어진 것이 아니라 그저 앞서 가던 동료의 차가 없어졌다는 뜻일 수도 있었다. 그렇기에 본문의 서술은 그가 말하는 순간 내다본 아무것도 없는 캄캄한 초원에서 내가 느낀 공포이자 '철학적 체험'의 기억이라고 말하는 것이 더 정확하다.

8) 환대에 대한 논의는 자크 데리다『환대에 대하여』, 남수인 옮김, 동문선 2004와 우카이 사토시『주권의 너머에서』, 신지영 옮김, 그린비 2010, 24~33면을 주로 참조했고 연세대학교 대학원 수업에서 동료들과 빌인 토론에서도 영감을 받았다.

9) 오자와 마키코『심리학은 아이들 편인가: 교육으로부터의 해방』(제2판), 박동섭 옮김, 서현사 2012 참조.

10) 지표(index)에 관해서는 나도 토론자로 참여한 자공공 아케데미 토론 "왜 지속가능성인가"(2013.3.20.)에서 강연자 정철(KAIST 쏘프트웨어대학원 초빙교수)의 발언을 참조했다.

11) 이계삼『변방의 사색: 시골교사 이계삼의 교실과 세상이야기』, 꾸리에 2011, 17면.

12) 지그문트 바우만『고독을 잃어버린 시간: 유동하는 근대 세계에 띄우는 편지』, 조은평·강지은 옮김, 동녘 2012, 211면 참조.

13) 같은 책 207면.

14) 마리프랑스 이리구아앵『새로운 고독: 고독에 서툰 이들을 위한 심리 에세이』, 여은경·김혜영 옮김, 바이북스 2011, 19~25면.

제3장 기획된 친밀성: 철저히 감시하고 매끄럽게 관리한다

1) http://www.childresearch.net/papers/parenting/2013_01.html 등 홍콩의 이주민 가사노동자들에 관한 다수의 기사와 연구를 참조할 수 있다.

2) 졸저『이것은 왜 청춘이 아니란 말인가: 20대와 함께 쓴 성장의 인문학』, 푸른숲 2010, 134~36면 참조.

3) 울리히 벡『위험사회: 새로운 근대(성)을 향하여』, 홍성태 옮김, 새물결 1997, 44면.

4) 울리히 벡『사랑은 지독한 그러나 너무나 정상적인 혼란』, 강수영·권기돈·배은경 옮김, 새물결 1999;『글로벌 위험사회』, 박미애·이진우 옮김, 길 2010 참조.

5) 울리히 벡『정치의 재발견: 위험사회 그 이후──재귀적 근대사회』, 문순홍 옮김, 거름 1998, 180면.

6) 같은 책 181면.

7) 앤소니 기든스『현대사회의 성·사랑·에로티시즘: 친밀성의 구조변동』, 배은경·

황정미 옮김, 새물결 1996, 296면.

8) 같은 책 161면.

9) 같은 책 168~76면.

10) 같은 책 303면.

11) 같은 책 300면.

12) 앤서니 기든스가 말하는 생활정치를 설명하기 위해선 우선 그의 해방정치 개념을 이해해야 한다. 그가 말하는 해방정치는 "개인과 집단을 그들의 삶의 기회에 불리하게 작용하는 구속으로부터 해방시키는 것에 관심이 있는 일반적 전망"이다. 또한 "다른 개인이나 집단에게 당하는 부당한 지배를 극복"하고 "이를 통해 미래를 변형하려는 태도를 가능하게 하는 것"하는 것을 말한다. 제1부 2장에서 말한 공론장을 통해 도시를 새로 설계하고자 하는 등의 정치가 이에 해당한다. 이에 반해 생활정치는 "위계적이기보다는 창조적인" 권력과 연결된 "라이프스타일에 관한 정치"이고 "자아실현에 관한 정치"이며 "현대의 핵심적 제도들에 의해 억압된 도덕적 실존적 문제들을 다시 부각시키는" 정치. 친밀성의 영역에서 본다면 그는 "개인들은 이 변화에 수반되는 모든 위협과 위험에도 불구하고 능동적으로 새로운 사회 영역을 개척하고 혁신적인 형태의 가족관계를 구축"한다고 여긴다. 앤서니 기든스 『현대성과 자아정체성』, 권기돈 옮김, 새물결 1997, 285, 334, 339면.

13) 이 논의와 관련해서는 다음의 논문을 참조. 박소진 「'매니저 엄마'의 탄생과 신자유주의적 교육개혁」, 『오늘의 교육』 2012년 3·4월호; 이박혜경 「신자유주의적 주부주체의 담론적 구성과 한국 중산층가족의 성격」, 이화여자대학교 대학원 2008.

14) 한윤형 『청춘을 위한 나라는 없다: 청년 논객 한윤형의 잉여 탐구생활』, 어크로스 2013, 45~47면 참조. 이 책에서 한윤형은 부모가 자신의 책을 검열한 것이 아니라 자신이 책 읽는 것을 좋아하지 않았다고 말했지만, 그후 나와 함께 출연한 팟캐스트에서 부모들이 책의 내용을 알게 되면서 검열한다는 것을 알게 되었다고 말했다. 나 또한 이후 여러 강연에서 학부모들에게 확인해본 바 '양서 추천'이라는 명목하에 부모들이 자녀의 나이·성별 등에 맞게 책을 검열하고 있음을 확인할 수 있었다.

15) 김영민, 앞의 책 198면. 이에 반해 "동무란 '같은 것(同)'이 '없는(無)' 관계와 같은 것"인데 "그것은 관습에 몸을 의탁하는 짓으로써 상식과 도덕의 알리바이를 내세우지 않는 관계, 이념과 진보를 빌미로 같은 언어와 사정 아래 결집하지 않는 관계"(같은 책 216~17면)다.

16) 같은 책 529~30면.

17) 리차드 세네트, 앞의 책 463면.

18) 같은 면.

제4장 사생활의 종언: 고독조차 허락되지 않는다

1) 앤서니 기든스, 앞의 책(1997) 112, 143면.

2) 지그문트 바우만, 앞의 책(2009a) 52면.

3) 게오르그 빌헬름 프리드리히 헤겔『정신현상학 2』, 임석진 옮김, 한길사 2005, 80~81면 참조.

4) 박정훈「'섹스는 여관에서' … 어느 자취생의 쪽지」,〈오마이뉴스〉2010.11.25.

5) 여기서는 카라따니 코오진(柄谷行人)의 포에시스(poesis, 제작) 개념도 빌려볼 법하다. 카라따니는 "그리스인들 사이에서 건축은 단지 장인의 기술이 아니라, 모든 테크놀로지에 대한 주요한 지식과 통제력을 소유한, 그래서 프로젝트를 기획하고 다른 장인들을 이끄는 사람들에 의해 행해지는 예술로 간주"되었다고 말한다. 또한 플라톤을 인용하며 "모든 기술적 과정이 짓기의 일종이요, 모든 기술자가 창작자(creator)"라고 말한다. 가라타니 고진『은유로서의 건축: 언어, 수, 화폐』, 김재희 옮김, 한나래 1998, 66면.

6) 미셸 푸코『주체의 해석학: 1981-1982, 콜레주 드 프랑스에서의 강의』, 심세광 옮김, 동문선 2007, 450면.

7) 이하는 박철수『아파트: 공적 냉소와 사적 정열이 지배하는 사회』, 마티 2013을 참조. 해당 본문의 인용은 같은 책 148~49면에서 발췌.

8) 미셸 푸코, 앞의 책 450면.

제2부 쓸모없어진 곁, 몽상이 된 사회

제1장 관계: 질문하면 '죽는다'

1) 김애령『여성, 타자의 은유: 주체와 타자 사이』, 그린비 2012, 15~17, 28~30면 참조.

2) 피에르 아도『고대철학이란 무엇인가』, 이세진 옮김, 이레 2008, 41면.

3) 한나 아렌트, 앞의 책 50면 참조.

4) 피에르 아도, 앞의 책 47면.

5) 피터 브라운·에블린 파틀라장·미셸 루슈·이봉 테베르『사생활의 역사 1: 로마 제국부터 천 년까지』, 주명철·전수연 옮김, 새물결 2002, 140면.

6) 같은 책 123~24면.

7)『치즈와 구더기』의 방앗간 주인이 이를 잘 보여준다. 카를로 긴즈부르그『치즈와 구더기: 16세기 한 방앗간 주인의 우주관』, 유제분·김정하 옮김, 문학과지성사 2001 참조.

8) 앤서니 기든스, 앞의 책(1997) 148면.

9) 김홍중, 앞의 책 19면.

10) 폴 리쾨르『타자로서의 자기 자신』, 김웅권 옮김, 동문선 2006, 48면.

11) 김홍중, 앞의 책 31~34면 참조.

12) 김상봉『학벌사회: 사회적 주체성에 대한 철학적 탐구』, 한길사 2004, 148면.

13) 같은 면.

14) 한나 아렌트, 앞의 책 50면.

15) 한상봉『그대 아직 갈망하는가: 아름다운 혁명과 영성에의 길을 간 28인의 초상』, 이파르 2010, 64면.

16) 지그문트 바우만, 앞의 책(2012) 31면.

17) 마리프랑스 이리구아앵, 앞의 책 16면.

18) 같은 책 18면.

19) 테오도르 아도르노『미니마 모랄리아: 상처받은 삶에서 나온 성찰』, 김유동 옮김, 길 2005, 43~44면.

20) 한나 아렌트『전체주의의 기원 2』, 이진우·박미애 옮김, 한길사 2006, 280면 참조.

21) 마리프랑스 이리구아앵, 앞의 책 18면.

22) 이계삼「내 눈을 모니터가 아닌 아이에게로」,『우리교육』(중등), 2009년 12월호 참조.

23) 김홍중, 앞의 책 27~28면 참조.

24) Dewey, J.『민주주의와 교육』, 이홍우 옮김, 교육과학사 1989, 219~40면.

25) 김홍중, 앞의 책 57~59면.

26) 바버라 에런라이크『노동의 배신: '긍정의 배신' 바버라 에런라이크의 워킹 푸어 생존기』, 최희봉 옮김, 부키 2012, 109~10면.

27) 리처드 쎄넷 역시, 바를 운영하던 중 인생을 전환하기 위해 광고회사에 취직했다가 얼마 안 되어 바로 돌아온 어느 여성의 경험을 말해준다. 회사에서 말하는

"성공한 사람"이란 "문젯거리를 다른 동료에게 떠넘기고 (…) 아무것도 자기에게 걸리지 않도록 하는" 사람을 뜻한다는 것이다. 즉 성공하기 위해서는 성과는 마치 내가 한 것처럼 여기게끔 하고 문제는 마치 나와 상관없는 것처럼 책임을 떠넘길 줄 아는 재주가 필요하다. 리처드 세넷 『신자유주의와 인간성의 파괴』, 조용 옮김, 문예출판사 2002, 109면.

28) 김홍중, 앞의 책 59면.

29) 동물원이 스펙터클의 공간이며 나아가 우리 삶이 동물원과 다를 바 없다는 비판에 관해서는 올리비에 라작 『텔레비전과 동물원: 리얼리티TV는 동물원인가』, 백선희 옮김, 마음산책 2007 참조.

30) 올리비에 라작, 앞의 책 참조.

31) 같은 책 74~86면 참조.

32) 얼굴과 윤리는 에마뉘엘 레비나스의 고유한 철학이다. 레비나스의 타자는 "나와 더불어 공동의 존재에 참여하고 있는 다른 자아 자체가 결코 아니"기 때문에 공감이나 조화의 대상이 아니라 절대적으로 다른 것, 즉 외재성이다(엠마누엘 레비나스 『시간과 타자』, 강영안 옮김, 문예출판사 1996, 85면). 따라서 그에 따르면 "타자와의 관계는 하나의 신비와의 관계"다(같은 면). 서동욱은 이에 대해 "타인의 얼굴이란 (…) 신을 닮고 있으며 (…) 신은 바로 타인의 얼굴을 통해서 내게 말을 건넨다"고 말한다(엠마누엘 레비나스 『존재에서 존재자로』, 서동욱 옮김, 민음사 2003 中 「옮긴이 해제」 216면). 따라서 "얼굴의 저항이란 대상 세계를 소유하고 지배하려는 나의 힘을 무력화시키고 나의 윤리적 행동을 촉구하는 (…) 윤리적 저항"이 된다(같은 면). 재미있는 것은 레비나스는 이 상황에 대해 내가 타자의 얼굴을 보지만(레비나스 『시간과 타자』 35면) 그와 동시에 "타자와 얼굴과 얼굴face a face을 마주한 상황"(같은 책 31, 91, 93면)이라고 말한다는 점이다. 여기서 타자의 얼굴을 대면하기 위해서는 나 또한 얼굴을 드러내야 한다는 점을 추론할 수 있다. 자신의 얼굴은 드러내지 않고 타자의 얼굴만 보는 것, 즉 타자의 얼굴을 벌거벗기는 것은 대면이 아니다.

33) 최태섭 『잉여사회: 남아도는 인생들을 위한 사회학』, 웅진지식하우스 2013, 94, 96면.

34) 한국전력 송변전건설처 「가공송전선로 전자계 노출량 조사연구 보고서」, 한국전력 2010. 이 보고서는 한국전력이 대한전기학회에 용역 의뢰해서 작성된 것으로, 본문의 내용은 장하나 의원실(민주당)이 이를 입수해 분석·정리한 내용이다.

제2장 소통: 위로를 구매하라

1) 김도균「내가 더 좋은 교사다」,『우리교육』 2007년 12월호, 28~31면 참조.
2) 이하 내용은 이상대「어떻게 진화할 것인가, 묻기 전에」,『우리교육』 2008년 2월호, 20~21면 참조.
3) 「한국, 소통합시다(4): 한 논객의 도전 강준만」,『경향신문』 2009.7.8.
4) 소통이 왜 차이에 기반한 것인지에 대해서는 정희진의 다음의 칼럼이 가장 탁월하게 설명하고 있다. 정희진「새해 우리는 더 외로울 것이다」,『경향신문』 2011.12.29.
5) 찰스 테일러『근대의 사회적 상상』, 이상길 옮김, 이음 2010, 133면.
6) 지그문트 바우만, 앞의 책(2009a) 64면.
7) 조르조 아감벤『유아기와 역사』, 조효원 옮김, 새물결 2010, 250면 옮긴이 주.
8) Dewey, J., 앞의 책 21면.

제3장 노동: 타인의 고통을 외면하라

1) 류동민『일하기 전엔 몰랐던 것들: 가장 절실하지만 한 번도 배우지 못했던 일의 경제학』, 웅진지식하우스 2013, 211면.
2) 같은 책 33~34면.
3) 조한혜정『학교를 거부하는 아이, 아이를 거부하는 사회: 입시문화의 정치 경제학』, 또하나의문화 1996, 141면.
4) 김홍중, 앞의 책 57~59면 참조.
5) 라울 바네겜『일상생활의 혁명』, 주형일 옮김, 이후 2006, 6면.
6) 같은 책 7면.
7) 같은 책 21면.
8) 같은 책 261~80면 참조.
9) 같은 책 11면.
10) 사목권력(pastoral power)은 미셸 푸꼬의 용어로 근대사회 형성 시기부터 현재까지 사회구성원의 일상생활 전반을 보호하는 국가 등의 권력기구를 통칭한다. '돌보는 권력'이라고 읽어도 무방하다.
11) 류동민, 앞의 책 140~45면.
12) 같은 책 135~38면 참조.
13) 같은 책 143~44면.

14) 김애란 『비행운』, 문학과지성사 2012, 301면.

1) 박강우 「손배소송, 가압류 사업장 현황과 문제점」, 『신종 노동탄압 손배소송 가
   압류로 인한 노동 기본권 제약의 문제점 공청회 자료집』, 민주노총 2002, 1면.
2) 졸고 「넘쳐나는 자유가 우리를 구원할 거라고?」, 남난희·박홍규·이은희·박승
   옥·허지웅·강수돌·엄기호 『거꾸로 생각해봐 2: 세상도 나도 바뀔 수 있어』, 낮은
   산 2010 참조.
3) 지그문트 바우만, 앞의 책(2008) 21~24면 참조.
4) 미셸 푸코 『광기의 역사』, 이규현 옮김, 나남 2003, 137~46, 417~19면 참조.
5) 같은 책 146면 참조.
6) 같은 면.
7) 같은 책 420면.
8) 형제복지원 사건은 오랫동안 묻혀 있다 최근에야 다시 조명되기 시작했다. 형
   제복지원에 관한 생생한 증언록인, 한종선(피해자이자 활동가) 등이 쓴 『살아
   남은 아이: 우리는 어떻게 공모자가 되었나(개정판)』(전규찬 기획, 한종선·전
   규찬·박래군 지음, 문주 2013)가 출간되었으며, 2013년 3월 22일에는 인권단체
   들이 건국대 법학부 이재승 교수 등 여러 전문가와 함께 '형제복지원 사건 진실
   규명 및 해결방안을 위한 토론회' 등을 개최하고 관련 자료집을 발간했고, 2013
   년 11월 22일에는 '감금의 역사, 수용의 시간과 형제복지원'이라는 주제로 학술
   토론회가 열렸다. 이 책 『단속사회』의 해당 내용도 이와 같은 책, 토론회, 그리고
   관련 단체 활동가와의 만남을 통해 썼다. 2014년 2월 현재 형제복지원대책위
   원회가 결성되었다. 이번 책에서 이 문제를 국가범죄라는 차원으로 파악해 글을
   쓸 때에는 2013년 3월 22일 토론회 당시 이재승 교수의 토론문 「형제복지원과 진
   실에 대한 권리」에 크게 의존했다.
9) 「형제복지원 대법원 판결문」, 대법원 1988.11.8. 선고 88도1580.
10) 전규찬 「짐승들의 우리와 그 바깥 인간의 시간」, 한종선·전규찬·박래군, 앞의
    책 참조.
11) 이 참혹한 사건에 대해서는 한종선·전규찬·박래군의 『살아남은 아이: 우리는
    어떻게 공모자가 되었나』를 꼭 읽어보기를 권한다. 이 책은 한국에서 유례가 없
    는 피해자의 자기진술이다. 또한 문화이론을 공부하는 사람들은 이 책에 실린
    전규찬 교수의 글을 꼭 읽어보기 바란다. 일상성에 주목하는 문화연구가 무엇을

배제하고 있는지에 대한 뼈아픈 성찰이 담겨 있다.

12) 에드워드 렐프 『장소와 장소상실』, 심승희·김덕현·김현주 옮김, 논형 2005, 100면.

13) 『경향신문』 2013.7.3.

14) Aihwa Ong, *Neoliberalism as Exception: Mutations in Citizenship and Sovereignty*, Durham, NC: Duke University, 2006. 엄기호 『아무도 남을 돌보지 마라: 인문학의 눈으로 본 신자유주의의 맨 얼굴』, 낮은산 2009, 29~30면에서 재인용.

15) 데이비드 하비(David Harvey)는 케인즈주의가 붕괴하고 신자유주의가 하나의 지배 이데올로기로 등장하게 된 과정을 2차대전 이후의 사회적·경제적·문화적 접합 속에서 찾는다. 이 책의 제2부 3장에서 살펴본 것처럼 케인즈주의가 붕괴하게 된 과정은 1970년대에 처한 경제적 위기뿐 아니라 그 위기의 과정에서 68혁명 이후의 자유주의 문화와 그로 인한 전통적 가치의 위기가 결합하여 복합적으로 위기 국면을 낳았다는 것으로 간추려진다. 또한 때마침 담론적 헤게모니가 신자유주의자들에게 넘어가는 '설득과 동의의 과정'을 거쳐 신자유주의에 대한 헤게모니적 동의로까지 이어졌다는 것이다. 신자유주의는 개입주의에 대한 반발 속에서 일군의 자유주의자들이 시작한 소규모의 이념적·학문적 서클에서 출발하여 점차 시카고학파 등 학계에서 그 영향력을 확대하고 미국을 비롯한 비공산권의 관료집단과 IMF, 세계은행, 월스트리트를 중심으로 한 금융 엘리뜨들을 장악했다.

본문에서 미국의 사례를 언급하긴 했지만, 똑같은 경제위기라고 하더라도 각국의 정치적·문화적·사회적 상황에 따라 총체적인 위기로 구성되는 계기는 동일하지 않다. 칠레에서는 신자유주의가 '자유'와는 가장 거리가 먼 독재정권과 결탁했으며, 중국에서는 국가사회주의와 결합했다. 신자유주의는 오로지 시장의 이익만을 추구하며 그 이익을 방어하기 위해서는 정치적·사회적·문화적으로 가장 반자유주의적인 체제와도 아주 쉽게 융합되었던 것이다. 결론적으로 말해 신자유주의는 적절히 통합된 하나의 체계화된 이데올로기가 아니라 복합적이고 모순적인 다양한 형태를 지닌다. 그러므로 우선 유념해야 하는 것은 각 나라 별로 신자유주의에 대한 가치에 동의하는 과정이 균일하지 않았으며 동의를 위해 동원된 이데올로기 역시 동일하지 않았다는 점이다. 데이비드 하비 『신자유주의: 간략한 역사』, 최병두 옮김, 한울 2009 참조.

16) 스튜어트 홀 『대처리즘의 문화정치』, 임영호 옮김, 한나래 2007, 74~88면 참조.

17) 같은 책 254, 256~57, 275면 참조.

18) 같은 책 56, 274면 참조.

19) 같은 책 277면 참조.

20) 지그문트 바우만, 앞의 책(2008) 164~67면 참조.

21) 스튜어트 홀, 앞의 책 278, 280면 참조.

22) 같은 책 293면 참조.

23) 같은 책 85~86면 참조.

24) 같은 책 87면 참조.

제3부 고통에 대면하기, 사회에 저항하기

제1장 성장은 가능한가

1) 지그문트 바우만, 앞의 책(2010) 119~20, 139~47면 참조.

2) 송도선『존 듀이의 경험교육론』, 문음사 2004; 김무길『존 듀이의 교호작용과 교육론』, 원미사 2005 참조.

3) Dewey, J., 앞의 책 86면.

4) 같은 책 74~76면.

5) 류명걸『경험, 흥미 그리고 노력』, 용성출판사 2003; 송도선, 앞의 책 참조.

6) Dewey, J., 앞의 책 73면.

7) 같은 면.

8) 테오도르 아도르노, 앞의 책 43면.

9) 김영수『현자들의 평생 공부법』, 역사의 아침 2011. http://blog.naver.com/khhan21/110178896082에서 재인용.

10) 듀이의 개념과 함께 내 견해까지를 덧붙인다면, 이 관계의 확장은 가소성과 의존성의 확장이다. 가소성의 의미가 앞선 자신의 경험이 미래의 경험의 바탕이 됨을 뜻한다면 관계의 확장은 다른 사람의 경험을 자기 경험의 바탕으로 삼는 것이고 이것이 우리가 다른 사람에게 의존하는 이유다. 내가 여기서 말하는 의존은 다른 무엇보다 참조점을 빌려오는 것을 말한다.

11) 김상봉『서로주체성의 이념: 철학의 혁신을 위한 서론』, 길 2007, 169면.

12) 김상봉, 앞의 책(2004) 155면.

13) 같은 책 154면.

14) 류명걸, 앞의 책 10면.

15) 송도선, 앞의 책 120면.

16) 김상봉, 앞의 책(2007) 31면.

제2장 무엇이 우정을 가로막는가

1) 한나 아렌트, 앞의 책(2007) 46면.
2) 한윤형, 앞의 책 163면.
3) 같은 책 164~65면 참조.
4) 같은 책 165면.
5) 지그문트 바우만 『새로운 빈곤: 노동, 소비주의 그리고 뉴푸어』, 이수영 옮김, 천지인 2010, 182면.
6) 원문은 "There is no such thing as society: there are individual men and women, and there are families"다. 마거릿 새처 재단(Margaret Thatcher Foundation)은 이 문장의 인용에서 왜곡이 있었다며 반론을 겸하여 공식 웹사이트에 인터뷰 전문을 싣기도 했다. http://www.margaretthatcher.org/document/106689.
7) 김영민, 앞의 책 238면.
8) 같은 책 198면.

제3장 경청이란 무엇인가

1) Dewey, J., 앞의 책 16면.
2) 김영민, 앞의 책 207, 209면.
3) 같은 책 210면.
4) 환대와 적의에 관한 본문의 논의는 우카이 사토시, 앞의 책 24~33면을 참조.
5) 졸저 『교사도 학교가 두렵다』, 따비 2013, 306면의 사례를 이 책의 맥락에 맞게 다소 각색했다.
6) 김영민, 앞의 책 210면.
7) 손우정 『배움의 공동체』, 해냄 2012, 94면 참조.
8) 지그문트 바우만, 앞의 책(2009a) 64면.
9) 응답(response)에 관해서는 강영안 『타인의 얼굴』, 문학과지성사 2005 참조.

에필로그

1) 물론 연속적으로 이어진다는 것은 단절을 배제하는 말이 아니다. 오히려 인간

의 성장은 과거를 부정하고 단호하게 단절을 통해 이루어질 때가 많다. 프랑스 68혁명 때의 구호처럼 "단절의 꿈이 미래를 만들어간다". 그러나 참조라는 관점에서 보면 단절도 참조의 한 방법이다. "난 그들처럼 살지 않겠다"라는 말은 얼마나 그들의 삶을 참조한 말인가? 이런 점에서 본다면 연속의 반대는 단절이 아니라 참조조차 하지 않는 무관함·무관심이라 할 수 있다. 이 책의 핵심적인 주장이 바로 이것이다. 우리는 다른 사람과 얼마나 무관하게 살아가고 있는가?

2) 피에르 그리말 『그리스로마신화사전』, 최애리·백영숙·이성엽·이창실 옮김, 열린책들 2003, 366~75면.

3) 『오디세이』에 관한 본문의 해석은 다음을 참조. 테오도르 아도르노·M. 호르크하이머 『계몽의 변증법: 철학적 단상』, 김유동 옮김, 문학과지성사 2001; 김애령, 앞의 책 27~30면.

4) 앤서니 기든스, 앞의 책(1997) 65면.

5) 같은 책 150면.

6) 로버트 풀러 『신분의 종말: 특별한 자와 아무것도 아닌 자의 경계를 넘어서』, 안종설 옮김, 열대림 2004 참조.

7) 앤서니 기든스, 앞의 책(1997) 137면.

8) 경험이 '쓰레기'처럼 되어버린 데에는 사회적·경제적 구조, 특히 노동의 성격이 변한 것과 깊은 연관이 있다. 우리 시대에 필요한 '능력'은 더이상 경험을 통해 축적되는 숙련된 기술을 의미하지 않는다. 오히려 이 시대에는 경험이 축적될수록 시대에 뒤처진 사람으로 평가절하된다. 이 시대에 필요한 기술은 새롭게 등장하는 신기술에 유연하고 빨리빨리 적응하는 것을 의미하기 때문이다. 리처드 쎄넷은 이것을 "경험을 통해 배우고 익힌 것이 아니라 새로운 뭔가를 할 수 있는 능력"이라고 비판한다. 이런 능력주의는 장인정신과 대척점에 서 있으며 "첨단 조직이 요구하는 이런 개인적 자질은 소수를 제외한 나머지를 무력화한다". 리처드 쎄넷 『뉴캐피털리즘: 표류하는 개인과 소멸하는 열정』, 유병선 옮김, 위즈덤하우스 2009, 11면. 재빨리 낡은 것을 버리고 새것을 받아들일 수 있는 소수의 사람을 제외하고 나머지들의 경험은 쓰레기가 되어 폐기처분된다. 능력주의에 대한 쎄넷의 비판은 『뉴캐피털리즘』을 참조.

9) 이 모든 것은 이미 상업화·기업화되었다. 취업을 위해서는 취업을 위한 모든 노하우와 정보를 데이터베이스로 축적해놓은 컨설팅회사를 찾아가는 것이 보다 더 효율적이다. 학교를 운영하는 데서도 내부 교직원들이 머리를 맞대고 토론하는 것보다 외부의 컨설팅을 받는 것이 더 효율적인 것으로 권장된다. 많은 이들이 삶의 곳곳에서 적지 않은 돈을 치르며 외부 컨설팅을 받고 있다. 조언과 충고

의 대부분이 컨설팅이라는 이름으로 진행된다. 그러니 내부에서 서로 머리 싸매고 토론하며 부딪치는 것은 시간낭비에 불과하다. 돈 주고 받는 컨설턴트라는 전문가의 손길 한번이 훨씬 효율적이다.

10) 강선보『만남의 교육철학』, 원미사 2003 참조.

11) 이하의 내용은 다음을 참조. 프란츠 카프카『변신·시골의사』, 민음사 1998, 208~10면. 나는 카프카의 이 버전과 그에 대한 해석을 노성숙『사이렌의 침묵과 노래: 여성주의 문화철학과 오디세이 신화』, 여성문화이론연구소 2008에서 처음 접했다. 카프카 판본에 관한 본문의 내 해석은 노성숙의 해석에 의존한다.

12) 바로 이 점 때문에 타자성에 주목하는 입장은 세이렌을 중요하게 여긴다. 특히 여성주의에서는 세이렌이 개체가 아니라 집단이라는 점, 그들의 노래를 부른다는 점 등에 주목한다. 이에 관해서는 노성숙, 앞의 책을 참조.

단속사회
쉴 새 없이 접속하고 끊임없이 차단한다

초판 1쇄 발행／2014년 3월 14일
초판 17쇄 발행／2023년 8월 11일

지은이／엄기호
펴낸이／강일우
책임편집／박대우
펴낸곳／(주)창비
등록／1986년 8월 5일 제85호
주소／10881 경기도 파주시 회동길 184
전화／031-955-3333
팩시밀리／영업 031-955-3399 편집 031-955-3400
홈페이지／www.changbi.com
전자우편／nonfic@changbi.com

ⓒ 엄기호 2014
ISBN 978-89-364-7239-9 03300